"十四五"职业教育国家规划教材

浙江省普通高校"十三五"新形态教材

电子商务类专业系列教材——电子商务系列

网络推广实务

丁文云　金丽静　主　编

梅瑜娟　何旭兰　滕　颖
单勤琴　王福明　张会娟　副主编

电子工业出版社
Publishing House of Electronics Industry
北京·BEIJING

内容简介

本书在梳理网络营销推广的基本思路及相关营销原理的基础上，通过重点讲解主要的企业网络推广方式，让读者在学习的过程中去领会背后的营销推广的知识与思想。本书立足职业教育的培养目标，将侧重技能、强化实训作为指导思想和出发点，在内容编排上实行"任务驱动，项目导向"的模式。全书分为三个部分：第一部分是基础理论，阐述部分营销基础知识、网络推广环境、过程等内容；第二部分主要介绍目前互联网中网络推广主要渠道的推广应用及一些常用互联网工具；第三部分主要介绍两个电商平台站内推广方式。全书共设计了 10 个学习型工作项目，包括认识网络推广、网络推广信息元素、搜索引擎推广、微信推广、微博推广、其他推广渠道、互联网工具的使用、淘宝网站内推广、速卖通店铺自主营销与平台活动、网络直播推广。每个项目都设计了学习目标、案例导读、知识讲解、技能训练、延伸阅读等内容，图文并茂，生动活泼，引人入胜。本书具有实用性、职业性、适应性和先进性的特点，对于学习、研究网络营销推广及从事网络推广实践的人员均有参考价值。

本书主要作为高职高专院校电子商务、市场营销、经济贸易、工商管理等相关专业的教材和参考读物，也可作为企业管理人员、营销人员和电子商务工作者的学习用书。

未经许可，不得以任何方式复制或抄袭本书之部分或全部内容。
版权所有，侵权必究。

图书在版编目（CIP）数据

网络推广实务 / 丁文云，金丽静主编 . —北京：电子工业出版社，2021.7（2024.9 重印）
ISBN 978-7-121-37814-0

Ⅰ.①网… Ⅱ.①丁…②金… Ⅲ.①网络营销 Ⅳ.① F713.365.2

中国版本图书馆 CIP 数据核字（2019）第 253937 号

责任编辑：贺志洪
印　　刷：北京盛通数码印刷有限公司
装　　订：北京盛通数码印刷有限公司
出版发行：电子工业出版社
　　　　　北京市海淀区万寿路 173 信箱　邮编 100036
开　　本：787×1092　1/16　印张：16　字数：409.6 千字
版　　次：2021 年 7 月第 1 版
印　　次：2024 年 9 月第 8 次印刷
定　　价：48.00 元

凡所购买电子工业出版社图书有缺损问题，请向购买书店调换。若书店售缺，请与本社发行部联系，联系及邮购电话：（010）88254888，88258888。
质量投诉请发邮件至 zlts@phei.com.cn，盗版侵权举报请发邮件至 dbqq@phei.com.cn。
本书咨询联系方式：（010）88254609 或 hzh@phei.com.cn。

前言

曾经，人们获取信息主要通过报纸、广播、电视，而如今，一个越来越明显的趋势，或者说事实是，越来越多的人主要通过互联网来获取信息，尤其是1980年以后出生的人。对于企业来说，曾经想让自己的企业、品牌或产品通过报纸、广播、电视而获得消费者，如今利用互联网来提升自己的知名度及获得消费者就是一个必不可少的选择。再者，互联网应用不断深化发展，变化非常迅速，如果不能把握互联网营销推广的本质及互联网发展的趋势及特点，不能获得网络消费者的注意力，企业也很难在这一轮宣传战中有所成就。在这个时代，企业营销必须深谙网络营销之道，掌握网络推广的能力。

目前网络营销推广方式越来越多，但无论采取哪一种方式，企业营销推广总是围绕消费者展开的，不能偏离营销的本质。本书在梳理网络营销推广的基本思路及相关营销原理的基础上，通过重点讲解主要的企业网络推广方式，让读者在学习的过程中领会背后的营销推广的知识与思想。本书立足职业教育的培养目标，将侧重技能培养，强化实训作为指导思想和出发点，在内容编排上实行"任务驱动，项目导向"的模式。全书分为三个部分：第一部分是基础理论，阐述部分营销基础知识、网络推广环境、过程等内容；第二部分主要介绍目前互联网中网络推广主要渠道的推广应用及一些常用互联网工具；第三部分主要介绍两个电商平台站内推广方式，共设计了10个学习型工作项目，包括认识网络推广、网络推广信息元素、搜索引擎推广、微信推广、微博推广、其他推广渠道、互联网工具的使用、淘宝网站内推广、速卖通店铺自主营销与平台活动、网络直播推广。每个项目都设计了学习目标、案例导读、知识讲解、技能训练、延伸阅读等内容，图文并茂，生动活泼，引人入胜。

本书由义乌工商职业技术学院教学团队、山西工程职业学院与部分义乌企业导师共同合作开发，由丁文云负责编写项目1、项目3、项目4、项目7，滕颖负责编写项目2，金丽静负责编写项目9，梅瑜娟负责编写项目5，单勤琴和王福明负责编写项目6，张会娟负责编写项目8，何旭兰负责编写项目10。在这个过程中，义乌市给力网络科技有限公司及义乌市励梦文化有限公司的企业导师给出了很多的指导建议及案例分享，编写者同时参考了很多书籍及互联网资料（参考资料见参考文献），在此表示感谢。

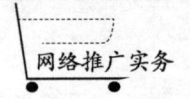

本书具有实用性、职业性、适应性和先进性的特点，对于学习、研究网络营销推广及从事网络推广实践的人员均有参考价值。本书主要作为高职高专院校电子商务、市场营销、经济贸易、工商管理等相关专业的教材和参考读物，也可作为企业管理人员、营销人员和电子商务工作者的学习用书。

编者

2021 年 6 月

目 录

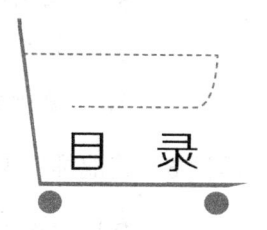

项目1　认识网络推广 / 001

　　1.1　小话网络推广 / 004

　　1.2　网络市场细分与定位 / 018

　　1.3　网络市场调研 / 026

项目2　网络推广信息元素 / 032

　　2.1　文案 / 035

　　2.2　视频 / 045

　　2.3　二维码 / 052

项目3　搜索引擎推广 / 060

　　3.1　认识搜索引擎推广 / 061

　　3.2　付费推广 / 065

　　3.3　搜索引擎优化（SEO）/ 067

项目4　微信推广 / 074

　　4.1　认识微信 / 075

　　4.2　个人号推广 / 079

　　4.3　公众号推广 / 080

　　4.4　新媒体写作 / 097

项目 5　微博推广 / 103

　　5.1　认识微博 / 105
　　5.2　微博运营 / 110
　　5.3　增加微博粉丝量 / 115
　　5.4　提升微博的活跃度 / 119
　　5.5　分析微博数据 / 123

项目 6　其他推广渠道 / 125

　　6.1　QQ推广 / 126
　　6.2　EDM推广 / 130
　　6.3　论坛推广 / 134
　　6.4　百科推广 / 138
　　6.5　陌陌推广 / 140

项目 7　互联网工具的使用 / 144

　　7.1　内容制作工具 / 145
　　7.2　管理工具 / 155

项目 8　淘宝网站内推广 / 164

　　8.1　淘宝网流量 / 165
　　8.2　淘宝直通车 / 167
　　8.3　钻石展位 / 174
　　8.4　淘宝客 / 178
　　8.5　淘宝网活动 / 181

项目 9　速卖通店铺自主营销与平台活动 / 186

　　9.1　店铺自主营销 / 187
　　9.2　平台活动 / 206
　　9.3　直通车推广与引流 / 213

项目 10　网络直播推广 / 219

　　10.1　网络直播介绍 / 224
　　10.2　网络直播的应用 / 232
　　10.3　各大行业直播典型案例 / 238

参考文献 / 248

项目1

认识网络推广

互联网大大拓展了企业营销推广渠道，深化了企业营销的方式及工具，特别是移动互联网的普及，在给企业带来巨大营销机会的同时也带来了极大的营销挑战。网络推广作为营销战场的前线，直接反映出企业营销效果与能力。本项目主要介绍企业网络推广应用的营销推广基础知识，帮助企业在理解网络营销基础知识的基础上，更好开展网络推广活动。

技能目标
※ 掌握网络推广的步骤
※ 能分析目前网络营销推广的环境
※ 能对市场进行细分
※ 能对产品进行定位
※ 能利用在线问卷进行信息收集

教学建议
※ 从案例学习，引起兴趣
※ 利用问题讨论，共同学习

知识要点
※ 网络推广的范畴
※ 营销发展及策略改进
※ 网络推广过程及方法
※ 网络市场细分的因素
※ 网络目标市场选择战略
※ 网络目标市场定位方法
※ 网络调研资料收集方法

阅读参考

※ Krug S. 点石成金 [M]. 北京：机械工业出版社，2015.
※ 邓德隆. 2 小时品牌素养 [M]. 北京：机械工业出版社，2011.
※ Burgers W. 细节营销 [M]. 朱宇，译. 北京：机械工业出版社，2009.
※ 张天一. 伏牛传 [M]. 北京：机械工业出版社出版，2016.
※ Solis B 著. 互联网思维 [M]. 周蕾，廖文俊，译. 北京：人民邮电出版社，2014.

案例1-1 互联网总统奥巴马：网络总统的整合推广营销

通过互联网，有人登上了经济高峰，也有人登上了政治高峰。2008 年，世界都认识了一位名不见经传的美国黑人总统——奥巴马。在竞选总统的过程中，奥巴马很大程度上借助了互联网的巨大力量打败了竞争对手麦凯恩，奥巴马也被很多人亲切地称为"互联网总统"。有人甚至说，没有互联网，奥巴马就没有机会成为美国总统。他是如何利用互联网取得成功的呢？

据国外媒体报道，奥巴马在竞选中投入在网络政治广告上的支出占了美国 2008 年所有互联网政治广告的 50%，远超其他候选人的总和。除了网络广告，奥巴马还在自己的官方网站、Facebook 网站、MySpace 网站、YouTube 网站 等都开设了个人主页，与网民互动交流、拉近距离。这些网络营销手法不仅帮奥巴马赢得捐款，更帮奥巴马赢得了一张张珍贵的选票。网络营销是一个低成本高回报的推广渠道。奥巴马团队在广告宣传上的花费约为 2.92 亿美元，其中电视广告开支高达 2.5 亿美元，而网络广告只有 800 万美元。奥巴马团队凭借对网络媒体的准确把握与运用，充分发挥了网络营销的精准性，以较少的资金投入取得了比电视广告还要巨大的宣传效果。

从奥巴马的筹款来源可以看出，奥巴马绝大多数的支持者都是来自互联网的。奥巴马是美国历史上第一位没有动用竞选资助金的总统。奥巴马的竞选自筹款总额达 6.2 亿美元，其中超过 85% 的自筹款来自互联网，绝大部分的自筹款是不足 100 美元的小额捐款。这一点充分证明了奥巴马利用网络营销所取得的辉煌成绩。

那么，奥巴马和他的竞选团队在竞选总统期间是如何充分利用互联网工具和创意让他顺利登上总统宝座的呢？让我们一起来看看奥巴马采取的系列措施。

第一，建立竞选官方网站

奥巴马的竞选官方网站以 Web2.0 的模式为主，内容丰富，并充分利用博客、视频、投票等互动环节。这个网站的基调以"开放"为主，通过信息的共享与互动达到争取舆论支持的目标。网友可以在这个网站首页上很容易找到发布自己建议和观点的新媒体工具。由此不难发现，"给予支持者充分表达自己的方式"是奥巴马获得大选胜利的主要亮点。

第二，购买搜索引擎关键词广告

奥巴马购买了 Google 公司的"关键词广告"。如果一个美国选民在 Google 网站中输入奥巴马的名字"Barack Obama"，搜索结果页面的右侧就会出现奥巴马的视频宣传广告及对竞争对手麦凯恩政策立场的批评等。奥巴马购买的关键词还包括热点话题，如"油价""伊拉克战争""金融危机"等。这样，美国人日常搜索的关键词都打上了奥巴马的烙印，想不关注奥巴马都难。

据美国 ClickZ 公司统计，从 2008 年 1 月到 8 月，奥巴马在网络广告的投入达 550 万美元，其中有 330 万美元投入搜索引擎营销中，即有 60% 的费用投入搜索引擎营销中。许多搜索引擎用户在看到并单击相关的广告后，都到奥巴马相关竞选网站中注册成为志愿者，或者是发起当地的拉票活动，甚至是捐赠金钱支持。可以看出，搜索引擎的效果营销在美国总统竞选中起到重要的作用。

第三，借助视频疯狂传播

有资料显示，在最流行的视频类 YouTube 网站上，奥巴马竞选团队在一个星期内就上传了 70 个奥巴马的相关视频。这些流传在网络上的竞选视频，实际上是由专业的奥巴马竞选团队量身定做的。这些视频看起来更加平实，所获取的关注不比那些制作精炼的电视广告的少。

比如，在流传最广的一个视频《奥巴马令我神魂颠倒》里面，身穿比基尼的演唱者埃廷格，在奥巴马照片旁大摆性感热辣造型，毫不掩饰地用歌声来表达自己对奥巴马的倾慕之情。

第四，内置网络游戏广告

美国总统竞选的宣传战场通常只是电视、广播和报纸，到奥巴马时期才大规模地启用网络营销。为了进一步争取选民拉票，奥巴马竞选团队更是有史以来第一次投入了电子游戏广告。他们在美国一些最热卖的网络版电子游戏中，置入竞选广告，并在美国艺电公司的最受欢迎的 9 个电子游戏内购买了广告。

第五，利用病毒式邮件争取支持

奥巴马竞选团队甚至使用了病毒营销这种形式。他们发出了一封名为《我们为什么支持奥巴马参议员，写给华人朋友的一封信》的邮件，到处传播。该邮件甚至非常有针对性地采用了中文叙述，非常详细地阐述了奥巴马当选美国总统会对美国当地华人选民的好处，并提到"请将这封信尽快转送给您的亲朋好友，并烦请他们也能将这封信传下去。这是您在最后几天里所能帮助奥巴马参议员的最为有效的方式之一"。这一招为奥巴马赢得了几乎所有华裔的支持。若想查看这封信的内容，可以扫描右边的二维码。

第六，博客营销树立形象

奥巴马在博客上旗帜鲜明地为自己树立起清新、年轻、锐意进取的候选人形象，拉近了选民与自己的距离，更具亲和力和竞争力。其实，无论是希拉里还是奥巴马，都生动演绎了博客在总统竞选广告战中的重要性。

第七，论坛热炒私生子

奥巴马竞选团队利用社交网站来增进奥巴马在网络的影响力，他在 Facebook 网站拥有一个包含 230 万拥护者的群组。在 MySpace 和 Facebook 网站上，奥巴马的专题群上聚集了数以百万计的忠实粉丝。这些人活跃在各个互联网社区中为奥巴马摇旗呐喊，是美国网民中最活跃的一个群体，并很大地影响了美国网络社群的舆论风向。

而共和党悬赏重金要找奥巴马传说中的"私生子"，这一桃色新闻立即成为网络论坛的重点话题。在参与式论坛和 Web2.0 社区之类的互联网社区中，众多网友以最新、最时髦的网络方式进行讨论，并纷纷发表自己发现的线索和推测。眼球就是生产力，这些讨论实际上大大地提升了奥巴马的关注度，为他的当选奠定了良好的基础。

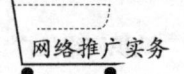

事实上，根据美国 eMarketer 公司公布的调查数据，早在 2005 年，就有 64% 的网民认为互联网在总统竞选中的作用将越来越重要。2008 年，奥巴马成功运用"电子邮件广告""视频网站传播""谷歌关键词购买""Banner 广告""网络游戏内置广告""病毒式邮件营销""博客营销"等各种网络营销手段，成功当选为总统，也同时向全世界宣布了互联网对人类社会的巨大影响力。

问题 1：奥巴马竞选团队展现了奥巴马怎样的一个形象？
问题 2：奥巴马竞选团队用了哪些有效的网络推广渠道？
问题 3：奥巴马竞选团队使用了哪些网络信息元素？

1.1 小话网络推广

1.1.1 网络推广与网络营销

我们通过概念可以清楚地知道讨论内容的范畴，而在社会学里将这种概念称为"符号"，如建筑工程里的术语"甲方代表"（工程项目管理人员）、医学用语"肠套叠"。只有当我们了解了这个概念，我们才能明白沟通的内容，并进行有效的沟通。

自从互联网兴起，网络营销这个概念就被提出来了。随着互联网深入大众生活，网络营销这个概念完全被普及了。随着互联网应用及技术的发展，网络营销应用的广度及深度被不断地拓展。在这个过程中，网络推广这个概念也被提出来。那到底什么是网络推广和网络营销呢？

事实上，对于这两个概念并没有统一的界定，不同学者或专家都从自己不同角度对这两个概念进行了阐述。在现实中，网络推广和网络营销这两个词更是在互联网领域中经常被用来交互使用。国内较早研究网络营销的冯英健老师在其《网络营销基础与实践》一书中指出，网络营销有八大职能，包括网络推广、网络品牌、信息发布、在线调研、顾客关系、顾客服务、销售渠道、销售促进。

网络推广被认为是网络营销最基本的职能之一。网络推广是指通过互联网各种手段，进行宣传推广等活动，是网络营销的一部分。如果说网络推广和网络营销这两个概念有区别，那么它们最大的区别应该是网络推广关注的点更少一些。网络推广主要关注两点：一是推广信息制作；二是进行推广渠道信息发布。以奥巴马总统竞选为例，网络营销要考虑奥巴马个人品牌形象、与选民互动的活动、捐赠的活动等，而网络推广更多注重用什么样的信息元素呈现并进行信息推送。

简单地说，这两个概念可以理解成包含与被包含的关系，即网络推广包含在网络营销中。从目的上说，网络推广重在"推广"两字，主要目的是利用各种网络推广方法，使产品尽可能让更多的人知道；而网络营销则重在"营销"两字，更注重策略与创意。网络营销更多地体现在冰山下看不见的部分，而网络推广则体现在冰山可见的部分。

要了解网络推广这个概念必须要拥有一定的营销知识。如果想要了解营销的本质，这里推荐看一本关于营销的通俗读物《卖轮子》。

延伸阅读：营销观念发展史

1. 生产观念

生产观念盛行于 19 世纪末 20 世纪初。该观念认为，消费者喜欢那些可以随处买到和价格低廉的商品，企业应当组织和利用所有资源，集中一切力量提高生产效率和扩大分销范围，增加产量，降低成本。显然，生产观念是一种重生产、轻营销的指导思想，其典型表现就是"我们生产什么，就卖什么"。将以生产观念指导营销活动的企业称为生产导向企业。

20 世纪初，美国的福特公司制造的汽车供不应求，亨利·福特曾傲慢地宣称："不管顾客需要什么颜色的汽车，我只有一种黑色的"。福特公司 1914 年开始生产的 T 型汽车，就是在"生产导向"经营哲学的指导下创造出的奇迹。福特公司使 T 型汽车生产效率趋于饱和，降低成本，使更多人买得起汽车。到 1921 年，福特 T 型汽车在美国汽车市场上的占有率达到 56%。

中国香港 HNH 国际公司营销它的耐克斯（Naxos）标签，为我们提供了一个当代生产观念的例子。耐克斯标签是在当地市场用低成本销售经典音乐磁带的供应品，并迅速走向了世界。耐克斯标签的价格比它的竞争者便宜 1/3，这是因为它的管理费只有 3%（大音乐制作公司的管理费为 20%）。中国香港 HNH 国际公司相信，若耐克斯标签的价格比其他公司的低 40% 的话就有利润。中国香港 HNH 国际公司希望用低价与削价政策来扩大市场。

2. 产品观念

产品观念是与生产观念并存的一种市场营销观念。产品观念和生产观念都是重生产轻营销的。产品观念认为，消费者喜欢高质量、多功能和具有某些特色的产品。因此，企业管理的中心是致力于生产优质产品，并不断精益求精、日益完善该产品。在这种观念的指导下，公司经理人常常迷恋自己的产品，以至于没有意识到产品可能并不迎合时尚，甚至市场正朝着不同的方向发展。他们在设计产品时只依赖工程技术人员而极少让消费者介入。

下一代（Next）电脑公司在 1993 年投资了 2 亿美元，生产一万台电脑后便停产了。下一代电脑的特征是具有高保真音响和 CD-ROM，甚至包含桌面系统。然而，谁是对其感兴趣的顾客呢？其定位却并不清楚。因此，产品观念把市场看成生产过程的终点，而不是生产过程的起点；忽视市场需求的多样性和动态性，过分重视产品而忽视顾客需求。当某些产品出现供过于求或不适销对路时，却不知产品为什么销不出去，最终导致"市场营销近视症"。

杜邦公司在 1972 年发明了一种具有钢的硬度，而重量[①]只是钢的 1/5 的新型纤维。杜邦公司的经理们设想了该产品的大量用途和一个 10 亿美元的大市场，然而这个市场的到来比杜邦公司所预料的要迟很多。因此，只致力于大量生产或精工制造而忽视市场需求的

---

① 注：这里的重量是物质质量的通俗叫法。

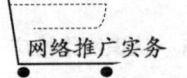

最终结果是其产品被市场冷落，使经营者陷入困境。

3. 推销观念

推销观念产生于资本主义经济由"卖方市场"向"买方市场"的过渡阶段，盛行于20世纪30至40年代。推销观念认为，消费者通常有一种购买惰性或抗衡心理，若任其自然，消费者就不会自觉地购买大量本企业的产品，因此企业管理的中心任务是积极推销和大力促销，以诱导消费者购买产品。其具体表现是："我卖什么，就设法让人们买什么"。将执行推销观念的企业称为推销导向企业。在推销观念的指导下，企业相信产品是"被卖出去的"，而不是"被买去的"。

推销导向企业致力于产品的推广和广告活动，以求说服甚至强制消费者购买。推销导向企业收罗了大批推销专家，做大量广告，对消费者进行无孔不入的促销信息"轰炸"。如美国皮尔斯堡面粉公司的口号由原来的"本公司旨在制造面粉"改为"本公司旨在推销面粉"，并第一次在公司内部成立了市场调研部门，派出大量推销人员从事推销活动。

但是，推销观念与前两种观念一样，也是以企业为中心的"以产定销"的观念，而不是满足消费者真正需要的观念，因此将这三种观念称为市场营销的旧观念。

4. 市场营销观念

市场营销观念是以消费者需要和欲望为导向的经营哲学，是消费者主权论的体现，形成于20世纪50年代。该观念认为，实现企业诸目标的关键在于正确确定目标市场的需要和欲望，一切以消费者为中心，并且比竞争对手更有效、更有利地传送目标市场所期望满足的东西。

市场营销观念的产生是市场营销哲学的一种质的飞跃和革命，不仅改变了传统的旧观念的逻辑思维方式，而且在经营策略和方法上也有很大突破。市场营销观念要求企业营销管理贯彻"顾客至上"的原则，从而实现企业目标。因此，企业在生产经营前，必须进行市场调研，以便根据市场需求及企业本身条件选择目标市场，组织生产经营，最大限度地提高顾客满意程度。

将执行市场营销观念的企业称为市场导向企业。市场导向企业的具体表现是"尽我们最大的努力，使顾客的每一美元都能买到十足的价值和满意"。当时，美国贝尔公司的高级情报部所做的一个广告就是以满足顾客需求为中心任务的一个典范："现在，今天，我们的中心目标必须针对顾客。我们将倾听他们的声音，了解他们所关心的事，我们重视他们的需要，并永远先于我们自己的需要，我们将赢得他们的尊重。我们与他们的长期合作关系将建立在互相尊重、信赖和我们努力行动的基础上。顾客是我们的命根子，是我们存在的全部理由。我们必须永远铭记，谁是我们的服务对象，随时了解顾客需要什么、何时需要、何地需要、如何需要，这将是我们每个人的责任。现在，让我们继续这样干下去吧，我们将遵守自己的诺言"。

从此，消费者至上的思潮被西方资本主义国家普遍接受，保护消费者权益的法律纷纷出台，消费者保护组织在社会上日益强大。根据"消费者主权论"，市场营销观念相信

"决定生产什么产品的权力不归生产者所有,也不归政府所有,而归消费者所有"。

5. 社会营销观念

社会营销观念是以社会长远利益为中心的市场营销观念,是对市场营销观念的补充和修正。

从20世纪70年代起,随着全球环境破坏、资源短缺、人口爆炸、通货膨胀和忽视社会服务等问题日益严重,要求企业顾及消费者整体利益与长远利益的呼声越来越高。西方市场营销学界提出了一系列新的理论及观念,如人类观念、理智消费观念、生态准则观念等。这些观念都认为,企业在生产经营时不仅要考虑消费者的需要,而且要考虑消费者和整个社会的长远利益。将这类观念统称为社会营销观念。

社会营销观念的基本核心为:以实现消费者满意及消费者和社会公众的长期福利作为企业的根本目的与责任。理想的营销决策应同时考虑到消费者的需求与愿望的满足、消费者和社会的长远利益、企业的营销效益。

1.1.2 营销基本知识

1. 营销发展三个阶段

被誉为现代营销学之父的菲利普·科特勒将营销发展分为如图1-1所示的三个阶段。

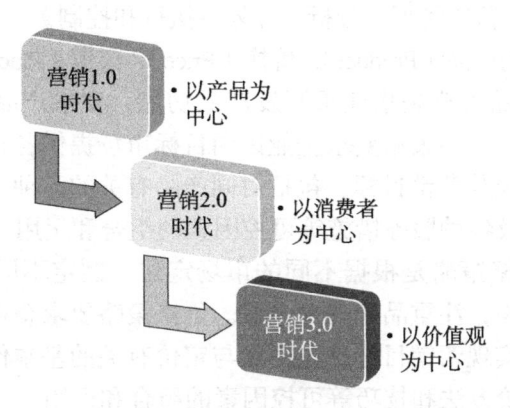

图 1-1 营销发展三个阶段

1)以产品为中心的营销 1.0 时代

此时的营销和销售并无太大的差别,企业营销都建立在产品之上,这些企业对产品进行营销,以销售为目的。

2)以消费者为中心的营销 2.0 时代

从这个阶段开始,企业开始更加注重与用户之间的互动,产品在为用户提供具体使用功能的同时,还要具备一定的情感价值,企业要向用户传递企业品牌文化,激起用户购买产品的欲望。

在这个阶段,企业要让消费者意识到产品的内涵,理解消费者的预期,然后吸引他们购买产品。很多人会奇怪哈雷戴维森摩托车为什么能够长久以来如此受欢迎。哈雷戴维森

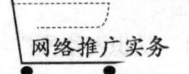

不仅代表产品本身，而且成为用户生活方式的表达。一个多世纪以来，哈雷戴维森一直是自由、原始动力和美好时光的代名词。

3）以价值观为中心的营销 3.0 时代

企业从产品受众的角度将消费者定义为真正具有独立人格与精神的消费个体。从这个定义可以看出，价值的交换与产品的交易可以升华为情感的互动与共鸣。

在营销的第三个阶段里，企业要与消费者建立一些有同感和共鸣的事物，这些事物包含企业的品牌、企业的信念和价值观等。企业如果要变得与众不同，就要有一定的社会责任感，不仅要用 GDP 来衡量其发展成果，而且要致力于改善环境、改善人类的生活水平。其实这也是所谓"以人为核心"的营销。在营销 3.0 时代，营销就是为了解决人的问题，为解决人们生活中遇到的问题提供方案。企业是否能关心这个世界、是否对世界做出了贡献是评判企业"人本主义"重要的衡量指标。许多企业都会用自己的行动支持人本主义。例如，Google、微软公司会对这个世界的可持续性发展做出承诺，并以价值观来影响社会及目标用户。

2. 营销策略演进

网络营销组合是现代市场营销理论中又一个重要概念。随着人们对营销观念认识的发展，营销组合策略也在不断地被更新发展。营销组合策略主要形式有传统的 4Ps 营销组合策略、现代市场营销观念下的 4Cs 营销组合策划和 4Rs 营销组合策略。

1）4Ps 营销组合策略

4Ps 营销理论产生于 20 世纪 60 年代的美国，是随着营销组合理论的提出而出现的。1967 年，菲利普·科特勒在《营销管理：分析、计划、执行和控制》一书中提出了以 4Ps 为核心的营销组合方法。4P 是指产品（Product）、价格（Price）、渠道（Place）和促销（Promotion）。

（1）产品策略。产品策略是指注重开发产品功能，要求产品有独特的卖点，把产品的功能诉求放在第一位。产品策略要求企业以向目标市场提供各种适合消费者需求的有形和无形产品的方式来实现其营销目标，包括对同产品有关的品种、规格、式样、质量、包装、特色、商标、品牌及各种服务措施等可控因素的组合和运用。

（2）价格策略。价格策略是根据不同的市场定位，制定不同的价格策略，产品的定价依据是企业的品牌战略，注重品牌的含金量。价格策略要求企业按照市场规律以制定价格和变动价格等方式来实现营销目标，包括对与定价有关的基本价格、折扣价格、付款期限、商业信用、各种定价方法和技巧等可控因素的组合和运用。

（3）渠道策略。渠道策略是指企业并不直接面对消费者，而是注重经销商的培育和销售网络的建立。渠道策略要求企业以合理选择分销渠道和组织商品实体流通的方式来实现营销目标，包括对与分销有关的渠道覆盖面、中间商、商品流转环节、网点设置及储存运输等可控因素的组合和运用。

（4）促销策略。促销策略是指企业通过销售行为的改变来刺激消费者，以短期的促销行为促成消费者的购买，吸引其他品牌的消费者或使消费者提前来购买以促进销售。促销策略要求企业利用各种信息传播手段刺激消费者购买欲望，以促进产品销售的方式实现营销目标，包括对同促销有关的广告、人员推销、营业推广、公共关系等可控因素的组合和运用。

这就是营销 1.0 时代，以产品为中心的时代，以 4Ps 营销理论为代表的营销阶段。4Ps 营销组合策略以产品为中心的理念为基础，忽视了消费者的真正需求。尽管 4Ps 营销组合策略属于传统的营销策略,但在今天网络营销中仍然具有重要的意义。

2）4Cs 营销组合策略

随着市场竞争越来越激烈,信息的传播速度越来越快,4Ps 营销理论越来越受到挑战。于是,1990 年,美国学者罗伯特·劳朋特在《4P 退休 4C 登场》一文中提出了与传统的 4Ps 营销理论相对应的 4Cs 营销理论。4Cs 营销理论是以消费者需求为导向,提出以消费者为中心的理念。4C 是指顾客（Customer）、成本（Cost）、便利（Convenience）和沟通（Communication）。

（1）顾客策略主要针对的是顾客的需求。企业必须首先了解和研究消费者,根据消费者的需求来提供产品。企业提供的不仅是产品和服务,更为重要的是由此而产生的客户价值。

（2）成本策略是指不仅要降低企业的生产成本,还要降低顾客的购买成本。顾客的购买成本包括其货币支出,还包括其为此耗费的时间、精力及购买风险。

（3）便利策略是指为顾客提供最大的购物和使用便利。企业在制定渠道策略时,要更多地考虑顾客的便利。通过做好售前、售中和售后服务为顾客提供便利购物,因此便利是客户价值不可或缺的一部分。

（4）沟通被视为替代 4P 中对应的促销。沟通策略是指企业通过与顾客积极有效的双向沟通,建立基于共同利益的新型客户关系。因此,企业不能只是单向地促销和劝导顾客购买,还要在双方的沟通中找到共同实现各自目标的途径。

相较 4Ps 营销组合策略,4Cs 营销组合策略具有很大的优势。4Cs 营销组合策略不仅使企业不再盲目关注自己能生产什么产品并如何销售,而且使企业能够瞄准消费者的需要,生产消费者真正需要的产品,并通过双向的沟通,为消费者提供更加快捷便利的购物方式及渠道,使得消费者需求贯穿整个产品的开发、生产和销售过程,体现了以消费者为中心的思想。4Cs 营销组合策略的不足之处:虽然其以消费者为导向,但市场经济却要求以竞争为导向;另外,虽然其在一定程度上满足了消费者的需求,但仍然没有体现既赢得客户又长期拥有客户关系的营销思想。

3）4Rs 营销组合策略

4Rs 营销组合策略恰好弥补了 4Cs 营销组合策略当中的缺陷。4Rs 营销理论以关系营销为核心,注重企业与客户关系的长期互动,重点在于培养顾客的忠诚度。4Rs 营销理论既从厂商的利益出发又兼顾消费者的需求。4R 是指关联（Relevance）、反应（Reaction）、关系（Relationship）和报酬（Reward）。企业经营的核心理念和最重要的内容就是建立并发展与顾客之间的长期关系。

（1）关联策略是指使企业与顾客成为一个命运共同体。

（2）反应策略是指在相互影响的市场中,企业要站在顾客的角度及时倾听并做出相应的反应。

（3）关系策略是指在市场环境中,要与顾客保持长期而稳固的关系,即从一次性交易转向强调建立长期友好合作关系,从着眼于短期利益转向重视长期利益,从顾客被动适应企业单一销售转向顾客主动参与到生产过程中来,从相互的利益冲突转向共同的和谐发展,从管理营销组合转向管理企业与顾客的互动关系。

（4）报酬策略指企业要给予消费者一定的合理回报,这样能解决企业与消费者之间的矛盾,从而与顾客保持良好的关系。

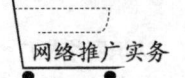

4Rs营销组合策略真正体现并落实了关系营销的思想。4Rs营销组合策略提供了如何建立关系、长期拥有客户、保证长期利益的具体操作方式,这是关系营销史上的一个很大的进步。

然而,4Rs营销组合策略也有不足之处,例如,在与顾客建立关联、关系时,企业要具备一定的实力基础或某些特殊条件,这些并不是任何企业可以轻易具备的。综上所述,我们可以看出4Rs、4Cs和4Ps营销组合策略之间不是一个替代的关系,而是一个发展的关系。在网络经济时代下,需要将三者进行整合,缺一不可。

3. 移动互联网时代下的营销变革

1)以价值观为中心的时代

在这个新的时代中,营销者不再把顾客仅仅视为消费个体,而是把他们看成具有独立思想、心灵和精神的完整的人类个体。"交换"与"交易"被提升成"互动"与"共鸣",营销的价值主张从"功能与情感的差异化"被深化至"精神与价值观的相照应"。

2)市场营销环境的改变

移动互联网时代下的营销环境具有移动化、碎片化、场景化的特征。移动互联网打破了时间和空间的限制。消费者已经不再局限于每天、每周、每月在固定时间里,在固定的购物场所进行体验和消费了,逐步转变为随心所欲的全天候、多渠道的消费。消费者可以在任何时间、任何地点,通过任何方式购买他们所喜欢的商品。无论是智能手机销量的暴增还是人们花在智能手机上的时间越来越长,都足以证明整个营销环境具有移动化的特征。如今,营销环境碎片化的特征就更加明显了,例如,人人都可以是"自媒体""消息源",大家的注意力被分散在各个媒体上。至此,消费者正朝着消费地点的碎片化、消费时间的碎片化、消费需求的碎片化这三个趋势发展。

对于企业营销者而言,营销若要触动消费者,一定要有匹配的情景,并制造出让消费者关注的关于产品的内容话题。通过不同的媒介制造出产品短时间内的话题场景,就会引爆产口的品牌。

3)消费主体的特征:个性化、社交化、娱乐化

"90后"作为一个正在不断崛起的消费群体,他们的消费观念、消费权力、消费意识、消费话语正在深刻影响着整个商业环境。消费主体的特征演变为"个性化、社交化、娱乐化"。"90后"追求自我张扬、有与众不同的个性。他们重视在产品消费体验中给自己带来心灵、情感上的最大满足,并获得差异性、个性化、多样化的体验。

当营销从传统时代转向数字时代,新时代营销的任务就变成通过新的渠道创建价值、沟通价值、交付价值。互联网创造的变革已经显现。如果想赢得年轻人,就一定要通过网络渠道跟他们建立联系。

1.1.3 网络推广的过程

1. 确定网络推广的目的

如果失去努力方向,所有的努力几乎是白费力气的。任何主体在进行网络推广时必须要有明确的目的。一般来说,网络推广的目的分为两种类型:一种是短期性的以促进销售为目的的,另一种是长期性的以品牌塑造为目的的。在这里,大家可以思考一下平时收到

的信息是否属于这两种类型。

2. 制作网络推广的内容

确定了网络推广的目的之后,必须通过相应的文案将网络推广的内容呈现出来。文案元素包括图片、文字、视频等。无论采取何种素材,务必围绕网络推广的目的来制作网络推广的内容。

3. 确定网络推广的策略

明确了网络推广的目的及内容后,需要确定网络推广的策略,详细列出将要使用的网络推广方法,这部分内容将在后面具体介绍。

4. 选择网络推广的渠道

从传播渠道来说,网络推广可分为 SEM(Search Engine Marketing)、论坛推广、博客推广、微博推广、软文营销推广、B2B 平台推广、QQ 推广、电子书推广、电子邮件推广、广告推广等。网络推广的渠道有免费的、分成的、收费的三种形式。无论哪种形式,盈利的渠道才是好渠道,不盈利的渠道不要考虑。下面罗列一些免费的、分成的和付费的网络推广的渠道。

1)免费的网络推广的渠道

※ 百度 SEO	※ 博客 SEO
※ 淘宝 SEO	※ 淘宝活动
※ 百度知道	※ 一淘 SEO
※ 视频 SEO	※ QQ 聊天
※ 分类信息	※ 电子邮件
※ QQ 群	※ 企业 QQ 群
※ QQ 空间	※ 软文营销
※ 微博	

2)分成的推广渠道

※ 淘宝客	※ 招募代理商
※ CPS 联盟	※ 团购网

3)付费的推广渠道

※ 百度竞价	※ 视频站广告
※ 淘宝直通车	※ 客户端广告
※ 淘宝钻石展位	※ 小型广告联盟
※ 百度网盟	※ 导航站
※ 网易电子邮箱	※ 社交网站
※ QQ 空间直投	※ 微博转发营销
※ 论坛广告	※ 门户软文代发
※ 门户广告	※ 数据代发广告

5. 跟踪网络推广的效果

对网络推广的效果进行跟踪，了解我们的钱都投哪儿了、每个渠道的投放费用及每个渠道的转化率等。

1.1.4 网络推广的方法

1. 事件营销

最近几年，事件营销（Event Marketing），又称活动营销，越来越受到营销者的重视。好的事件营销对于企业形象和品牌知名度的提升效果是惊人的，甚至是无法预估的，而且成本较低，见效很快。因为事件离不开人，所以事件营销的主体是人。好的事件必须具有引爆点，也就是说必须具备新闻价值，才能够吸引人们的眼球。这类事件有娱乐新闻、公益事件、社会焦点、社会或公司危机等。

案例1-2　　　　　　欧诗漫#12星座联盟出击#

"双11"期间，珍珠美肤世家浙江欧诗漫集团公司（以下简称欧诗漫）深度合作同道大叔。除了推出超值限量版12星座定制礼盒，还围绕"星座美学"打出了一套线上线下联动的组合拳。

品牌形象定制的深度授权和护肤内容与星座话题的结合是欧诗漫与同道大叔合作的两大关键点。那么对于后者来说，该如何嫁接呢？于是，欧诗漫决定为粉丝们定制13场直播，并借助美容专家、人气网红将星座美学在天猫、映客等平台上持续输出。12位网红围绕自己的星座介绍护肤内容，实现星座话题和护肤内容的嫁接融合。

在线上星座话题的热度快速上升的同时，欧诗漫抓紧时机在线下也搞起事情。11月7日—13日，欧诗漫在上海百联世茂广场创办了萌萌哒12星座主题城。现场布置了12星座主题玩偶、精彩不断的互动游戏、限量礼盒特卖等区域，在指示牌的引导下，任何消费者都能在其中领略星座与护肤的新世界。活动现场如图1-2所示。

图1-2　活动现场

2. 病毒营销

病毒营销（Viral Marketing），又称病毒性营销，是一种常用的网络营销方法，常用于网站推广、品牌推广等。病毒营销利用的是用户口碑传播的原理。在互联网上，这种"口碑传播"更为方便，可以像病毒一样迅速蔓延，因此病毒营销成为一种高效的信息传播方式。由于这种传播是用户之间自发进行的，因此是几乎不需要费用的网络营销手段。

案例1-3　　　　　　　　　　　中国锦鲤

9月29日，支付宝微博公布活动玩法，如图1-3所示，不到6个小时，就已经有100万人参与转发，第二天，转发人数直接破200万，成为微博史上转发量最快破百万的企业微博；400万转评赞和2亿曝光量迅速占据微博热搜第一和第五位，微信指数日环比大涨288倍；中奖用户"信小呆"的微博，一夜间暴涨到80万粉丝。锦鲤流行背后的狂欢精神和福利刺激下的传播裂变是锦鲤病毒营销的关键两点。

图1-3　支付宝微博公布活动玩法

3. 免费营销

在互联网领域，免费营销是最成功的，也是最初形成盈利模式的。网络上的商家通过免费营销普惠了浏览者，同时也获得了很高的收益。例如，在互联网上可以下载到几万款软件，很多优秀的软件累计的下载次数可能超过千万次，而付费使用软件的用户只占所有使用用户的0.5%或更低，提供商仅依靠这0.5%的付费用户便可获得丰厚的利润，同时使100%的用户都满意。

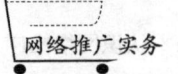

案例1-4　　　　　　　　　钢琴培训免费班

一些钢琴培训机构先开办一个免费的基础班，但是要学员缴纳几百元的押金，然后规定当学员多少节课多少天学完后，就退还给学员这个押金。这对于学员来说，相当于免费学钢琴。如果在学习的课程当中学员缺席一节课，就扣你100元；如果学员不缺席，就可以退还押金。如果学员学完以后还想学，这个押金可以抵扣学费而且还有优惠。在这个学习过程中，学员每天都要通过朋友圈来分享学习感受。

4. 饥饿营销

在市场营销学中，饥饿营销是指商品提供者有意调低商品的产量，以期达到调控供求关系、制造供不应求"假象"、维持商品较高售价和利润率的目的。

饥饿营销的运作始终贯穿着"品牌"这个因素。饥饿营销由于必须依靠强势的品牌号召力，所以会成为一把"双刃剑"。这个剑如果用好了，可以使原来就强势的品牌产生更大的附加值；如果用不好，将会对品牌造成损害，从而降低其附加值。

案例1-5　　　　　　　　　5年只拍9集电视剧

《神探夏洛克》是一部英国电视剧，5年只拍了9集，却收获了超过900万的英国本土观众及180个国家及地区海外播放权，也俘获了无数芳心。《神探夏洛克》截图如图1-4所示。目前，该剧的第四季还遥遥无期，好在最近《神探夏洛克》电影正在上映，"卷福""花生"再度回归。严格意义上说，《神探夏洛克》是一部伪纪录片。于是，朋友圈关于"谁是凶手"的剧透就开始被刷屏了。对于还没有看过《神探夏洛克》电影的"神粉"来说，被剧透，内心一定是崩溃的……

图1-4　《神探夏洛克》（截图）

1.1.5 基于互联网推广的基本思维

在传统行业，营销人才深受重视。在市场与运营方面，流量受限于渠道，营收受限于销售，使得依靠营销人才去开拓市场与销售至关重要；在产品与技术方面，产品周期漫长，技术含金量较低，通过产品和技术去撬动市场很难。于是在传统行业，发展最顺利的往往是营销人才。许多传统行业的老总都是市场或销售出身的。通常，销售老总是一把手，企划老总是二把手，且鲜有技术出身的老总。

对于互联网行业，技术人才变得炙手可热。一方面，互联网使得技术人才一下子变得非常紧缺，这必然导致其价值的提升；另一方面，随着技术含金量的大大提高，技术驱动市场成为可能，而市场传播正在发生巨大变化，口碑与事件加速了传播，渠道正在被逐渐弱化，营销人才的作用也在被逐渐弱化。正视传统营销与互联网营销的差异是成为一名互联网营销人才的前提。作为互联网营销人才，必须跟随网络时代的变化而变化，成为具有互联网思维的前沿人才。

1. 有效流量思维

流量始终是互联网企业的核心竞争力之一。流量是被做出来的，不是被想出来的。在做流量之前，必须明白流量在哪里、哪些流量最优质、整个大盘的流量有多少。例如，很多人说搜索引擎推广不好，但美乐乐公司每年在 SEM 的投资额达十亿元。又如，现在一些大型的连锁整形医院，就是依靠 SEM 从一个小诊所发展到全国数十家连锁集团的。还有一些做金融的企业，只投资微信大号，一年的投资额达上亿元。

2. 用户思维

当用户接触产品后，会产生各种行为。这种行为不在于产品对用户的引导，而在于用户本身的需求。例如，很多金融产品都设计了签到功能，事实上这是不妥的。理财产品不是高频需求，为什么要签到？O2O（Online To Offline 的缩写）模式即使具有签到功能也没被做起来。在用户接触理财产品后，想要了解投资风险、个人账户、投资状况、收益明细等信息，这是基本需求。那么在这些基本需求上，如何深入挖掘用户价值，是运营人员要深入去做的。

所以，用户思维包含两个方面：第一个方面是"用户是谁"；第二个方面是"用户想干什么"。前者帮助我们提高市场传播的准确度；后者帮助我们提高运营的效率。通过分析用户的各种行为，划分用户等级，制定用户成长体系，帮助并引导用户跨越新手阶段。

运营的核心手段之一是做活动。做活动的目的有很多，如促活、拉销售额。如果只是为了活动而做活动，就很容易舍本逐末。在百度糯米网站上，曾经推出满额即送电影票的活动，但是送的电影票根本不能用，很多城市根本不存在。这样的活动非常伤害用户体验。因此，做活动也要深入分析用户行为。送券也好，送礼品卡也好，都要考虑用户的实际需求。

3. 品牌思维

互联网企业往往是小市场架构的。好一点的互联网企业集中精力做流量；差一点的互联网企业做自嗨式 Pr（Premiere 的简称）、发新闻稿、做微信公众号。最终，这些公司做了好几年，积累的用户也不少，但是品牌丝毫没有被树立起来。其原因主要有以下几个方面：一是数字广告对品牌的塑造作用比较微弱；二是数字广告过分强调点击与互动，忽略曝光度与深度，导致在用户心中没有留下明确印象；三是缺少明确的营销定位、顶级媒体"背书"及多元文化建设，导致品牌在用户心中没有占据明确地位。

当产品到了一定阶段，比的不再是体验，而是品牌。品牌传播一定要围绕核心用户群来打造，不然很容易走偏。在文案和 UI（User Interface）设计方面，要围绕品牌定位来塑造。例如，对于一些消费品，文案要使用白话文。UI 设计要符合国际范，传递出大品牌的风范。做品牌要和流量形成互动，例如，通过央视"背书"、媒体公关、全网内容（视频、图片、文字）覆盖、类似"好声音"等顶级电视栏目引导、全网数字营销互动及客户关系管理等方式，既可以产生大的流量，又可以塑造品牌。

4. 竞争思维

互联网行业竞争非常激烈。作为顶级的互联网营销人才，一定要审时度势，有强烈的竞争思维，知道在什么时候打大战。曾经有个非常典型的案例，就是赶集网请姚晨作为其代言人，并花 5000 万元在全国范围内大面积投放广告。一时间，58 同城网的流量下降很多，赶忙花了 1 亿元请杨幂作为其代言人，这才算与赶集网打了个平手。商场如战场，如果企业没有强烈的竞争思维，就不会笑到最后。

5. 商业思维

现在，许多企业通过免费营销，获取用户，再通过其他产品与服务，赚取利润。例如，淘宝网很多店主或是袜子只卖 1 块钱，或是 0 利润充话费，都是为了通过赔本的方式获取用户。企业无论使用什么手段营销，最终的目的都是盈利。作为营销人员，营收思维必不可少。营销人员对成本越敏感，在营销执行上就越深入。

6. 战略思维

有人说，阿里巴巴（阿里巴巴网络技术有限公司的简称）重新启动口碑平台是为了让支付宝的流量更稳定，而口碑平台瞬间对新美大（北京新美大科技有限公司的简称）形成了战略级的竞争态势。由此可见，战略思维对营销格局的影响是巨大的。有的企业布局流量，有的企业布局跨境资产；有的企业引入风投，有的企业引入国企资金；有的企业转型做大平台，有的企业坚持小而美的平台，这都是战略；有的企业只依靠 SEM，支撑一年数十亿元的销售额；有的企业只依靠 DSP（Demand-Side Platform）和网盟，一年也拥有了几十万用户；有的企业只做免费营销，一年能拥有上百万用户。例如，OPPO 广东移动通信有限公司几乎包下了中国大部分的娱乐资源进行营销，且营销效果非常好。OPPO 广东移动通信有限公司成功之处在于把营销放在了战略级的位置，深入坚决执行。如果 OPPO 广东移动通信有限公司只看重短期营销，就不会有现在的成绩。

如果要进行有效的网络推广，还必须清楚认识目标用户。一家企业不可能认识所有用户，必须要针对目标群体进行有针对性的推广。因而，作为网络营销人员必须了解企业网络市场的细分和定位。

1.1.6 网络推广三要素

世纪佳缘公司发布的"双11"微博海报如图1-5所示。在这次微博日常推广中，涉及了三个要素：第一个是接收到企业发送的信息，如这篇微博推文，在此将其称为信息源；第二个是这个信息发送的渠道，即微博，在此将其称为推广渠道；第三个是作为信息接收者的微博关注者，在此将其称为接收者。任何一次推广都离不开这三个要素。网络推广的三个要素如图1-6所示。

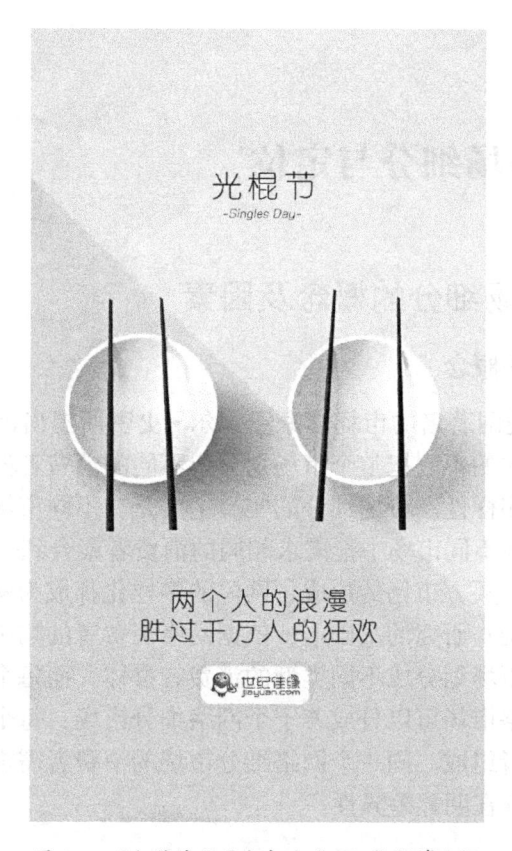

图1-5 世纪佳缘公司发布的"双11"微博海报

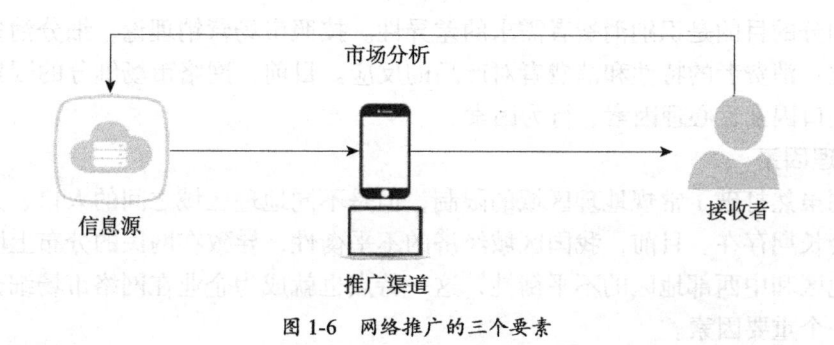

图1-6 网络推广的三个要素

信息源包括所有接收到的信息内容，这些内容可以由文字、图片、视频、二维码等元素构成。首先，企业在生成信息源时必须对目标接收者做市场分析。这些接收者应该尽可能和企业产品用户相一致。其次，企业应该考虑选择哪些信息传播渠道进行网络推广及如何进行推广。这些内容正是本书的重点，将在后面的项目中专门对其加以介绍。下面主要探讨作为信息接收者的目标对象。

就如世纪佳缘公司发布的"双11"微博海报，在制作内容和选择投放渠道时肯定会考虑给谁看这些内容。这里就涉及一个概念——市场定位。一般来说，每个产品不可能满足所有人的要求，也不是每个人都需要的。这时，企业就要考虑一个问题——我的产品面向的是哪些人群？

1.2 网络市场细分与定位

1.2.1 网络市场细分的概念及因素

1. 网络市场细分的概念

19世纪50年代，美国著名的市场学家温德尔·史密斯提出市场细分的概念。市场细分是企业根据消费者需求的不同把整个市场划分成不同的消费者群的过程。市场细分的客观基础是消费者需求的多样性。市场细分的实质主要是在不同市场中寻找需求一致的消费者。市场细分的目标是在不同市场中把需求相同的消费者聚合到一起。

当前，网络的发展、买方市场的形成、网民的多样化都成为网络市场细分的前提。网络市场细分是指企业在调查研究的基础上，依据网络消费者的购买欲望、购买动机与习惯爱好的差异性，把网络市场划分成不同类型的消费者群体。而每个消费者群体构成企业的一个网络细分市场。网络市场可以分成若干个网络细分市场，每个网络细分市场都由需求和愿望大体相同的消费者组成。同一个网络细分市场的消费者需求大致相同，不同网络细分市场的消费者需求则存在明显差异性。

2. 网络市场细分的因素

市场细分的目的是识别消费者需求的差异性。按照市场营销理论，细分消费者的标准主要有两类：消费者的特性和消费者对产品的反应。目前，网络市场细分的因素主要有地理因素、人口因素、心理因素、行为因素。

1）地理因素

互联网虽然打破了常规地理区域的限制，但是不同地理区域之间的人口、文化、经济等差异将会长期存在。目前，我国区域经济的不平衡性，导致在网民的分布上明显呈现出东部沿海地区和中西部地区的不平衡性，这一特点也就成为企业在网络市场细分过程中需要考虑的一个重要因素。

地理细分是指按照消费者所处的地理位置、自然环境来细分市场。例如，根据国家、地区、城市规模、气候、人口密度、地形地貌等方面的差异，将整体市场分为不同的细分市场。

地理因素之所以作为网络市场细分的主要因素，是因为处在不同地理环境下的消费者对于同一类产品往往有不同的需求与偏好，他们对企业采取的营销策略与措施会有不同的反应。例如，在我国南方沿海一些省份，某些海产品被视为上等佳肴，而内地的许多消费者则觉得味道平常。又如，居住环境的差异导致城市居民与农村消费者对室内装饰用品的需求大相径庭。

地理因素易于识别，是网络细分市场应予以考虑的重要因素，但处于同一个地理位置的消费者的需求仍会有很大差异。例如，在我国的一些大城市，像北京、上海，流动人口比较多，这些流动人口本身就构成一个很大的市场，很显然，这个市场有许多不同于常住人口市场的需求特点。所以，简单地以某个地理特征区分市场，不一定能真实地反映消费者需求的共性与差异。企业在选择目标市场时，还要结合其他网络市场细分的因素予以综合考虑。

2）人口因素

消费者需求与人口因素有很密切的关系。人口因素易于衡量，有关数据也相对易于获取，这就是企业经常以它作为网络市场细分的主要因素的重要原因。人口因素包括以下几种。

（1）性别。男性与女性在产品需求上有很大不同，如在服饰、鞋帽、化妆品等方面的需求明显有别。像美国的一些汽车制造商，过去一直是迎合男性要求设计汽车的，现在随着越来越多的女性社会经济地位的提高，这些汽车制造商正研究市场机会，设计具有吸引女性消费者特点的汽车。

（2）年龄。不同年龄的消费者在产品需求上有着明显的差异。一般来说，儿童需要玩具、食品、童装、儿童读物；青年人则需要学习、体育和文娱用品；老年人需要营养品与医疗保健用品等。按年龄细分市场，有利于满足各年龄段消费者的特定需求。因此，企业必须掌握网络消费者的年龄结构、各年龄段消费者占整个消费者群体的比重及各年龄段消费者的需求特点。

（3）收入。不同收入的消费者在产品需求上也有着明显的差异。一般而言，低收入者对产品价格会比较敏感，而高收入者更看重产品的品质及购买的方便性。例如，同是外出旅游，在交通工具和食宿地点的选择上，高收入者与低收入者会有很大的不同。又如，目前我国学生在网民中所占的比重较大，而有网上消费记录的却不多，这在很大程度上由于他们受到经济条件的制约。正因为收入是引起需求差别的一个直接而重要的因素，所以企业应该用不同档次、不同价格的产品去满足具有不同支付能力的消费者。

（4）职业与教育。消费者职业的不同及所受教育的不同都会引起他们的需求差异。例如，教师、职员、工人、农民、学生等不同职业者，对产品需求有着明显差异。又如，由于消费者所受教育水平的差异所引起的在兴趣、生活方式、文化素养、价值观念等方面的差异，会影响到他们的购买种类、购买行为、购买习惯等。不同消费者对居室装修用品的品种、颜色等有不同的偏好。

（5）家庭生命周期。按年龄、婚姻和子女状况等，一个家庭可划分为7个阶段。在不同阶段，家庭购买力、家庭人员对产品的兴趣与偏好有较大差别。

除了上述方面，经常用于网络市场细分的人口因素还包括家庭规模、民族、宗教、国籍等。实际上，大多数企业通常采用两种或两种以上人口因素来进行网络市场细分。

3）心理因素

心理细分是指根据消费者所处的社会阶层、生活方式、个性等心理因素来细分市场。近年来，随着互联网的普及，营销人员开始识别不同生活方式的特征并有机会接触各种具有特定生活方式的人群，并开始使用心理细分的方法。

（1）社会阶层。社会阶层是指在某个社会中具有相对同质性和持久性的群体。处于同一个阶层的成员具有类似的价值观、兴趣爱好和行为方式；不同阶层的成员则在上述方面存在较大的差异。很显然，不同社会阶层的消费者所具有的特点成为很多产品市场细分的重要依据。

（2）生活方式。人们追求的生活方式各不相同，有的追求新潮时髦，有的追求恬静、简朴，有的追求刺激、冒险，有的追求稳定、安逸。有一些服装生产企业，为"简朴的妇女""时髦的妇女""有男子气的妇女"分别设计不同的服装；烟草公司针对"挑战型吸烟者""随和型吸烟者""谨慎型吸烟者"推出不同品牌的香烟，均是依据生活方式来细分市场的。

（3）个性。个性是指一个人比较稳定的心理倾向与心理特征。个性会引起一个人对其所处环境做出相对一致和持续不断的反应。俗语说："人心不同，各如其面。"每个人的个性都会有所不同。通常，个性会通过自信、自主、支配、顺从、保守、适应等性格特征表现出来。企业依据个性因素细分市场后，可以为其产品更好地赋予品牌个性，以适应相应的消费者个性。

4）行为因素

行为细分是指根据消费者对产品的了解程度、态度、使用情况及反应等，将其划分成不同的群体。许多人认为，行为因素能更直接地反映消费者的需求差异。行为因素主要包括购买时机、追求利益、使用状况、品牌忠诚度、态度等。

（1）购买时机。企业可以根据消费者需要、购买和使用产品的不同时机，将其划分成不同的群体。例如，有些产品是时令产品（如电扇、空调、取暖器等），有些产品是节日礼品或婚嫁特殊品，消费者对这些产品的购买时间是有一定规律性的。

（2）追求利益。企业可以根据消费者在购买、消费产品时期望得到的主要利益进行网络市场细分。消费者购买某种产品总是为了解决某类问题、满足某种需要的。然而，产品提供的利益往往不是单一的而是多方面的。消费者对这些利益的追求是有侧重的，例如，对于购买手表，有的追求经济实惠、价格低廉，有的追求耐用可靠和使用维修方便，还有的偏向于显示社会地位。

（3）使用状况。企业可以根据消费者是否使用产品及使用程度进行网络市场细分。根据使用状况，消费者通常可分为经常购买者、首次购买者、潜在购买者、非购买者。大公司往往注重将潜在购买者变为实际购买者；较小的公司则注重于保持现有购买者，并设法吸引使用竞争产品的消费者转而使用本公司产品。

（4）品牌忠诚度。企业可以根据消费者的品牌忠诚度进行网络市场细分。有些消费者经常变换品牌，而有些消费者则在较长时期内专注于某个品牌或少数几个品牌。根据消费者的品牌忠诚度，消费者可分为品牌忠诚者与品牌转换者。品牌忠诚者与品牌转换者的各种行为与心理特征不仅可为企业进行网络市场细分提供基础，同时也有助于企业了解为什么有些消费者忠诚本企业产品，而有些消费者忠诚于竞争企业的产品，从而为企业选择目标市场提供启示。

（5）态度。企业可以根据市场上消费者对产品的热心程度进行网络市场细分。不同消费者对同一个产品的态度可能有很大差异，如有的持肯定态度、有的持否定态度，还有的持无所谓态度。针对持不同态度的消费者群体，企业在广告、促销等方面也应当有所不同。

以上介绍了网络市场细分的主要因素。企业可以根据单个因素进行网络市场细分，也可以根据组合因素进行网络市场细分。总之，不同企业应该结合自身产品特点及企业战略等选择进行网络市场细分的因素。

1.2.2 网络目标市场的选择

1. 网络目标市场的含义

网络目标市场又称网络目标消费群体，是指企业进行网络营销所针对的产品和服务的销售对象。网络目标市场的选择是企业进行网络营销的一个非常重要的战略决策，主要解决企业在网络市场中满足谁的需要、向谁提供产品和服务的问题，如奥迪汽车公司在欧洲的目标客户是殷实的中年经理、腾讯拍拍网的目标访问者是青少年学生。

2. 网络目标市场的选择因素

企业在划分好细分市场之后，可以进入既定市场中的一个或多个细分市场。网络目标市场的选择是指估计每个网络细分市场的吸引力程度，并选择进入一个或多个网络细分市场。企业可以从以下一些因素对细分市场进行评估。

1）有一定的规模和发展潜力

企业进入某个市场是期望有利可图的。如果市场规模狭小或趋于萎缩状态，企业进入后难以获得发展。此时，企业应审慎考虑，不宜轻率进入这样的市场。当然，企业也不宜以市场吸引力作为唯一取舍市场的条件，特别是应力求避免"多数谬误"，即与竞争企业遵循同一个思维逻辑，将规模最大、吸引力最大的市场作为目标市场。大家共同争夺同一个顾客群会造成过度竞争和社会资源的无端浪费，同时使消费者的一些本应得到满足的需求遭受冷落和忽视。现在国内很多企业动辄将城市尤其是大、中城市作为首选市场，而对小城镇和农村市场不屑一顾，这样很可能就步入误区。如果转换一下思维角度，一些目前经营尚不理想的企业说不定会出现"柳暗花明"的局面。

2）细分市场结构的吸引力

细分市场可能具备理想的规模和发展特征，然而从赢利的观点来看，未必具有吸引力。迈克尔·波特于20世纪80年代提出，有五种力量决定整个市场或其中任何一个细分市场的长期的内在吸引力。这五种力量是：同行业竞争者的竞争能力、潜在竞争者的进入能力、替代品的替代能力、购买者的议价能力和供应商的讨价还价能力。这五种力量带来五种威胁：细分市场内激烈竞争的威胁、新竞争者的威胁、替代品的威胁、购买者议价的威胁、供应商讨价还价的威胁。

3）符合企业目标和能力

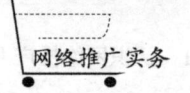

某些细分市场虽然有较大吸引力，但不能推动企业实现发展目标，甚至分散企业的精力，使之无法完成其主要目标，这样的市场应考虑将其放弃。企业还应考虑自身的资源条件是否适合在某个细分市场经营。企业只有选择有条件进入、能充分发挥其资源优势的市场作为目标市场，才会立于不败之地。

3. 网络目标市场的选择战略

网络目标市场的选择战略一般有五种。

1）产品与市场集中战略

产品与市场集中战略是指企业集中力量只生产或经营某种产品，供应某类消费者群。在巨大的网络市场中，这种战略比较适宜于中、小企业，可以集中其资源实现专业化生产和经营，在取得成功后再向更大范围发展。

2）产品专业化战略

产品专业化战略是指在面对不同的消费者群时，企业生产或经营的某种产品在质量、价格、款式等方面会有所不同。在网络市场中，大多数企业实施的是这种战略，即根据不同的消费者群提供不同的产品和服务。

3）市场专业化战略

市场专业化战略是指企业生产或经营为某类消费者群服务的各种不同产品。这也是企业普遍所采用的战略，特别是提供网络服务的专业服务企业，大多为他们的客户提供一整套的服务解决方案。

4）选择性的专业化战略

选择性的专业化战略是指企业选择多个细分市场作为网络目标市场，而且每个细分市场都有着良好的营销机会潜力，各细分市场之间相关性较小。这种战略有利于分散企业经营风险。也就是说，企业即使在某个细分市场失去吸引力，仍可在其他细分市场经营。

5）全面覆盖战略

全面覆盖战略是指企业采用完全覆盖的模式，生产各种产品来满足所有细分市场的需求。这种战略一般适用于实力较强的大企业。在网络环境下，该战略又焕发出新的活力。根据长尾理论得出的结论，产品只要存储量足够大和流通的渠道足够宽，就可以覆盖整个市场，甚至那些需求不旺或销售不佳的产品也能达到与那些少数热销产品相当的市场份额。

1.2.3 网络目标市场定位

1. 网络目标市场定位的概念

市场定位是指企业为自身及进入目标市场上的产品确定在消费者心目中所处的位置，为企业和产品在市场中创立鲜明的特色或个性，形成独特的市场形象，并把这种形象传递给消费者所采取的各种营销活动。定位就是勾画企业形象和价值的行为，是展示企业能力的积极行动。企业要在每个细分市场内确定产品定位策略，要向消费者说明本企业与现有的竞争者和潜在的竞争者有什么区别，使该细分市场的目标消费者理解和正确认识本企业有别于其他竞争者的特征，建立对本细分市场内大量消费者有吸引力的竞争优势。

网络目标市场定位是双向的：一方面，营销人员必须了解网上消费者的各种情况；另一方面，营销者又必须明确自己的产品是否适于在该细分市场进行网络营销，从而提高企业市场竞争力。

2. 网络目标市场定位的程序

网络目标市场定位的关键是企业要设法找出自己产品比竞争者更具有竞争优势的特性。竞争优势一般有两种基本类型：一是价格竞争优势，就是在同样的条件下比竞争者定出更低的价格，这就要求企业尽一切努力来降低单位成本；二是偏好竞争优势，即能提供鲜明的特色来满足消费者的特定偏好，这就要求企业尽一切努力来塑造产品特色。

网络目标市场定位的程序如下。

1）分析网络目标市场的现状

这是网络目标市场定位的第一个步骤，其中心任务是要回答以下三个问题：第一，竞争对手的产品定位如何？第二，网络目标市场消费者需求的满足程度如何？第三，针对网络目标市场中竞争者的市场定位和消费者的真正需求，企业应该及能够做什么？要回答这三个问题，营销人员必须开展市场调研，系统地搜索、分析上述有关问题的资料并报告研究结果。通过回答上述三个问题，企业就可以对网络目标市场的现状有一个大致的了解。

2）准确识别竞争优势

企业可以从以下几个方面考察自己的竞争优势。

（1）技术优势。在网络经济时代，技术优势永远是相对的，也是重要的竞争优势。企业利用网络的技术优势可以准确了解消费者的消费心理及决策过程，了解消费者对产品的满意程度、消费偏好、对新产品的反应等，并对此做出快速的反应。对于传统企业来说，不仅要加大对网络技术的投入，还要充分发挥和利用信息技术产业发展的最新成果，积极通过外包或战略联盟共同开发市场需求的新产品，加强与IT企业及其他行业的联盟与合作，最大限度地利用一切可利用的资源。

（2）配送优势。物流配送一直是困扰和限制网络营销发展的主要因素。对于有传统物流优势的企业而言，凭借物流优势实施网络营销则是一个"水到渠成"的选择。

（3）服务优势。网络服务的最大优势在于能够与消费者建立起持久的"一对一"服务关系，而这种关系的得来应归功于网络即时互动性的特征。企业通过与消费者的互动，可以及时向他们传达新产品信息、升级服务等信息，还可以及时发现不满意的消费者，并了解他们不满意的原因并及时处理，从而保持与消费者的长期友好关系，而重视消费者的长期价值是营销人员的重要价值观。

（4）形象优势。形象优势的建立对于企业的市场定位是非常经济有效的。即使竞争产品看起来很相似，消费者也会根据企业或品牌形象的不同进行区别，企业形象能够传达产品与众不同的利益和定位，因此企业形象是需要精心设计和维护的，而网络是一个建立和维护企业形象的绝佳工具。

3）准确选择竞争优势

基于以上分析，竞争优势是指企业能够胜过竞争对手的能力。假如企业已经很幸运地发现了若干个潜在的竞争优势，那么企业必须选择其中的一个或几个竞争优势，据此建立网络目标市场定位。一个企业不可能也没有必要在当前或通过努力后在所有方面都优于竞争对手，只要选择若干重要的要素加以组合并培养，使之成为自己的竞争优势。一般来说，选择竞争优势应遵循以下原则：一是优势不宜过多，过多的优势既易导致可信度下降，又不容易引起消费者的注意，更不会使消费者记住；二是短期定位可以选择客观、具体的要素，以强调不同的使用价值为目标，但应不断推陈出新，避免过于笼统而且没有特色的定位；三是长期定位应选择文化等主观的、抽象的要素，给消费者比较广阔的想象空间，以形成消费者的品牌偏好为目标；四是短期定位应服务于长期定位，保持两者的协调一致。

4）显示独特的竞争优势

企业要通过一系列的宣传促销活动，将其独特的竞争优势准确地传播给消费者，并在消费者心目中留下深刻印象。首先，企业应使目标消费者了解、知道、熟悉、认同、喜欢和偏爱本企业的市场定位，在消费者心目中建立与该定位相一致的形象。其次，企业通过各种努力强化形象，稳定目标消费者的态度，加深目标消费者的感情，从而巩固与市场相一致的形象。最后，企业应注意由于企业市场定位宣传的失误而造成目标消费者对其市场定位理解出现的偏差、模糊、混乱和误会，并及时纠正与市场定位不一致的形象。

3. 网络目标市场定位的策略

各个企业经营的产品不同，面对的消费者不同，所处的竞争环境不同，网络目标市场定位的策略也就不同。常用的网络目标市场定位的策略有以下几种。

1）产品或服务特性定位

构成产品或服务内在特色的许多因素都可以作为网络目标市场定位的依据。互联网上出现了许多经营实体产品的公司，像网络虚拟书店——当当网就是一个成功的典范。图书是非常适合于网络营销的。当当网图书品种齐全、服务周到、价格低廉、准确把握产品或服务特性定位，取得了不错的成绩。在当当网上，消费者无论是购物还是查询，都不受时间和地域的限制，并享受到"鼠标轻轻一点，好书尽在眼前"的服务。

2）技术定位

根据企业网站采用技术的不同，可将其分为宣传型网站和交易型网站。

宣传型网站不具备交易功能。若网站定位于宣传型网站，就主要介绍企业的经营项目、产品信息、价格信息。例如，罗蒙公司的网站就很好地宣传了企业形象和产品信息。

交易型网站不仅介绍企业的服务项目、产品信息和价格信息等，同时也提供交易平台。买卖双方可以相互传递信息，实现网上订货。若网站定位于交易型网站，则要突出交易平台的特色。现在，国内已有大量的交易型网站。例如，淘宝网就是一个成功的交易型网站，而且是亚洲第一大网络零售商，其目标是创造全球首选网络零售商圈。交易型网站采用最新团购模式来满足网上消费者群的需求。

3）利益定位

企业的产品或服务所能提供给消费者的利益是消费者最能切实体验到的。这里的利益包括消费者购买时追求的利益和购买企业产品时能获得的附加利益。网上消费者的不同需求形成了企业潜在的网络目标市场。网上消费者可以在网上反复比较，选择合适的产品，在毫无干涉的情况下最后做出购买决定。企业必须充分考虑消费者希望得到的利益后，再进行网络目标市场定位。根据消费者对牙膏功能的不同需求，好来化工（中山）有限公司将其生产的黑人牙膏分为不同系列，如清新系列、美白系列、抗敏感系列等，以满足消费者对不同利益的追求。好来化工（中山）有限公司在网站上针对不同系列黑人牙膏的宣传也起到了不错的效果。

4）消费者类别定位

好的消费者分类让企业知道在追求哪些人、满足哪些人、影响哪些人。例如，根据消费者性别不同，可以分为男性消费品市场和女性消费品市场。在男性消费品市场中，必须抓住男性消费者的购买欲望，如电子产品和汽车等都是男性消费者关注的对象；或者能够吸引男性为女性购买的礼品，网络商店，也可以在男性消费者市场上找到自己的一席之地。现在，新浪、网易等门户网站也都分别开设了女性或男性频道，充分利用消费者类别定位。

5）竞争对手定位

竞争对手定位是常用的一种定位方法。在企业进入网络目标市场时，竞争对手的产品往往已在市场露面或已形成了一定的市场格局。这时，企业就应认真研究在网络目标市场上竞争对手所处的位置，从而确定本企业的有利位置。为此企业要关注竞争对手，与竞争对手进行比较，找出自己的优势与劣势，进而决定选择避强定位或迎头定位。

6）重新定位

重新定位是指对销路不畅的产品进行的二次定位。例如，上海盛大网络发展有限公司早期代理韩国游戏，后来重新定位开发自主游戏产品。任何企业如果前一次定位后遇到了较大的市场困难，都可以考虑进行二次定位，即重新定位。

如果产品或企业没有清晰的定位，即使推广再努力也无法取得很好的效果，特别是在移动互联网时代，任何企业都必须有清晰的定位。

案例1-6　　微信与移动QQ的定位之争

目前，微信似乎正在重现当年QQ在PC端的所向披靡，不但令其他对手倍感压力，甚至连同一公司的移动QQ都受到了威胁。由于二者都在智能手机领域发力，同时也都属于移动IM（Instant Messaging），所以微信用户的快速增长，确实令移动QQ感受到了很大的压力。

为了应对微信的挑战，新版移动QQ在功能中添加了微信中已有的LBS（Location Based Services）及语音视频聊天等功能。但这样做只能令二者的功能更加同质化，内部竞争更加激烈。

为了避免二者日趋激烈的内部竞争及功能的同质化，腾讯公司分别给了二者一个看似明确的市场定位。移动QQ的市场定位是移动IM，即移动互联网的即时通信工具，它满足的是用户同步通信的需求；而微信的定位是社交关系和移动通信的管理平台，它既不同于移动QQ的即时通信也不同于微博的异步通信，而是给用户提供一个较大的弹性空间，

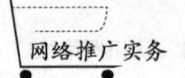

让用户从容地按自己的需求来管理社交关系和人际沟通。那么这种定位是否真能解决微信与移动 QQ 的内部竞争呢？这需要一个市场检验的过程。

1.3 网络市场调研

网络市场调研是指利用互联网系统收集、整理、分析和研究各种营销信息，为企业开展营销活动提供依据。网络市场调研的目的是收集网上购物者和潜在消费者的信息，充分利用网络调研的优势，加强与消费者的沟通、理解并建立友谊，改善营销并服务于消费者。而要达到这一目的的前提是让更多的消费者访问企业的网站，这样市场营销调研人员就可以有针对性地制作网上调研表单，消费者可以发回反馈并参加联机、交互调查和竞赛，从而使市场营销调研人员掌握更多更翔实的市场信息。

1.3.1 网络市场调研的步骤

网络市场调研一般包括以下几个步骤。

1. 明确问题与确定调研目标

（1）谁有可能在网上使用你的产品或服务？
（2）谁是最有可能购买你的产品或服务的客户？
（3）在你所在的行业中，谁已经通过网络进行营销？他们是怎样通过网络营销的？
（4）你的客户对你的竞争者的印象如何？
（5）在企业的日常运作中，可能要受哪些法律、法规的约束？

2. 制订调查计划

制订调查计划是指制订出最为有效的信息搜索计划，即要确定资料来源、调查方法、调查手段、抽样方案和联系方法。调查计划的内容如表 1-1 所示。

表1-1 调查计划的内容

计划项目	项目操作方法
资料来源	确定收集的是二手资料还是一手资料（原始资料）
调查方法	可使用专题讨论法、问卷调查法和实验法
调查手段	可使用在线问卷、交互式计算机辅助电话访谈系统、网络调研软件系统
抽样方案	要确定抽样单位、样本规模和抽样程序
联系方法	采取网上交流形式，如通过电子邮箱传输问卷、参加网上论坛等

在调查手段中，在线问卷的特点是制作简单、分发迅速、回收方便，但要注意问卷的设计水平。交互式计算机辅助电话访谈系统是利用一种软件程序在计算机辅助电话访谈系统上设计问卷并将其在网上传输。Internet 服务器直接与数据库连接，对收集到的被访者答案直接进行储存。网络调研软件系统是专门为网络调研设计的问卷链接及传输软件，包括整体设计问卷、网络服务器、数据库和数据传输程序。

3. 收集信息

收集信息的方法很简单，直接在网上递交或下载即可，这与传统市场调研的收集资料方式有很大的区别。例如，某企业要了解各国对某个国际品牌的看法，只要在一些著名的全球性广告网站上发布广告，把链接指向公司的调查表就行了，而无须像传统的市场调研那样，在各国找不同的代理来分别实施。

在问卷回答中，访问者经常会有意无意地漏掉一些信息。为了防止这种情况的发生，可在页面中嵌入脚本或 CGI 程序进行实时监控。如果访问者遗漏了问卷上的一些内容，其程序会拒绝递交调查表或验证后重发给访问者要求补填。最终，访问者会收到证实问卷已完成的公告。在线问卷的缺点是无法保证问卷上所填信息的真实性。

4. 分析信息

收集信息后要做的是分析信息。调查人员如何从数据中提炼出与调查目标相关的信息，直接影响最终的结果。在分析信息时，要使用一些数据分析技术，如交叉列表分析技术、概括技术、综合指标分析和动态分析技术等。目前，国际上较为通用的数据分析软件有 SPSS、SAS 等。网上信息的一大特征是即时呈现，而且很多竞争者还可能从一些知名的商业网站上看到同样的信息。因此，分析信息的能力相当重要，它能使你在动态的变化中捕捉到商机。

5. 提交报告

调研报告的撰写是整个调研活动的最后一个阶段。调研报告不能由数据和资料的简单堆砌而成。调研人员不能把大量的数字和复杂的统计技术扔到管理人员面前，否则就失去了调研的价值。调研人员的正确做法是把与市场营销关键决策有关的主要调查结果报告出来，并按调查报告所应具备的正规结构写作。

作为对填表者的一种奖励或犒赏，应尽可能地把调查报告的全部结果反馈给填表者或广大读者。对一些"举手之劳"式的简单调查，可以通过互动的形式公布调查结果。

1.3.2 网络营销信息的来源

1. 传统意义上的信息主要来源

非正式的信息：通过如面对面交流、打电话、通信等方式获取的信息。

半正式的信息：通过一些非正式出版机构的内部工作报告、内部出版物、政府报告的打印件、机构情况介绍、会议论文的油印本、论文清样、学位论文、教师的教案、样本介绍等获取的信息。

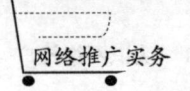

正式的信息：通过由社会认可的出版机构正式出版发行的各类信息，如图书、期刊、杂志、报纸、政府出版物、技术报告、音像制品等。

2. 网络信息的来源

非正式的信息：通过电子邮件、新闻组、BBS、电子会议等获取的信息。

半正式的信息：各学术团体、教育研究机构、企业、政府机构和国际组织、行业协会等网站所提供的尚未正式出版的信息。在传统媒介中，由于资源的限制，这类信息的传播是比较困难的，而在网络中，这类信息的交流却十分便捷与频繁。

正式的信息：在网络上正式发行的电子杂志、电子出版物、新闻网站发布的新闻（如文字、图像、音频、视频新闻）、各种数据库等信息。

1.3.3　常用的调查网站

下面列出常用调查网站，有些是综合型调查网站，有些是专业型调查网站，仅供调查时参考。

- 问卷星
- 51调查网
- 91问问调查网
- 爱调研
- 大家说网调地带
- 第一调查网
- 集思吧
- 乐调查
- 收奖网
- 态度8调查网
- 调查快车
- 调查通
- 调研吧
- 调研邦
- 万言网
- 问卷网
- 易调网
- 益派调查网
- 中国调查网
- 中国电信e声网
- 腾讯问卷
- 麦客CRM

案例1-7　　　"超大"论坛的网络调查

2010年8月,对某虚拟社区(网络论坛)进行了一次问卷调查,目的是了解论坛活跃会员的基本特征、在线讨论的参与程度、对论坛的态度及评价等信息。

1. 调查工具

本次调查使用开源的LimeSurvey1.87版网络调查软件。该软件基于B/S结构,用户只要通过浏览器访问问卷地址即可完成调查。该软件功能强大而专业,问卷题型丰富,能够实现基于条件的答题跳转,能够有效进行调查控制,并可以方便地将调查数据导入SPSS统计分析软件。该软件最终设计完成的问卷共4组58个问题,其中大部分问题采用李克特6点量表形式,问卷开头有规范的指导语,部分问题附有答题说明,当用户访问问卷时,是按组分页显示题目的。

2. 调查对象

本次调查的对象为论坛的活跃用户。活跃用户界定为同时满足以下条件者:论坛注册时间超过3个月,平均每日发帖数量在0.3以上,在公共讨论板块发帖数量在10以上,最近一周内登录过论坛。在论坛管理员的技术支持下,共筛选出符合条件的会员2 048名。尽管技术上完全可以实现概率抽样,但为了获取足够规模的样本,此次对抽样框中的2 048名用户全部发送了调查邀请。

3. 调查控制

调查问卷采取匿名形式,实行封闭访问,即只有接受邀请的会员才能参与调查。论坛管理者通过论坛短消息对符合条件的会员发送邀请,而论坛短消息中包含参加调查的登记网页。会员访问登记网页,输入自己的论坛用户名和用来接收问卷地址的电子邮箱进行登记。登记网页会对用户名进行验证,不在会员名单之列的无法进行登记。这样,就获得了一个包含论坛用户名和电子邮箱的调查对象登记表。将该登记表导入LimeSurvey1.87版网络调查软件中,为每位调查对象生成唯一的操作代码,并将问卷访问地址发送到会员所登记的邮箱中。通过这些技术手段,使得基于概率抽样、受限登记、封闭及非重复访问的网络调查成为可能。

4. 调查实施

首先,由论坛管理方在论坛上发布调查通知并置顶,说明调查内容及方法并进行宣传发动,随即对符合条件的会员发出邀请,同时启用问卷。为了提高效率,使已登记会员能够尽快被调查,采取一边登记一边发送问卷电子邮件的做法,每天更新导入登记名单和发送电子邮件次数。在为期3周的调查有效期内,对已登记尚未完成问卷者,每隔3天发送一次提醒电子邮件,最多发送3次,同时先后两次在论坛上发送消息进行提醒。在调查结束后,将数据导入SPSS统计分析软件,以进行后续统计和分析。

以下是该网络市场调查的调查报告。

为了进一步探究"超大"论坛的理性特点及形成机制，我们于2010年8月对"超大"论坛的活跃会员进行了一次问卷调查，共对2 048名会员发出参与调查邀请，最终612人参与并提交了问卷，其中有效问卷有564份，有效率为92.12%。这次问卷采用李克特6点量表形式，其中一些题目涉及会员对该论坛的看法，可以作为该论坛理性程度的佐证。

调查结果表明，有关"超大"论坛的整体理性程度方面，84.18%的会员认为该论坛的多数会员是讲事实、讲道理的，高达93.13%的会员同意该论坛整体上是比较理性的；同时75.15%的会员也认为"原创茶馆"板块是比较理性的。有关"原创茶馆"板块理性的具体情况，62.17%的会员认为该板块的大多数讨论具有一定的水平；87.14%的会员认为该板块具有较高的辨析谣言、流言的能力；多数会员认为很少存在真正拿钱发帖的；谈到访问"原创茶馆"板块有何帮助时，绝大多数的会员认为可以提高知识水平或视野（93.19%）和有助于客观理性地看待问题（90.11%）。由此可见，"超大"论坛的大多数会员基本认可该论坛整体和"原创茶馆"板块具有较高理性的特点，与之前的观察基本相符。

技能训练

1. 网络问卷制作及发送

任务说明：事先可以针对某一话题制作一份问卷，要求问卷题目至少10个，必须有各种题型（单选、多选…）。

接下来，利用问卷网、问卷星或其他在线问卷工具进行问卷制作，并进行发送。这里给出如表1-2所示的评分表，仅供参考。

表1-2 评分表

评分内容	评分标准		得分
问卷质量	题目数量及题型要求达标性	20分	
问卷制作效果	问卷美观性、布局合理性	50分	
问卷发送情况	是否发送成功，数据收集数量	30分	

2. 案例分析

汉服，全称"汉民族传统服饰"，又称汉衣冠、汉装、华服，是中国"衣冠上国""礼仪之邦""锦绣中华"的体现，承载了汉族的染织绣等杰出工艺和美学，传承了30多项中国非物质文化遗产及受保护的中国工艺美术。据有关数据统计，我国汉服潜在用户规模较大，潜在用户规模达4.15亿人。2019年我国汉服消费者在购买汉服时主要考虑因素有风格、材质面料和形制/朝代，汉服消费者购买汉服的价格集中在300~500元，占汉服消费者人群的比重为43%，汉服消费者购买汉服的渠道主要为淘宝或天猫，其中淘宝或天猫渠道所占比重为48%，2019年我国汉服消费者购买场景驱动主要有日常游玩、旅途场景，占消费者人群的比重为66%。

A公司是一家专门生产、设计于一体的汉服工厂，目前想要拓展网络市场，打算开设网店。假设你是该公司的网络营销人员，请为该公司做以下工作。

（1）对汉服市场进行网络市场细分，并描述各个细分市场的特点。

（2）利用市场调研，查询了解国内汉服市场的情况。

（3）根据各个网络市场细分市场的特点及竞争状况，为网店进行市场定位。

项目2

网络推广信息元素

巧妇难为无米之炊，网络推广要达到效果首先必须进行内容的策划及制作。本项目主要介绍三大类营销信息元素，即文案、二维码、视频，重点介绍新媒体背景下文案的写作。通过案例及相关实操任务，让学生了解各种信息元素的优、缺点及呈现方式，并能利用相关工具完成信息元素的制作。

技能目标
※ 对网络推广文案有清楚的认识并能进行初步写作
※ 能制作美观的二维码

教学建议
※ 使用案例引入法，引起学生的兴趣
※ 利用话题引导学生讨论，增加对知识的认知
※ 利用特定选题，让学生练习相关技能

知识要点
※ 新媒体文案基本知识
※ 新媒体文案写作技巧
※ 二维码作用及美化
※ 视频推广方式

阅读参考
※ 奥格威. 一个广告人的自白 [M]. 北京：中信出版社，2008.
※ 布莱. 文案创作完全手册 [M]. 北京：北京联合出版公司，2017.
※ 休格曼. 文案训练手册 [M]. 北京：中信出版社，2011.
※ 小马宋. 那些让文案绝望的文案 [M]. 北京：北京联合出版公司，2015.

案例2-1　　　　白酒"屌丝"江小白的营销逆袭

营销大师史玉柱利用脑白金打了一场漂亮的翻身仗，脑白金真的有那么好吗？这不好确定，但究其原因，皆因它的广告营销做得好而已。脑白金在央视做了十几年的广告，早已经深入人心，口耳相传。江小白的成功跟脑白金的成功有一些相似之处，那就是做了一个吃透人性的营销。

很多人是先从江小白的文案开始认识它的。

人们大部分时候喝酒，不是为了醉，而是为了情感的发泄。江小白的每一句文案，都说出了喝酒人的心声，都表达了喝酒人藏在心底最深的情感。

江小白的文案被奉为广告业界经典，总是金句不断，令很多一线广告公司都汗颜，甚至有网友直呼：江小白所属公司根本就是一家广告公司！据说，江小白所属公司的文案、设计师和小编加起来才100多人。以下是部分江小白的文案示例，如图2-1~图2-5所示。

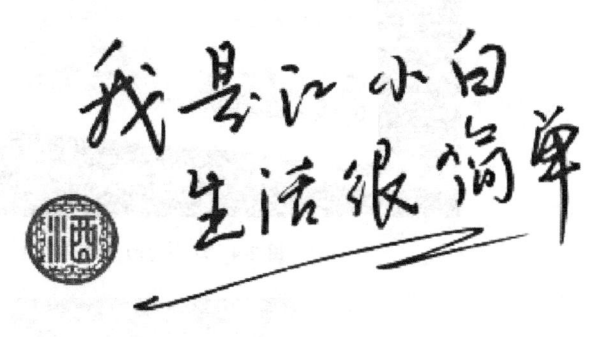

图 2-1　江小白的文案示例 1

图 2-2　江小白的文案示例 2

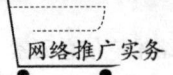

图 2-3　江小白的文案示例 3

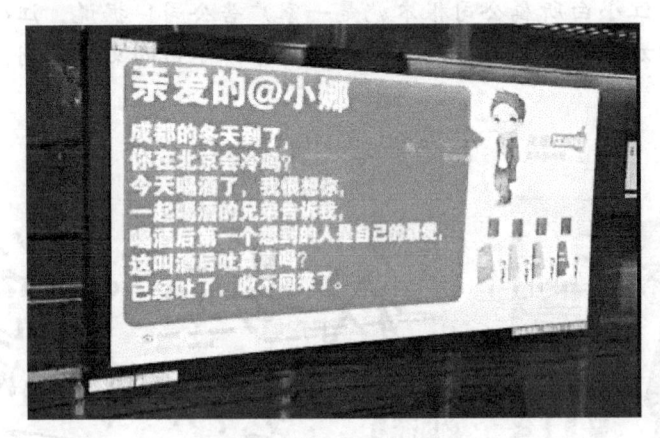

图 2-4　江小白的文案示例 4

图 2-5　江小白的文案示例 5

江小白的文案可谓成功席卷了整个广告、营销领域，也使得江小白从一个名不见经传的小品牌跃变为一个红遍全国的酒类品牌的黑马，更是俘获并牢牢抓住了"80后""90后"年轻人的心。这些都只是冰山的一角，江小白之所以能够如此迅速地崛起，不仅因为一个文案、一个想法、一个产品创新、一个营销创新，还因为整个系统运营的创新，而这些提升了渠道效率、传播效率、运营效率、沟通管理效率。

2.1 文案

若想看一家淘宝店的走心文案，请扫右边的二维码。

此处说的文案指的是文字、图片或文字与图片的组合，其核心是文字。好的文案能激发和诱导消费者对某个产品的需求。文案造成的视觉、感觉印象及诱导往往勾起消费者的现实购买欲望。有些物美价廉、适销对路的新产品，由于不被消费者知晓，所以很难打开市场，而一旦对其进行了广告宣传，就被消费者纷纷购买。那文案到底该如何来写呢？

2.1.1 认识新媒体文案

1. 新媒体文案的概念

文案来源于广告行业。传统意义上的文案是由标题、副标题、广告正文、广告口号组成的，是广告内容的文字化表现，是"广告文案"的简称，多指以语词表现广告信息内容的形式。

标题：是广告文案的主题，往往也是广告内容的诉求重点。它的作用在于吸引人们对广告的注目，留下印象，引起人们对广告的兴趣。

副标题：是广告文案的补充部分，有一个点睛的作用，主要表现在对标题的补充。

广告正文：是对产品及服务的客观说明，以增加消费者对产品及服务的了解与认识，以理服人。撰写的广告正文要实事求是，通俗易懂。广告正文无论采用何种题材式样，都要叙述主要的信息，言简易明。

广告口号：口号是战略性的语言，经过反复和相同的表现，以显示本企业产品及服务与其他企业的不同之处，使消费者熟悉本企业产品及服务的个性。广告口号常有的形式有：联想式、比喻式、许诺式、推理式、赞扬式、命令式。撰写的广告口号要简洁明了、语言明确、独创有趣、便于记忆、易读上口。

新媒体文案主要基于新型的媒体（主要指移动互联网），重点输出广告内容和创意。文案的职业角色就是要把传播的信息进行设计，使其更容易被人理解，更容易在诸多的信息中被发现、被记住，甚至被再次传播。

2. 新媒体文案的特点

新媒体文案必须结合新型媒体的特点来展开广告内容与创意设计。它与传统文案在很多方面有较多区别。综合来看，新媒体文案有以下的一些特点。
- 发布成本低。不同于传统文案的发布，新媒体文案借助于微博、微信等新媒体平台，直接在网络上进行发布，发布成本较低。
- 传播渠道及形式多样化。
- 互动性强。
- 离目标消费者群更近。
- 易被用户创造传播。
- 可以科学公式化。
- 注重内容为王。到了新媒体时代，信息传播方式变成了网状交互传播。消费者不再被动接收品牌信息，而是可以自由参与信息传播。这时候，内容是否有传播力成为了文案曝光多少的关键因素，"渠道为王"变成了"内容为王"。

2.1.2 文案写作流程

文案是写给目标消费者看的，所以得以目标消费者为中心撰写精准的文案，还得足够了解推广的产品或业务，并以合理的方式植入文案中。那以目标消费者的什么为中心呢？可以围绕目标消费者的基本特征、资讯空间、生活空间、各种需求、各种痛点等为中心。好的文案不是仅停留在写点文案内容这个层面上的，也不是靠拍脑门或苦思冥想出来的，而是通过一个整体的推广思维与过程产生的。

新媒体文案写作步骤微课视频

1. 明确文案写作目的

要想写出好的文案，首先得清楚文案写作目的。以下是新媒体文案的一些主要目的。
- 增加粉丝。
- 通过在微博、微信、贴吧等写文案，让目标消费者进入网站或下载 App。
- 增加目标消费者的黏性。
- 推广相关的产品或者服务。

明确了文案写作目的，写文案的方向就有了。朝着这个方向写，文案的内容再多都不会跑偏。

2. 了解目标消费者

文案无论长短，都要被当作一个"产品"来看待。这个产品（文案）好或者不好读者是能感受到的。什么才是好的文案呢？那就是能引发目标消费者关注、能说到目标消费者心坎里去的文案。那么文案如何能说到目标消费者心坎里去呢？文案的作者必须足够了解产品的目标消费者。目标消费者的调查是好文案的开端。在写文案之前，必须了解目标消费者的基本特征（年龄、收入、职业、地区等），目标消费者的痛点和需求，以及目标消费者的资讯空间、生活空间等。

案例2-2　　　　　　　　　家喻户晓的脑白金

大家熟知的产品——脑白金当年在农村地区销量一直上不去。史玉柱就亲自去问农民不买脑白金的原因（去了解目标消费者）。农民回答：脑白金的包装太小，将它送出去没面子。于是，史玉柱改变了脑白金的包装和文案，而包装里的东西却没变，结果脑白金便家喻户晓了。

写文案前不但要了解哪些类型的消费者是产品的最大客户群体，还要了解这部分群体为什么迫切地要使用产品。只有这些问题都了解清楚了，写文案的思路和方向才会变得更明确。文案写作要取得成功首先要了解目标消费者，如果不知道目标消费者是谁、他有什么需求、有什么特点，写出来的文案往往不能产生好的效果。可以采用用户画像的方法来了解目标消费者。

延伸阅读：用户画像

1. 什么是用户画像

用户画像（User Portrait）是指将用户信息标签化，即通过收集与分析目标消费者社会属性、生活习惯、消费行为等主要信息的数据之后，抽象出一个用户商业全貌的基本方式。

2. 案例——微互动用户画像

微互动用户大多是指运营者。他们的特征有：女性略多于男性；大多位于北京、上海、广州、深圳、杭州等城市；年龄一般在20～35岁之间；收入一般在5 000～13 000元，少数在15 000甚至20 000元以上；对新媒体、热点的关注度非常高；朋友圈活跃度较高；关注了很多公众号，也加了很多行业微信群等。

根据以上这些信息，我们就可以把一个人具象出来，例如：

姓名：刘敏

年龄：24岁

性别：女

居住地：北京

收入：7000元 × 13年薪

手机品牌：iPhone6

刘敏刚刚毕业一年，现在在中关村一家互联网教育公司上班，负责公司的新媒体运营工作，每天推送一些文章，并到各个群里将其转发一下，或者到一些诸如今日头条这样的平台上面做一下文章发布，偶尔也策划一些线上、线下的小活动。

刘敏住在上地附近，上下班坐地铁要一个多小时，在地铁上会刷朋友圈或看看订阅号，偶尔在群里冒一下泡。刘敏加了几十个群，平时活跃的群有那么十几个。

刘敏的公众号粉丝人数约2000，基本都是靠做活动获得的，也有自己的一些亲朋好友。刘敏正常推送的文章能有三四百人的阅读量。如果有活动要推广，刘敏会想

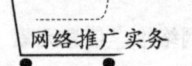

着到各个群里转发这个活动消息,并通过发红包请别人将这个活动消息发到朋友圈。

以上就是一个简易版的微互动用户画像。它是通过对公众号后台数据的分析及在各个铁杆粉丝群中的交流得到的。

刘敏是一个具体的、虚拟化出来的人物,但她跟我们的很多真实用户都有一定的相似度。

真正专业的用户画像不会像上面的这么简单,还要对其做分类。例如,根据经验,在微互动粉丝中,有学生,有上班族,有1年以下的小白,有3年以上的高手或5年以上的运营总监,以及一些产品经理和创业者;根据关注动机,有凑热闹随便关注一下的,有每天等着推送的,有从第三方渠道过来的。

3. 用户画像的作用

简而言之,用户画像的作用是让运营者在运营的过程中能够抛开个人喜好,将焦点关注在目标消费者的动机和行为上来进行活动策划和运营。

只有当你明白目标消费者"长什么样子",才能够知道在哪里可以找到他们、他们喜欢什么、什么样的活动可以打动他们、什么样的文章可以说到他们心坎里去。你写的都是他们喜欢的。他们会把你的文章转发到朋友圈,也会兴奋地在你的文章下面评论,还会跟周围同类人推荐你的公众号。

热播剧《欢乐颂》之所以能够引起这么多人的共鸣,就是因为它的用户画像几乎涵盖了都市生活中所有的形象,因此几乎能让所有人在其中的角色身上找到共鸣,从而火了起来。

4. 用户画像包含哪些元素

1)地域

地域是指目标消费者所在的地理位置。例如,一、二线城市的居民收入较高,对于新鲜事物的接受度比较高,见识过很多活动,收到过很多小礼品,因此他们容易接受各种好玩的活动,同时价值很低的小优惠也不容易让他们动心;三、四线城市居民收入一般,大多数活动(哪怕是投票晒娃)都使他们觉得新奇好玩。

2)性别

性别的不同对于新媒体运营有很大的影响,例如,男性可能更喜欢冷色,而女性更喜欢暖色;有些文案可以触及女性心底,而男性却对之无感;性感的文案能吸引绝大多数男性,而部分女性则对之无感甚至反感的;很多女性会对星座、娱乐新闻感兴趣,而男性则对军事、科技着迷。

3)收入

就像你无法说服一个月薪只有3 000元的人参加一个2 000元的付费社群一样,如果你的目标消费者无法承受你的产品及服务的价格,那么再好的文案也不可能有用。

如果你的目标消费者只能接受淘宝网上九块九包邮的商品,而你每天却发送普罗旺斯的花海、夏威夷的沙滩旅游项目,那么你的目标消费者就算没有取消对你的关注,也不会认为你跟他们是一伙的。

4）年龄

每个年龄段所关心的内容是不一样的，例如，"60后"关注的是谣言，"70后"关注的是鸡汤文，"80后"关注的是职场信息，"90后"关注的是互联网信息，"00后"关注的是二次元等。如果你不知道自己的目标消费者到底喜欢什么，那么你的目标消费者同样也不会喜欢你。

5）受教育程度

受教育程度越高的目标消费者，对文案内容越挑剔。例如，像快手上的那些低俗搞笑视频，大多只能在农村或受教育程度普遍不高的人群中得以流行；而像大象公会、豆瓣、知乎上的内容，则更受到教育程度较高的人群的喜爱。

6）行业特征

拿手机行业来说，有些人喜欢扁平化UI（如小米手机），有些人喜欢拟物化UI（如锤子手机），有些人喜欢扁平的拟物化UI（如魅族手机）；有些人需要待机时间长，有些人需要像素高，有些人需要大屏幕，有些人需要小屏幕。

你与别人的行业不同，你与别人的关注点也不同。你可以到网络上去搜索别人的用户画像是如何做的，但一定要明白别人的关注点与你的不同，千万不可生搬硬套，而应该结合你所在的行业，找到真正可以将目标消费者筛选出来的特征。

7）产品使用行为

产品使用行为多用于研究App的用户。例如，某个App用户什么时候打开这个App，一次使用这个App多长时间，有无分享及付费行为等。产品使用行为对于新媒体运营也有借鉴意义，例如，用户是在白天还是在晚上打开某个订阅号多一些，是每天看还是好几天才看某个订阅号，有没有分享、留言、点赞、赞赏行为等。

8）其他元素

其他元素可能涉及兴趣、家庭、职业、信仰、价值观等。

5. 如何去做用户画像

以微互动公众号为例，看看一个公众号（或产品）如何做一个运营的用户画像。

第一步：找到目标消费者

找到目标消费者，不仅仅是找到目标消费者这么简单。例如，你在一个公众号上发布一篇文章，让大家扫二维码进群，可能很多进群的人是来看热闹的；如果让大家回复关键字后才能扫二维码进群，就会筛选掉很多想看热闹的人；如果让大家通过分享文章到朋友圈的形式才能扫二维码进群，更能筛选出忠诚度非常高的一部分人。这部分人要么是对你非常信任，要么是对你提供的内容非常感兴趣。设立的筛选目标消费者的门槛越高，能找到的目标消费者就越少，同时找到的目标消费者也越精准。

第二步：观察交流

通过第一步找到的这些人，往往是由于喜爱你的文章，进而产生认同感和信任感，才会陪你"玩"。你跟他们聊天，看他们的朋友圈，就会知道你的目标消费者是一群什么样的人，也会知道他们喜欢什么。

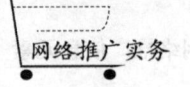

第三步：不断试错

所谓用户画像，其实就是一个一个标签的集合。例如，在微互动用户中，有一些是运营小白，也有一些是运营高手，但开始往往不知道哪个群体人数会更多一些。这没有关系，在公众号上发布两篇文章，一篇文章是重理论的、难懂的，一篇文章是重经验的、实用的，看看哪篇文章更受欢迎，对应的那个群体的人数就会更多一些，这种方法称为A&B Test，通过在类似的时间段，在公众号上发布内容风格不同的文章，观察阅读量的不同来推断自己的目标消费者更喜欢哪一类文章，并在下一次测试（test）中把这类文章的内容风格固定下来，继续改变文章的其他"变量"（如标题风格、配图风格等）。通过一系列的测试就可以摸清目标消费者最喜欢什么样的文章。

3. "说"出你的文案

在了解目标消费者的基础上，用交流性语言将文案写出来。很多时候在写文案时，往往进入了书面语的思维模式，但是人们通常不会用书面语来传播和交流。用简单直白的话把事儿说清楚，把目标消费者最看重的痛点、利益点写出来，这就是一篇好的文案。

案例2-3　　OPPO R9手机的文案

OPPO广东移动通信有限公司自从了解了手机目标消费者的需求（手机的待机时间长）后，直接用说话的方式将文案写出来，然后大家就清楚其卖点了，如图2-6所示。

图2-6　OPPO R9手机的文案

延伸阅读：提炼独家卖点

如今，产品同质化已经很严重了，特别是在电商平台上，随便搜索一款 T 恤，就可以找到很多同款的产品，而且拍照风格都是很相近的。在产品很相似的情况下，消费者感觉很困惑，究竟哪家的产品好一些呢？好卖点是区分同类产品最好的符号，特别是独家卖点。

1. 什么是独家卖点

从字面意思来说，独家卖点是指只有你有而别人没有的卖点。

一个独家卖点包含两类元素：竞争度、区分度。

1）竞争度

很简单，拿一件 T 恤来说明。竞争度是指你在某个卖点上比竞争对手在这个卖点上更具有优势。例如，竞争对手的 T 恤具有透气这个卖点，但是很多消费者反映其透气的程度还是不够的，随便一运动，感觉 T 恤内的温度很高、闷闷的、很不舒服。如果竞争对手的 T 恤透气指数为 5 分，而你的 T 恤透气指数为 7 分，那么你的 T 恤在透气这个卖点上就有一定的优势了。

2）区分度

区分度是独家卖点中的核心元素。

如图 2-7 所示，一共有 5 个美女，你第一眼看到的是哪个美女呢？是不是中间更深颜色的美女？

图 2-7　区分度示例

因为在 5 个美女当中，4 个美女是相同的颜色，看上去没啥区别，所以你第一眼看到的是更深颜色的美女。更直白地说，区分度具有极强的可识别度。

2. 为什么要提炼独家卖点

独家卖点可以让你的产品在同类产品中被消费者快速识别出来。

例如，同样是卖牛排，当然希望来吃牛排的人越多越好。人越多，就能赚到更多的钱，这是传统的销售思维。而有一家叫王品的牛排，却反其道而行之，打出他的独家卖点——一头牛只限 6 个人吃。这不免让人有点好奇了，什么牛只供 6 个人吃啊？好奇是

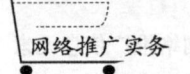

行动的开始,从另一个方面说,王品的牛排对每一块肉都是精挑细选的。光从这个方面来看,王品的牛排就打出了一个独家卖点。因为同行都不敢这么做,所以成了新的行业卖点。

一头牛只限6个人吃,说明去吃牛排的人属于高端人士,给人一种身份的象征。有了这个独家卖点之后,马上能和同类产品区分开来,不会再受产品同质化的困扰了。一个好的独家卖点就是摆脱产品同质化最好的武器。

3. 如何提炼独家卖点

第一步,了解产品

提炼独家卖点,首先要了解你的产品主要能为消费者解决什么问题,并了解产品的属性。其实,可以从8个方面来了解产品。这8个方面是:产品的外观、材料、工艺、功能、生产时间、地域文化、适合人群、情怀。基本上,从这8个方面就很容易了解产品的功效及卖点。

第二步,了解竞争对手

提炼独家卖点,还要研究你的竞争对手,看看他们有没有什么独家卖点或同质化的卖点。所谓知己知彼,才能百战不殆。

例如,同样是卖保温杯的,假设同行都以保温效果好作为主要卖点,那么你可以将这个卖点做一次升级。

那么怎么升级呢?很简单,竞争对手说保温杯的保温效果好,而你可以说保温杯能8小时锁温。

竞争对手没有把保温效果具体化,而你将保温效果描述为8小时锁温,感觉可以保温一整天。几字之差,给人的感觉完全不一样了。

第三步,了解跨行产品

提炼独家卖点,除了了解产品本身之外,还要了解跨行产品,以借鉴跨行产品的卖点。

例如,白加黑感冒药刚一上市就受到人们的追捧,这主要归功于白加黑感冒药的独家卖点。

在大众的印象中,吃了感冒药就会让人犯困,都想睡觉,而白加黑感冒药则灵活地区分开了在白天和晚上吃感冒药的效果(白天吃的感冒药,不会使你犯困;晚上吃的感冒药,可以使你好好睡上一觉),毕竟白天上班需要打起12分精神,如果犯困那就不好了。白加黑感冒药的这个卖点其实借鉴的是化妆品行业的早霜和晚霜。可见,不同行业的卖点,是能互相补足的。在平时空闲的时候,如果看到好的产品卖点,就可以收集下来,以备将来借鉴。

第四步:确定独家卖点

经过上面3个步骤,你已经对产品和竞争对手有了一个很深刻的了解。你的眼前也有很多的卖点供你选用。你最后要做的事情就是确定最后的独家卖点。独家卖点要具备竞争力、辨识度(容易好记)、唯一性。

参考资料:百度百家号

4. 在渠道上投放

在明确了目标消费者的需求，并根据目标消费者的需求来确定相关的文案之后，就得知道目标消费者会通过哪些渠道来寻找你的产品。接着就将文案投放在1~2个渠道上进行测试。例如，假如你的目标消费者比较年轻化，集中在新浪微博上，那么可以将文案投放在新浪微博上进行测试。

5. 数据测试反馈

当对文案进行测试时，可以看到文案带来了多少有效流量、转化率等。通过对这些数据的测试，可以查验文案的好坏。无论你使用的是什么测试工具（如 GA（谷歌分析）、百度统计），都可以清楚地知道目标消费者对什么样的文案更感兴趣。通常的做法是对文案进行 A&B Test（或称 A/B 测试）。把针对目标消费者写好的 4 种不同角度的文案，同步投放到市场中，均加入测试链接，很快就会有数据结果，从而知道目标消费者到底对哪种形式的文案更感兴趣。

6. 优化调整文案内容

依据数据反馈结果对原有的文案内容进行优化调整，要知道这时候的文案内容是已经经过市场检验并优化调整过的，要比"闭门造车"写出来的自我感觉良好的文案更具实际意义。

2.1.3 几种优秀文案

1. 强烈冲突的文案

这种类型的文案在前半部分可能描述了一个现象或事实，但在后半部分突然引出转折，这会让人记忆深刻。

> 好文案的基准（一）
> 微课视频

案例2-4　　好吃的麻辣烫

我的女朋友最近每天都很晚回来，回来的时候都是小脸通红的，还不时地轻喘，而且在她身上还有一些男性的味道。直到有一天，她回来的时候是披头发散、衣冠不整的。我实在忍不住了，上前抓住她吼道："你知道我不爱吃辣的，还天天去楼下吃麻辣烫！你看楼下那么多人吃，有什么好的，不就是使用了无添加的安全食用油、特制的麻辣调料和通过卫生检疫的蔬菜和肉制品吗？"

使文案内容强烈冲突的方法：先找到一个比较受目标消费者群关注的点，然后再马上来一个大转折。

2. 制造场景画面

如果文案要给读者讲述一个非常抽象的内容，很难用文字直接形容，

> 好文案的基准（二）
> 微课视频

这时不如给目标消费者制造一些画面或一个场景。这样可以让目标消费者在这个场景中进行思考。如果你的场景比较有意思，目标消费者是很容易被你的内容所吸引的。

案例2-5	香飘飘奶茶的广告

"连续六年销量领先，一年卖出7亿多杯，杯子连起来可以绕地球3圈"。
这是香飘飘奶茶的广告，多么具有丰富的画面感啊！你是不是一下子就记住了呢？

如果文案或观点给目标消费者营造一个舒适的场景，让目标消费者能深入你营造的画面中，那么文案就成功了。

3. 制造情感痛点

一篇好的文案应该具有丰富的情感，从而让目标消费者与你产生共鸣。这种方法的著名案例是锤子手机。罗永浩在做锤子手机初期，一直在批判目前市场上友商的产品是多么"烂"。很多人用的手机确实有那么一些问题，这就使大家产生了共鸣。如果你不断地把疑问抛给目标消费者，而抛出的这些疑问恰巧是目标消费者也在问的，那么目标消费者马上就会跟着你一同去寻找答案。如果你接二连三地抛出疑问，目标消费者对你就百依百顺了。

好文案的基准（三）微课视频

例如，一些击中父母痛点的疑问：
孩子要参加高考了，可学习成绩一直没有提升，该怎么办？
别的孩子都上这个辅导班了，可是我的孩子报不上这个辅导班，还有别的更好的辅导班吗？
隔壁老王儿子长得又高又壮，我儿子却很瘦小，怎么才能改变孩子的体形呢？

2.1.4 文案撰写遵循的原则

1. 包含社交货币

社交货币源自社交媒体中经济学（Social Economy）的概念，用来衡量目标消费者分享品牌相关内容的倾向性程度。社交货币的观点认为，我们在微信和微博上讨论的东西就是代表着并定义了我们自己，所以我们会比较倾向于分享那些可以使我们的形象看起来更优秀、更聪明、更受欢迎的内容。在进行文案撰写时，想让目标消费者主动分享讨论你的文案，就要为目标消费者提供包含社交货币的内容。例如，分享苹果手机的最新产品，能让目标消费者看起来更时尚。

2. 注重热点的铺垫

通过文案绑定比品牌产品出现频率更高的东西，是提高产品传播价值的一个非常好的方式。糖果手机的"非冠名广告"机智地绑定了手机界的大佬——OPPO手机。至少在一段时间内，许多人在看到OPPO手机广告时，会不由自主地想起糖果手机。

3. 能够激发情绪

情绪共享能够帮助人们维持并加强自己的社会关系。无论共享喜悦还是共享愤怒，都能够有效帮助人们建立情感联系。研究表明，高唤醒情绪相对低唤醒情绪，能够更有效地激发分享行为。高唤醒情绪包括积极、敬畏、兴奋、幽默、愤怒等，低唤醒情绪包括满足、悲伤、担忧等。例如，Keep（一款健身软件）的文案——"哪有什么天生如此，只是我们天天坚持"就表达了一种积极、令人敬佩的精神，从而引发了大量用户（尤其是老用户）的分享。

4. 有公共性

有公共性通俗点说就是"从众效应"，即越多人使用你的产品，大家越会觉得你的产品好，也就越多人传播你的文案。例如，当你使用锤子便签发送一条信息给朋友时，信息的底部会自动添加"由锤子便签发送"，这就是为了扩大品牌曝光范围，进而利用"从众效应"吸引更多用户。同时，如果产品本身逼格较高，用户出于炫耀心理，就会积极传播这个产品。

5. 实用价值

共享有用信息能够帮助别人，并增进联系。同时，在帮助别人的过程中，我们也感觉到了自己的价值。所以，在朋友圈经常可以看到《管理情绪的××种方法》《×天提升××技能》之类的实用型文章。这类文章可以对人们的情绪起到激励作用。作为一种正能量的文字经常会获得较多的转发，从而得到更多的阅读量。

6. 故事

相对于广告，人们更喜欢故事。故事生动、形象，容易引起人们的好感和共鸣。所以，越来越多的品牌文案采取故事的形式。在写文案时，如果文笔不好，就多练习；如果不懂用户，就去摸索；如果不懂套路，就多收集；如果没有创意，就多整理。

要想写出好的文案，就要经过一个长期不断训练的过程，并多多关注现阶段流行的微信公众号，不断地加强练习，坚持写作。在写完文案之后，还要对文案进行修饰，对其中的细节进行调整，使其更好地贴合目标消费者的需求。也就是说要多关注一些排版好的公众号，看它们是怎么安排文字和图片的；同时，多浏览别人优秀的文章，遇到好的就收藏下来，然后慢慢琢磨；最后，要注意收集一些文章，或许以后能借鉴其中一些案例文字之类的。

若想了解如何撰写 X 型文案与 Y 型文案，请扫右边的二维码。

2.2 视频

据有关研究显示，人们接收 90% 的信息是靠眼睛获得的，而视频在技术日益发达的今天越来越成为信息传播的主角。

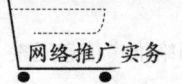

案例2-6　　　　　　可口可乐：品味感觉

可口可乐公司首席营销官 Marcos 在巴黎揭开了 2016 年可口可乐全新品牌升级活动，把从 2009 年开始启用的广告语 "Open Happiness（畅爽开怀）"更改成了"Taste the feeling（品味感觉）"，这成为了可口可乐百年历史上的第 48 支广告语。可口可乐公司试图用这条广告语传达一个核心信息："畅饮任何可口可乐产品所带来的简单快乐，都能让特别时刻、特别情感变得更特别。"用一条广告语推广多个产品，看上去确实是一个更节约经费的营销方式。

启用了新广告语的可口可乐广告更强调味觉和产品，大打各种情感牌，讲述让人们走到一起的特殊时刻的故事及那一时刻的感受，同时聚焦可口可乐的清爽口感。当然，故事的中心是一瓶可口可乐，如图 2-8 所示。

图 2-8　可口可乐广告

2.2.1　微视频营销的方式

微视频营销指的是通过手机、摄像头、MP4 等多种视频终端将微视频上传到互联网上，以达到一定宣传目的的营销手段。微视频之所以称为"微"是因为它的时间很短，最短的只有 30 秒，长的也不过 20 分钟，但是微视频形式是多种多样的，从小电影到纪录短片、广告短片、视频剪辑等。微视频营销主要有以下 4 种方式。

1. 微电影

微电影是特别受欢迎的一种微视频营销方式。这种微视频融合了当下人们的感情诉求和企业的营销策略，扩大了企业的品牌宣传效果。例如，《老男孩》微电影，如图 2-9 所示。

图 2-9 《老男孩》微电影（截图）

2. 创意解说视频

创意解说视频凭借一种轻松并富有说服力的气氛受到了广大网民的喜爱。因为不少的创意解说视频都将产品融合在视频里，有直接宣传推广的效用，因此创意解说视频是许多企业最喜欢用的一种营销方式。例如，《3Beards 公司介绍》创意解说视频，如图 2-10 所示。

图 2-10 《3Beards 公司介绍》创意解说视频

3. 纪录片

纪录片通常以企业高管或成功人士的创业历程为主要内容，做成纪录片的形式，让观

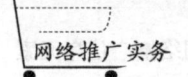

众通过从视频中读懂一个人读懂一家企业的内涵和文化,提高企业的知名度。例如,《造梦者》纪录片,如图2-11所示。

图 2-11 《造梦者》纪录片(截图)

4. 广告片段

广告片段与电视广告的形式相同,只是它们的投放地点不同。

2.2.2 微视频营销的推广形式

1. 贴片广告

大家通常在电影、电视剧视频的片头或片中看到的插入广告就是贴片广告。
- 常见的贴片广告模式:前贴、角标、后贴、暂停标等。
- 通常在一些比较主流的视频网站(如腾讯、爱奇艺、优酷)上出现贴片广告。

贴片广告的营销针对性强,目标精准,相对价格也比较低廉且播放频率高,但与此同时,在付费会员的端口用户可以直接免去片头的贴片广告,从而使其营销效果在用户转化方面打了一个折扣。每次在线收看视频的时候,贴片广告总会在视频开始前自动播放,让人觉得很不喜欢,甚至非常讨厌。

2. 广告植入

广告植入的模式有场景植入、台词植入、道具植入,以及情节植入。广告植入的渠道可分为影视广告、网络视频、宣传片及娱乐营销中的综艺节目冠名等。

《中国新说唱》是一个大热综艺节目。其中,在24小时制作歌曲的环节,几位选手在写歌之余在"美团外卖"平台订餐,并将"美团外卖"平台的广告插入剧情环节内,利用人气选手充当推广人员。在该节目播出至选手们点外卖的环节时,"美团外卖"平台点餐率也达到了较高值,如图2-12所示。

《这就是灌篮》作为国内首档篮球综艺节目,邀请了两位人气歌手演员,以及两位篮坛明星助阵。其中,"海飞丝"广告多次出现在场上参赛选手的精彩表现中。"海飞丝"作为国内领先的洗发水品牌,其"强力清爽去屑"功能与参赛选手在高强度运动后仍然飘逸的头发相映衬,直截了当地突出了"海飞丝"洗发水的核心功能,广告效果显著,如图 2-13 所示。

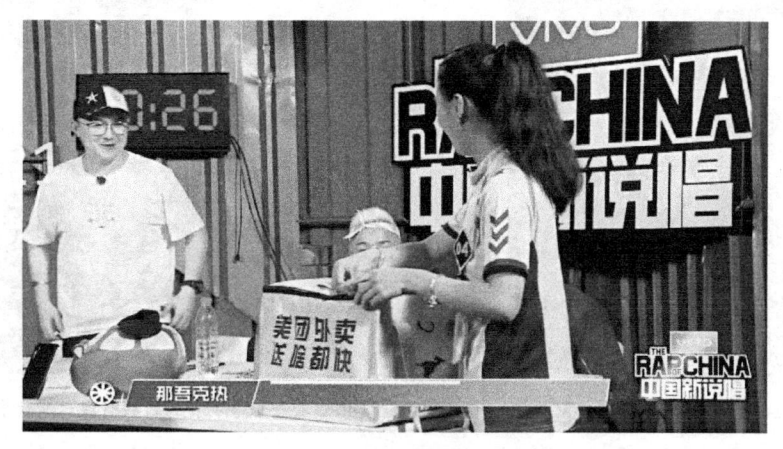

图 2-12 《中国新说唱》节目(截图)

图 2-13 《这就是灌篮》节目(截图)

3. 基于社交的视频营销推广

基于社交的视频营销推广常常采用病毒营销、用户原创内容(User Generated Content,UGC)及小视频互动模式。

基于社交的视频营销推广的渠道是以抖音、快手为代表的小视频 App。

美图手机通过抖音某网红宣传新品美图 T9 手机。该网红凭借甩裙舞走红,是抖音一线网红,拥有大量粉丝,多款作品帮助抖音提升品牌影响力。美图手机作为年轻女孩热衷的"美颜手机"正好可以与该网红气质相映衬。在点击量巨大的短视频平台,该网红通过最擅长的舞蹈,推广美图 T9 手机,UGC 模式和价值都做到了最大化,如图 2-14 所示。

某明星作为亚洲人气偶像团体 UNIQ 的成员,吸引着无数热点和流量,而 OPPO 则是

049

年轻群体中最受欢迎的手机品牌。OPPO 公司与该明星在抖音上发起挑战，吸引了几十万用户的参与。期间，该明星使用的 OPPO R15 星空紫手机得到了上万次的转发推广，使这款手机获得了更多用户的关注，如图 2-15 所示。

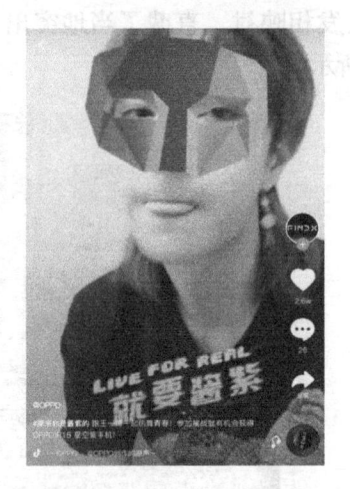

图 2-14　抖音网红推广美图手机　　图 2-15　OPPO 公司联手明星通过抖音展示新款手机的特效功能

延伸阅读

短视频作为流量旋涡的年轻平台以其互动性强、流量大等特点在视频营销中迅速占有一席之地。最新出炉的 2018 年上半年短视频类 App 排行榜中，西瓜视频（含今日头条西瓜视频）就以 49.7 分钟的日人均在线时长、94.2 次的周人均打开次数、高达 15.62% 的周活跃渗透率拿下冠军，抖音短视频和快手及"字节跳动"的另一款短视频 App——火山小视频分列二到四位，如图 2-16 所示。

2018年上半年短视频类App排行榜

排名	应用名	周活跃渗透率	周人均打开次数	日人均在线时长（分钟）
1	西瓜视频	15.62%	94.2	49.7
2	抖音短视频	14.60%	107.2	47.1
3	快手	12.94%	314.4	31.8
4	火山小视频	12.09%	138.1	40.9
5	波波视频	6.69%	127	66.9
6	好看视频	2.96%	23	22.8
7	快视频	2.62%	86.7	46.2
8	微视	0.36%	16.8	11.2
9	快视频（小米）	0.29%	12.8	13.8
10	最右	0.28%	244.3	34.0

数据来源：中商产业研究院

图 2-16　2018 上半年短视频类 App 排行榜

2.2.3 微视频营销的技巧

1. 从标题和内容入手

标题在很多网络营销方式中占据了重要位置，在微视频营销中也是不可缺少的。企业在设置微视频标题的时候要注意，标题要和内容相符，不要做标题党，同时标题长度不要超过 16 个字。另外，微视频内容是微视频营销的关键，可以决定营销传播的力度和广度。有趣、搞笑、经典等有吸引力的微视频内容会让用户主动转发评论，推动微视频在网络上的广泛传播。

2. 用创意吸引用户

一个具有优秀创意的微视频能帮助企业吸引更多用户。创意可以表现在很多方面，如新鲜有趣、贴近生活、关注社会热点、引发思考、包含知识、人文关怀等。如果没有创意，微视频十有八九会淹没在信息大流中。

3. 做好微视频缩览图与标签

一个有吸引力的微视频缩览图可以帮助微视频在移动互联网平台上的多个视频中脱颖而出。企业在上传微视频的时候要确保微视频缩览图生动有趣、具有真实性。如果为了吸引眼球放置不真实的微视频缩览图，会引起用户反感，影响营销效果。很多视频网站都允许将关键词作为微视频标签，以提高其搜索排名，让微视频出现在相关的搜索结果中。在微视频上传初期，可以选择三到五个个性化且具有鲜明特点的微视频标签，等到微视频上传一段时间后再添加一些更常见的关键词作为微视频标签。

4. 适当运用弹幕功能

现在互联网视频上的弹幕功能非常常见，大到网站电影、电视剧，小到微视频乃至直播，都随处可见弹幕，这是一种新兴的网民之间互动的工具。企业可以利用弹幕功能让网民自动参与到传播过程中去，或者与线上用户形成互动，这样更有利于微视频营销的传播效率。

延伸阅读

Camtasia Studio 是很专业的屏幕录像和编辑的软件。该软件提供了强大的屏幕录像（Camtasia Recorder）、视频的剪辑和编辑（Camtasia Studio）、视频菜单制作（Camtasia MenuMaker）、视频剧场（Camtasia Theater）和视频播放功能（Camtasia Player）等。使用该软件，用户可以方便地进行屏幕操作的录制和配音、视频的剪辑和过场动画、添加说明字幕和水印、制作视频封面和菜单、视频压缩和播放。

2.3 二维码

案例2-7　　二维码墓碑

二维码墓碑起源于英国。到墓园的人们可以通过手机扫描墓碑上的二维码访问逝者纪念馆，可献花、留言，与更多在纪念馆祭祀的亲人、朋友互动，也可将该二维码分享给亲人、朋友以进行祭祀和留言。总体说来，二维码墓碑的作用如图2-17所示。

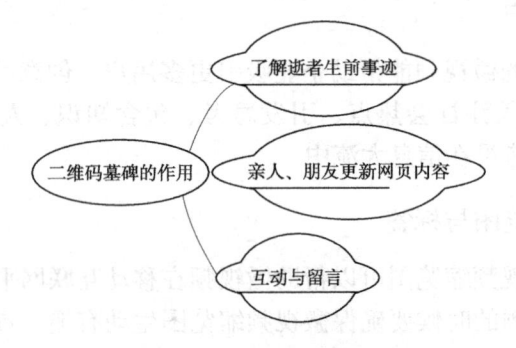

图2-17　二维码墓碑的作用

图2-18　沈阳现二维码墓碑

如图2-18所示，用手机扫描一下墓碑上的二维码，便可以看到逝者照片或视频，了解逝者的生平事迹，逝者家人还可以对网页内容更新维护。二维码墓碑的提供者表示："用技术提供更多有关逝者的信息，也让其生前的经历得到一种分享。"

2.3.1 二维码入门知识

1. 二维码的概念及功能

二维码又称二维条码（Quick Response Code），是一个近几年来在移动设备上超流行的一种编码方式。它比传统的条形码（Bar Code）能存更多的信息，也能表示更多的数据类型。它是将某种特定的几何图形按一定规律在平面上（二维方向上）分布成黑白相间的图形来记录数据符号信息的。

目前，二维码已经被应用于很多领域，主要功能如下。

- 信息获取。通过扫描二维码，可以获取名片、地图、Wi-Fi 密码、资料等。
- 网站跳转。通过扫描二维码，可以跳转到微博、手机网站、网站等。
- 广告推送。通过扫描二维码，可以直接浏览商家推送的视频、音频广告等。
- 手机电商。通过扫描二维码，可以在手机上直接购物下单。
- 防伪溯源。通过扫描二维码，可以查看产品生产地。
- 优惠促销。通过扫描二维码，可以下载电子优惠券、抽奖等。
- 会员管理。通过扫描二维码，可以获取电子会员信息、进行 VIP 服务等。
- 手机支付。通过扫描二维码，可以通过银行或第三方支付提供的手机端通道完成支付。

2. 二维码的优势

在运用二维码进行产品推广和营销时，首先要了解二维码有哪些优势。一般认为，二维码有以下优势。

1）信息量大

二维码包含庞大的信息量，是普通条形码信息量的好几十倍。

2）形式多样

二维码编码的范围非常广，可以表示文字、图像、视频、网址、数据、名片等。

3）成本低廉

二维码不仅成本低，而且容易被制作，同时能长久被使用。

2.3.2 个性二维码制作

既个性又有创意的二维码很容易被人接受及尝试扫描。如何制作出既有个性又有创意的二维码呢？以下介绍一个简单的个性二维码制作流程，并附上二维码制作进阶版，有兴趣的可以进一步学习。

1. 用草料制作简单二维码

1）单一内容二维码

登录草料二维码网站，可以在草料二维码首页直接输入或上传简单的文本、网址、文件、图片等相关信息，如图 2-19 所示。

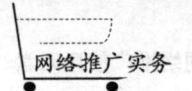

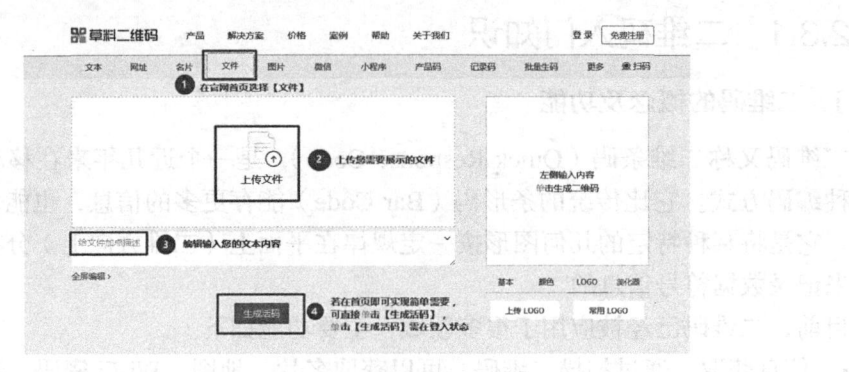

图 2-19　单一二维码制作过程

单击"生成活码"按钮之后，可以看到右侧生成了一个二维码，如图 2-20 所示。

图 2-20　生成的二维码

单击"下载"按钮即可得到二维码。

2）图文二维码

之后，进入草料二维码网站的管理后台，展开"活码"下拉菜单，从中选择"图文码"选项，如图 2-21 所示。

图 2-21　选择"图文码"选项

之后进入如图 2-22 所示的界面，进行上传图片及输入标题名称后，单击"生成二维码"按钮即可。

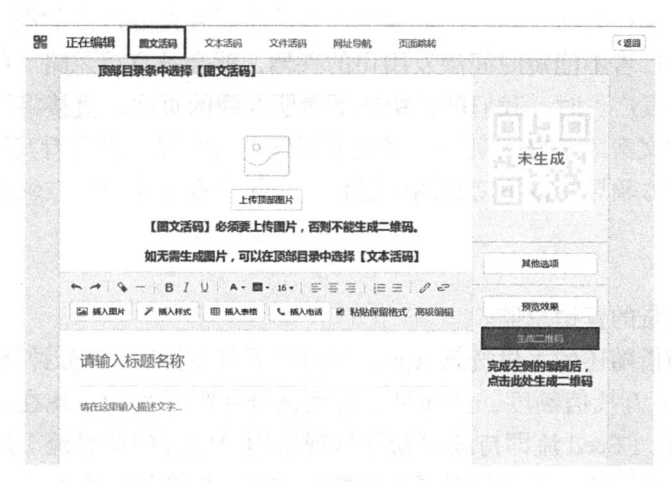

图 2-22　生成图文二维码

2. 制作个性二维码

登录 9th 第九工场网站，搜索"免费"，如图 2-23 所示，便可出现免费模板。

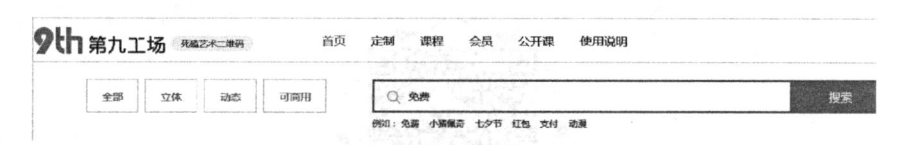

图 2-23　搜索免费模板

选择一个自己喜欢的模板，上传二维码即可生成个性二维码。

如果对二维码要求高，则可以购买收费的定制二维码。另外，还有很多的网站提供二维码的制作及美化，如二维工坊、微微二维码等网站。

正如好产品才能与好的营销相配合，好的文案是推广的基础。在这里主要介绍了文案产生过程、文案标题设计技巧及优秀文案的锤炼过程。要写出好的文案必须经过长时间的练习。视频与图片的制作已经超出了本项目的内容范围，在这里我们主要介绍了目前推广视频的种类及投放、创意，让读者有一个基本的了解。最后部分介绍了二维码的应用范围，二维码的制作及美化工具，让读者能掌握基础的二维码制作技能。

技能训练

1. 文案测试

如果你当一次甲方领导

在流量被 BAT（Baidu、Alibaba、Tencent）等互联网公司垄断的情况下，如何让自己的广告文案更有吸引力，能被更多的消费者所关注，这也许是每一个创业者都头疼的问题。为什么各家企业在同样的平台投放广告，但广告效果却截然不同呢？什么样的广告才够吸引用户的眼球？在移动互联网时代，我们应该秉承流量为王、场景为王还是内容为王呢？

怎样才能使一条广告激发用户的兴趣呢？当消费者在接受广告的第一瞬间，思维会呈现逃离状态；如果广告不能短时间激发用户的兴趣，就会被直接忽略。所以，当我们看到微信朋友圈有人在发广告时，我们就会快速下滑朋友圈的页面，直接将该广告忽略过去。

到底什么样的文案才是好文案呢？好文案不仅是内容好，更要看其能否带来流量。这回让你来当一次甲方领导，以下就是测试题目，一起来看看你的甲方领导水平。

题1

现在，你是飞贷的营销总监。

飞贷是一款随借随还的手机贷款App。当用户下载飞贷后，3分钟就可完成贷款申请，而飞贷秒批最高30万授信额度，且如果不使用该贷款则不收费。现在，飞贷想要在腾讯新闻上进行Feed流（Feed流即持续更新并呈现给用户内容的信息流）广告投放，以吸引更多人关注。广告公司的小王向你提了下面两个方案，你会挑哪个？

A. 华尔街日报整版报道，飞贷在美国火了。

B. 急用钱吗？飞贷授信额度高达30万，无抵押。

查看答案，请扫描下面的二维码。

题2

现在，你是驴妈妈的营销总监。

驴妈妈是一家旅游服务平台。用户可以在该平台上面购买景区门票，预订酒店、机票。现在，驴妈妈想要在今日头条上投放Feed流文案，推广大兴安岭景区旅游服务，以吸引用户关注。广告公司的小王向你提了下面两个方案，你会挑哪个？

A. 大兴安岭必须去，万里雪山绵延不绝。

B. 原始森林排行榜，第一你肯定猜不到，大兴安岭排第五。

查看答案，请扫描下面的二维码。

题 3

现在,你是懒财网的营销总监。

懒财网为用户提供活期理财服务。当用户注册懒财网后,可以 1 元起投、分散投资,并且按秒支付利息。现在,懒财网想要在今日头条上投放 Feed 流广告,主要宣传按秒支付利息这个理财服务特点,以吸引用户关注。广告公司的小王向你提了下面两个方案,你会挑哪个?

A. 懒财网获乐视投资 1.8 亿,开启理财新玩法,按秒付息。

B. 懒财网获乐视投资 1.8 亿,为 iPhone 推新玩法,按秒付息。

查看答案,请扫描下面的二维码。

题 4

现在,你是 55 海淘的营销总监。

55 海淘是一个为用户提供海外官网直购服务的 App。只要用户在 55 海淘上下单,就能买到正品包包、衣服、化妆品。"双 11"临近,55 海淘想要在新闻客户端上,针对一线城市的女性群体投放 Feed 流广告,以吸引她们关注。广告公司的小王向你提了下面两个方案,你会挑哪个?

A. 知道"双 11"有多少假货吗?上 55 海淘,国外官网正品直邮!

B. 用 55 海淘,明星同款包你也买得起!

查看答案,请扫描下面的二维码。

题 5

现在,你是一个品牌特卖 App 的营销总监。

某品牌特卖 App 为女性用户提供各大品牌衣服、鞋子的折扣特卖服务,主要面向 25~35 岁的女性推广。现在,这个 App 想要针对"折扣、低价"这个销售特点,在一个女性网络社区中投 Feed 流广告,以吸引用户关注。广告公司的小王向你提了下面两个方案,你会挑哪个?

A. 婆婆看我最近总穿品牌衣服以为我乱花钱。我解释说是下了 ××App…

B. 老妈看我最近总穿品牌以为我不检点了。我解释说是下了××App⋯

查看答案,请扫描下面的二维码。

题 6

现在,你是驴妈妈的营销总监。

驴妈妈是一家旅游服务平台。用户可以在该平台上面购买景区门票,预订酒店、机票。冬天来了,驴妈妈想要在今日头条上投放 Feed 流广告,推广温泉服务,以吸引更多人关注。广告公司的小王向你提了下面两个方案,你会挑哪个?

A. 男女福利到:泡温泉 3 折起,人均消费不超过一百元。

B. 别再以为泡温泉贵了,在这里泡温泉全场 3 折。

查看答案,请扫描下面的二维码。

题 7

现在,你是驴妈妈的营销总监。

驴妈妈是一家旅游服务平台。用户可以在该平台上面购买景区门票,预订酒店、机票。最近,驴妈妈想在今日头条上投放 Feed 流文案,主要宣传全国特价景区门票,以吸引更多人关注。广告公司的小王向你提了下面两个方案,你会挑哪个?

A. 这里有全国特价景区门票,快来看看有没有你喜欢的。

B. 这里有全国特价景区门票,看看你买贵了没有。

查看答案,请扫描下面的二维码。

2. 文案写作及二维码制作

（1）为某平衡车写一个文案，按照以下几个方面来写。

名称：
产品特点：
目标用户：
优点：
利益：
文案：

（2）把文案制作成一个具有个性的二维码。

项目3

搜索引擎推广

本项目主要介绍搜索引擎推广的两大传统推广方式：搜索引擎广告和搜索引擎优化。鉴于高职商业类专业学生的特点，本项目通过一些案例让学生了解搜索引擎推广的实际应用效果，为日后工作打下基础。

技能目标
※ PPC 关键词选择
※ SEO 效果查询及分析

教学建议
※ 使用案例引入法，引起学生的兴趣
※ 利用话题引导学生讨论，增加对知识的认知
※ 利用特定选题，让学生练习相关技能

知识要点
※ 搜索引擎推广的两种主要方式
※ SEO 的操作步骤

阅读参考
※ 潘坚，李迅. 百度 SEO 一本通 [M]. 北京：电子工业出版社，2015.
※ 倪涛. 从零开始学 SEO 搜索引擎优化 [M]. 北京：机械工业出版社，2018.

3.1 认识搜索引擎推广

根据中国互联网络信息中心（China Internet Network Information Center，CNNIC）第43次《中国互联网络发展状况统计报告》，截至2018年12月，中国网民的规模达到了8.29亿人，其中移动网民规模达8.17亿人；中国搜索引擎用户占中国网民总数的82.2%，其中使用搜索引擎移动用户占移动网民总数的80%。因此，搜索引擎成为继即时通信之后的第二大应用。网络营销有一个基本原则，就是用户在哪儿，我们就上哪儿营销。因此，搜索引擎是企业不能错过的一个重要渠道。本项目主要介绍如何用搜索引擎来做营销推广。

3.1.1 认识搜索引擎

1. 搜索引擎是什么

搜索引擎（Search Engine）是一种信息检索系统，旨在协助人们搜索存储在计算机系统中的信息。搜索结果一般被称为"hits"，通常会以表单的形式列出。搜索引擎和其他信息过载管理技术类似，可缩小信息的搜索时间、搜索范围等。网络搜索引擎是最常见、公开的一种搜索引擎，其功能为搜索万维网上储存的信息。本书所介绍的搜索引擎皆指的是网络搜索引擎，后面我们将其简称为搜索引擎。

小任务：你知道哪些搜索引擎？不知道就扫扫下面的二维码吧。

2. 搜索引擎与用户

当用户打开搜索引擎，输入相关搜索关键词后，搜索引擎排序程序从数据库中挑选出符合搜索关键词要求的页面。搜索引擎把计算机中存储的信息与用户的信息需求（Information Need）相匹配，并把匹配的结果展示出来。用户使用百度的搜索过程如图3-1所示。

图3-1 用户使用百度的搜索过程

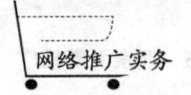

例如，小 A 想搬家，但不认识搬家公司。于是他在百度的搜索框中输入了"搬家"，单击"搜索"按钮。这里关键词"搬家"就是小 A 的信息需求。百度在展示出搜索结果之前的那零点几秒之内，它的程序在巨大的数据库里按照关键字进行了查找，找出所有关于搬家的网页。

3. 搜索引擎的资源

搜索引擎拥有两大资源：一是庞大的搜索引擎索引库，二是能被检索的海量网页信息。搜索引擎凭借强大的搜索能力，吸引了大规模用户，而这些搜索引擎忠实用户成为搜索引擎的核心资源。正是这些用户让搜索引擎营销成为可能，也让搜索引擎成为企业网络营销推广的必争之地。

4. 搜索引擎与营销者

搜索引擎凭借强大的搜索技术与服务，吸引了大批用户使用。正是这些庞大的用户群体使得搜索引擎具有了营销价值。当用户使用关键词进行信息检索时，企业（营销者）通过一些手段使与其相关的关键词信息、在搜索结果排名中尽可能靠前，让用户尽可能先看到自己的信息，这就是企业（营销者）利用搜索引擎推广的本质，如图 3-2 所示。

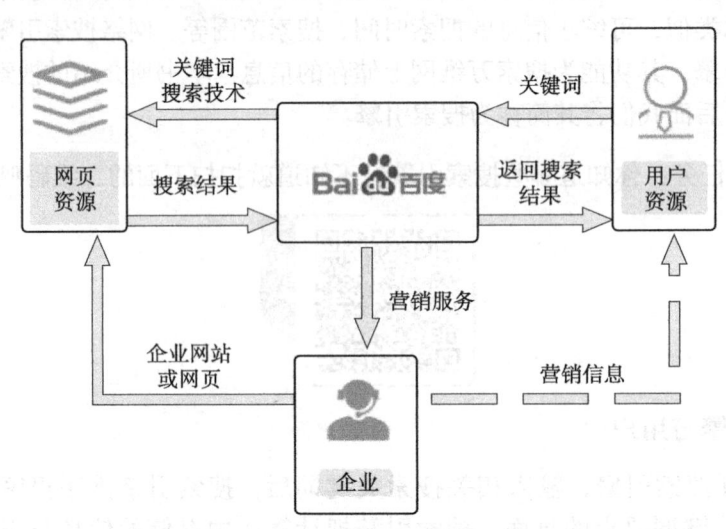

图 3-2　营销者利用搜索引擎推广的本质

3.1.2　搜索引擎推广目标层次

1. 搜索引擎营销的概念

搜索引擎营销（Search Engine Marketing，SEM）即搜索引擎推广就是根据用户使用搜索引擎的方式利用用户检索信息的机会尽可能将营销信息传递给目标用户。简单来说，搜索引擎推广就是基于搜索引擎平台的网络营销，利用人们对搜索引擎的依赖和使用习惯，在人们检索信息的时候将信息传递给目标用户。搜索引擎推广的基本思想是让用户发现信息，并通过单击该信息链接进入网页，进一步了解所需要的信息。企业通过搜索引擎进行付费的营销推广，让用户可以直接与企业客服进行交流、了解，以实现交易。

2. 搜索引擎推广的四个层次

企业进行搜索引擎推广的时候该如何着手？针对不同企业的不同发展阶段，搜索引擎推广具有不同的目标，最终的目标在于将浏览者转化为真正的顾客，从而实现销售收入的增加。搜索引擎推广的四个层次如图3-3所示，层次的目标从下到上逐层提高。

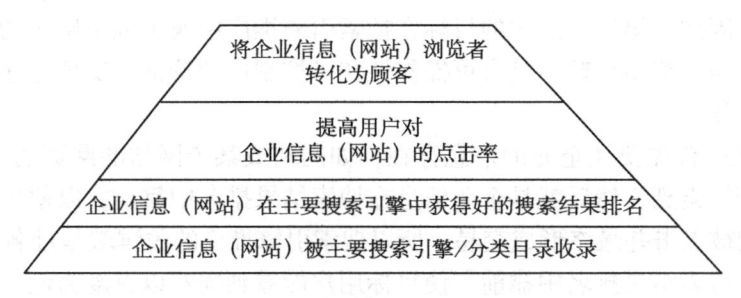

图3-3　搜索引擎推广的四个层次　　　　搜索引擎推广目标层次微课视频

金字塔层次（从上到下）：
- 将企业信息（网站）浏览者转化为顾客
- 提高用户对企业信息（网站）的点击率
- 企业信息（网站）在主要搜索引擎中获得好的搜索结果排名
- 企业信息（网站）被主要搜索引擎/分类目录收录

搜索引擎推广可分为四个层次，可分别简单描述为存在层、表现层、关注层和转化层。

第一层，存在层的目标是让网络中尽可能多的网页在主要的搜索引擎/分类目录中被收录，即增加网页的搜索引擎可见性。存在层是搜索引擎推广的基础之一，离开这个层次，搜索引擎推广的其他目标也就不可能实现。搜索引擎登录包括免费登录、付费登录、搜索引擎关键词广告等形式。

> 小实验：打开百度，搜索你最近关注的产品或信息，并查看相关信息。
> 首先我们来思考一个问题，当用户用某个关键词搜索了相关网页，你觉得用户会看几页搜索结果？
> 曾经有一个调查结果显示，56.6%的用户只看搜索结果前2页的内容，大约16%的用户只看搜索结果的前几条内容，只有23%的用户会查看搜索结果第2页的内容，查看搜索结果前3页内容的用户数量下降到10.3%，查看搜索结果3页以上内容的用户只有8.7%。

第二层，表现层的目标则是网站在被搜索引擎收录的基础上尽可能获得好的搜索引擎排名，即在搜索结果中有良好的表现，故将此层次称为表现层。因为大部分用户关心的只是搜索结果中靠前的少量内容，如果某网站通过主要的关键词被检索时在搜索结果中的排名靠后，那么就可以利用关键词广告、竞价广告等形式作为补充手段来使这个排名靠前。同样，如果某网站在分类目录中的位置不理想，则要考虑利用付费等方式使其在分类目录中的排名靠前。

第三层，关注层的目标则直接表现为网站访问量指标，也就是通过搜索结果点击率的增加来达到提高网站访问量的目的。由于只有受到用户关注，经过用户选择后的信息才可能被点击，故将此层次称为关注层。从搜索引擎的实际情况来看，仅仅做到网站被搜索引擎收录并且在搜索结果中排名靠前是不够的，这样并不一定能增加用户的点击率，更不能保证将访问者转化为顾客。如果要通过搜索引擎推广实现网站访问量增加的目标，则要从整体上进行网站优化设计，并充分利用关键词广告等有价值的搜索引擎推广专业服务。

第四层，转化层的目标是将网站访问量的增加转化为企业最终实现收益的增加，故将此层次称为转化层。转化层是将前面三个层次进一步提升的层次，是各种搜索引擎方法所实现效果的集中体现，但并不是搜索引擎推广的直接效果。从各种搜索引擎推广策略到产生收益，期间的中间效果表现为网站访问量的增加。企业的收益是由网站访问量转化所形成的，而网站访问量是否能转化为收益则是由相关网站的技术、功能、服务、产品等多种因素共同作用而决定的。因此，第四个层次的目标在搜索引擎推广中属于战略层次的目标。其他三个层次的目标则属于策略范畴，具有可操作性和可控制性的特征。实现这些目标是搜索引擎推广的主要任务。

简单来说，搜索引擎推广首先要让企业的信息存在，如网站或某个网站的网页信息，使得用户能用特定的关键词搜索到，然后就是企业信息在搜索结果排名中靠前，以便用户看到，再者就是企业信息能被点击并最终形成交易。所以搜索引擎推广的关键就是排名。

那如何使企业信息能在搜索结果排名中靠前，使目标用户能看到呢？以百度为例，目前主要有两种方式可实现这一目标，即付费方式与不付费方式。

3.1.3 搜索引擎推广的方式

搜索引擎推广的方式主要有点击付费广告（Pay Per Click，PPC）和搜索引擎优化（Search Engine Optimization，SEO）。

1. 搜索引擎广告（PPC）

点击付费广告即搜索引擎广告，是搜索引擎提供的付费营销推广方式。目前，百度提供搜索引擎广告、信息流广告、聚屏广告、开屏广告、百意广告等多种营销推广方式。这里主要介绍搜索引擎广告，即通过付费使企业商业信息在搜索结果排名中靠前，对潜在客户开展营销的活动。

2. 搜索引擎优化（SEO）

搜索引擎优化是不收费的营销推广方式，就是通过自身网站栏目结构和网站上的内容等基本要素的优化设计，提高网站对搜索引擎的友好性，使得网站中尽可能多的网页被搜索引擎收录，并且在搜索引擎自然检索结果中获得好的排名效果，从而通过搜索引擎的自然检索获得尽可能多的潜在用户。

3. 站外优化

SEO、PPC 基本上是针对网站自身进行的优化，都是为了让网站中的网页直接在搜索结果排名中靠前。但是如果我们没有网站，或者 SEO 技术不好，也没有钱做 PPC，却又想在搜索结果中出现我们的信息，该如何做呢？在这种情况下，只能去借助权重高的网站平台进行操作了。这种方法也叫站外优化或站外 SEO，其操作流程是：先选定我们要优化的关键词，然后围绕这个关键词撰写文章、信息等，最后将这些信息发布到权重高的网站平台。这时候当用户搜索关键词时，我们发布的这些信息就有可能出现在搜索结果中。

3.2 付费推广

3.2.1 竞价排名

竞价排名是指企业在搜索引擎上通过竞价方式购买相关关键词。当用户搜索相关关键词时，企业信息就会被目标用户找到，最终引导用户交易。竞价排名的特点是按效果付费，只有用户单击了企业信息链接，企业才支付相应的推广费用；如果企业信息链接没有被用户单击，则企业不支付推广费用。企业可以自己控制这个推广费用，精准统计用户对企业信息的点击率。所以说，竞价排名虽然是一种付费推广方式，但是性价比却比较高，收取的费用也相对较低，是一种非常精准的推广方式，得到了广大企业的认同和喜爱。竞价排名示例如图3-4所示。

图3-4 竞价排名示例

3.2.2 凤巢广告

目前，凤巢广告主要分为凤巢图片和凤巢视频。当用户在使用关键词搜索时，不仅可以出现文字信息，更会有相应的图片及视频信息呈现在用户面前，如图3-5和图3-6所示。

图3-5 凤巢图片示例

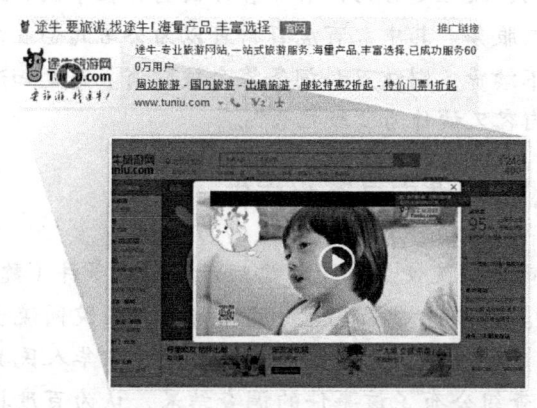

图3-6 凤巢视频示例

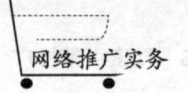

想要看凤巢图片具体内容，可以扫描下面的二维码。

3.2.3 线索通

线索通能在搜索结果中通过电话、表单、咨询组件直接展现企业信息，这样就使需求明确的网民减少跳转，直接联系企业或留下销售线索，如图3-7所示。

图3-7 线索通示例

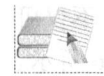

延伸阅读

1. 认识百度推广

百度推广是百度公司推出的一种按效果付费的网络推广服务，即百度竞价排名，于2001年推出，其形式为企业（或商家）在购买该推广服务后，通过提交定制的关键词，其推广信息就会在网民相应的搜索结果中出现。百度推广由于将付费搜索结果与自然搜索结果混淆展示，且使用"推广"一词，故在是否为广告等各方面均存在争议。此外，百度贴吧、百度百科、百度知道也有推广服务。其中，百度百科可以为公司的企业名称、品牌等做百科词条而收取年费，若公司不续费，则该百科词条将会被取消。百度知道可以通过问答营销等形式做推广，这些推广内容又被称为"软广告"。

2. 百度推广是否为广告

一起因轻信百度推广推荐的莆田系医院使患滑膜肉瘤病者死亡的事件（魏则西事件）令百度推广丑闻再次成为社会焦点。该事件的见报使百度与莆田系医院同流合污、部队医院对外承包混乱等问题再次引起广泛关注。之后，国家网信办（中华人民共和国国家互联网信息办公室的简称）联合调查组公布了该事件的调查结果，认为百度搜索相关关键词竞价排名结果，对魏则西选择就医产生了影响，其机制存在付费竞价权重过高、商业推广标识不清等问题。百度推广随即全面更换标志，原来的"推广"字样全部替换为"商业推广"字样，并更换字体颜色、增加下画线，加入明显区别于其他区域的底纹颜色等。

早在2011年年底，26岁的网友田军伟通过百度推广链接，购买了一台微型摄像机和微型录音机，结果收到的产品无法使用。田军伟联系销售网站未果，遂要求百度提供广告主名称、地址及联系方式，但百度拒绝提供。随后田军伟向海淀法院起诉百度涉嫌发布虚假广告。北京海淀区工商局表示，百度推广不是广告。

2013年3月，百度向美国证监会提交的材料中描述，百度推广（P4P服务）不受中国广告法律法规监管。而在同年，上海市工商局浦东新区分局对10家在百度发布关键词竞价排名推广广告的民营医院进行处罚，并称"搜索引擎竞价排名匹配《中华人民共和国广告法》的定义，属于商业广告"。全国政协委员、南京中医药大学教授王旭东表示，百度推广就是广告，应受相关法规的严格管理。

3. 将百度推广定性为广告

根据2016年7月4日颁布、9月1日起施行的《互联网广告管理暂行办法》规定，"推销商品或者服务的付费搜索广告"属于互联网广告，因此百度推广属于广告。此外医疗、药品、特殊医学用途配方食品、医疗器械、农药、兽药、保健食品广告等，未经审查不得发布。从8月31日起，所有在百度搜索显示的付费搜索结果中，均以"广告"标识出，取代了之前的"推广"和"商业推广"。此外，基于用户搜索结果所提供的关键词广告也由"推广"修改为"广告"字样。

3.3 搜索引擎优化（SEO）

3.3.1 SEO基础知识

1. 搜索引擎的目标

如果网站没有充裕的资金进行付费推广，那么了解搜索引擎排名规则至关重要。只有让网站被搜索引擎认为是在一定关键词下的"好"网站，才能可能获得较好的搜索引擎排名。那什么才是搜索引擎认为的"好"网站呢？

在了解搜索引擎排名规则之前，我们首先来了解一下搜索引擎追求的目标是什么？首先要明白一点，搜索引擎不是公益组织，也不是慈善机构，而是商业产品。所有搜索引擎的背后操纵者都是商业大鳄。他们最终的目标都一样，就是赚钱，而想赚钱，就一定要先抢占市场，让用户使用和认可他们的产品，并最终爱上他们的产品。

如何让用户爱上搜索引擎呢？很简单，为用户呈现靠谱的搜索引擎，让用户对搜索结果满意，而且要非常满意，也就是让用户获得好的搜索体验。只有让用户获得好的搜索体验，用户才会经常使用搜索引擎，甚至爱上搜索引擎。如果总结成一句话，就是"为用户提供最精准的优质内容"。

搜索引擎的规则和算法一定是围绕这个核心思想去设计的。即使不同搜索引擎的规则和算法有差异，但其核心思想却是差不多的。怎样衡量搜索引擎的搜索结果是否优质、是否精准呢？以什么为评判依据呢？很简单，站在用户的角度去判断。因为搜索引擎是给人用的，搜索结果也是给人看的。所以只有用户认为搜索结果是精准和优质的，用户才认可这个搜索引擎。所谓搜索引擎的算法或规则，就是通过一系列的技术手段，模拟真实用户的评判标准，去判断网站内容是否优质。

通过上面的分析，我们已经明白了搜索引擎的目标。基于此，可以得出以下结论：如果想要获得较好的搜索引擎排名，首先要做的是先帮助搜索引擎留住用户，以实现搜索引擎的商业价值，即网站应该围绕"为用户提供最精准的优质内容"这一核心思想去进行优化。

2. 搜索引擎优化的内容

搜索引擎优化（SEO），就是将网站设计成适合搜索引擎检索的、满足搜索引擎排名指标的网站，从而使网站获得较好的搜索引擎排名，增强搜索引擎推广的效果。那么搜索引擎优化应该从网站的哪些方面入手呢？

1）关键词排布

无论是在网站标题（即网站名称）中，还是在网站的内容标题或 meta 标签中，要尽可能出现关键词，但千万不要堆砌关键词。

2）网站导航

网站导航既能让用户从网站首页就知道网站的类型，又能使用户快速进入网站。网站导航既要符合导航的优化处理，也要符合搜索引擎优化。一般来说，网站导航尽量使用文字作为链接。

3）网站结构

一般网站结构最好是树形结构，建议链接层数不超过三层，这样用户的体验好。网站结构尽可能用文字形式表现，如果非要使用图片等形式也要加文字说明的标签，但还是建议不要使用主流搜索引擎难于识别的形式。

4）网站 URL 优化

网站统一资源定位系统（Uniform Resource Locator，URL）就是网站的每个网页的网址。一篇文章务必只有一个网址。不良的网站 URL 往往增加搜索引擎抓取信息的负担，有的会直接把搜索引擎拒之门外。网站 URL 普遍遵循简单、简洁原则。另外，搜索引擎更倾向于静态地址，用户也对静态地址更有好感，而动态地址不利于被搜索引擎收录。

5）图片 ALT 标签优化

搜索引擎还不能完全识别图片。一些图片可以被搜索引擎检索到的原因主要就是图片 ALT（Alternative 的缩写）标签的作用。图片 ALT 标签实际上是网站上图片的文字说明。

在图片 ALT 标签中加入关键词可以提升网站的搜索引擎排名。

6）网站锚文本优化

网站锚文本就是网站中的文字链接，也是网站内容的重要组成部分。它可以清楚地告诉搜索引擎，被链接页面包含什么样的内容。网站的文字导航、栏目中的标题链接、文章中的相关链接和网站的友情链接都属于网站锚文本的范畴。无论是对于搜索引擎还是对于用户，网站锚文本都有着非常重要的意义。搜索引擎判断一个页面的主要内容是什么，首先从网站锚文本开始。网站在某个关键词上的锚文本数量越多，这个关键词的搜索引擎排名往往就越靠前。网站锚文本中的文字应该具有一定的解释意义，能够告诉用户和搜索引擎被链接页面上主要内容是什么。在网站锚文本中布局关键词非常有利于提升搜索引擎排名。

7）网站内容

网站内容质量不仅仅要高而且要突出网站主题。网站文章是网站的"血液"，是提高网站权重和用户体验的关键环节之一。较高的原创性和可读性网站文章、网站文章内容紧扣网站主题和页面标题、网站内容的合理更新等都能提高网站内容质量。

3.3.2 SEO 分析工具

站长之家站长工具（以下简称站长工具）是非常受欢迎的站长工具。这个可以通过 SEO 关键词的搜索引擎排名（以下简称关键词排名）看出，如图 3-8 所示。这是一个单纯的工具页面，没有过多的内容支撑，可以将 SEO 关键词做到搜索引擎自然排名第二位主要是依靠用户的力量。这一点也为我们的 SEO 过程提出了一个新的思路，那就是网站最终获得成功最重要的就是网站对用户是否有价值。

图 3-8 SEO 关键词排名

站长工具中有非常多的工具，如图 3-9 所示。这里重点对 SEO 综合查询工具进行说明，其他工具读者可以自行测试体验，这里不再一一介绍。

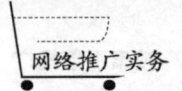

图 3-9 站长工具

SEO 综合查询工具如图 3-10 所示。SEO 综合查询工具使用非常简单，用户只要输入网址查询即可，而查询到的数据信息主要包括网站基本信息、百度相关、网站收录/反链（见图 3-11）、历史收录、SEO 收录、网站标题、关键词、描述信息、关键词排名（见图 3-12）、服务器信息、Alexa 信息（见图 3-13）等。SEO 综合查询工具还有一个非常实用的功能——长尾词推荐，如图 3-14 所示，系统会依据我们的网站关键词推荐出一些可以优化的长尾关键词，将这些长尾关键词纳入后续的 SEO 优化，这对网站的权重提升有很大的帮助。

图 3-10 SEO 综合查询工具（截图）

图 3-11 网站收录/反链（截图）

历史收录	seo收录						更多»
日期	百度收录	百度索引量	Google收录	360收录	搜狗收录	百度反链
2015-09-10	237	239	--	97	33	3790
2015-09-09	238	240	--	97	--	641
2015-09-08	240	240	--	97	33	646
2015-09-07	277	240	--	97	32	1230
2015-09-06	239	240	--	97	29	646

标签	内容长度	内容	优化建议
标题（Title）	22 个字符	好玩的App评测_ App限免推荐 | 豌豆壳	一般不超过80个字符
关键词（KeyWords）	22 个字符	好玩的App, App限免, App评测, 豌豆壳	一般不超过100个字符
描述（Description）	80 个字符	豌豆壳是一个App评测网站, 基于客观的App评测为用户提供好玩的App推荐和App限免提醒服务。豌豆壳非常乐意和App开发者合作, 共同创造移动互联网时代的精彩!	一般不超过200个字符

IP地址查询 - PR查询 - 域名Whois查询 - 网站收录查询 - Alexa排名查询 - 友情链接查询 - 百度权重查询 - 备案查询 - IP反查 - 网站历史记录

关键词排名	长尾词推荐					＋添加关键词
关键词	PC指数	移动指数	360指数	百度排名[历史]	排名变化	预估带来流量(IP)
好玩的App	162	417	58	12	↑25	2
App限免	81	76	0	28	↑19	0
App评测	0	0	0	4	↑2	0
豌豆壳	0	0	0	2,43	-	0

服务器信息　　　　　　　　　　　　　　　网页压缩检测

图 3-12　关键词排名（截图）

服务器信息		网页压缩检测	
协议类型	HTTP/1.1 200 OK	网页是否压缩: 是	
页面类型	text/html; charset=UTF-8	原网页大小:24742	
服务器类型	yunjiasu-nginx	压缩后大小:6884	
程序支持		压缩比(估计值):72.18%	

Alexa排名趋势

图 3-13　Alexa 信息（截图）

关键词排名	长尾词推荐				＋添加关键词
关键词	出现频率	2%≤密度≤8%	长尾相关	推荐关键词
好玩的App	10	5.3%	164	好玩的App 近期好玩的游戏App 比较好玩的App 好玩的App益智游戏
App限免	7	3.1%	140	APP限免 英文版App提醒限免 怎么看App限免 今日限免App游戏
App评测	7	3.1%	9	qq电影票App评测 较呀蜜呀App评测App 游戏评测 App 游戏评测
豌豆壳	12	3.2%	11	带壳青豌豆怎么吃 水煮带壳豌豆 水煮豌豆壳 豌豆壳营养

图 3-14　长尾词推荐（截图）

　　站长工具可以按照需要分类查询到各种信息，并且可查询的信息比较完整全面，准确度也比较高。从用户体验方面来说，友情链接检测也较为完整，速度、设计都挺好，广告

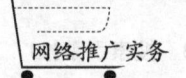

也不多，唯一有点体验不好的是查询的分类较多，导航还使用了下拉框，这样一项一项查起来较费时。

3.3.3 SEO 的操作步骤

SEO 并不是简单的几个建议，而是一项需要耐心和细心的脑力劳动。大体上，SEO 主要分为八个操作步骤。这些操作步骤是在企业做 SEO 时不断重复去做的内容，并不是一次性就可以完成的。

1. 关键词分析（也叫关键词定位）

关键词分析是进行 SEO 最重要的一环。关键词分析包括关键词关注量分析、竞争对手分析、关键词与网站相关性分析、关键词布置、关键词排名预测。

2. 网站结构分析

网站结构若适合搜索引擎的检索，则有利于进行 SEO。网站结构分析包括剔除网站架构不良设计、实现树状目录结构、网站导航与链接优化。

3. 网站目录和页面优化

SEO 不仅使网站首页有好的搜索引擎排名，还使网站的每个页面都能带来流量。

4. 内容发布和链接布置

搜索引擎喜欢有规律的网站内容更新，所以合理安排网站内容发布日程是进行 SEO 的重要技巧之一。链接布置则把整个网站有机地串联起来，让搜索引擎明白每个网页的重要性和关键词。

5. 与搜索引擎对话

与搜索引擎对话是指向各大搜索引擎登录入口提交尚未收录的网站。在搜索引擎中查看 SEO 的效果：通过"site:网站域名"命令，知道网站的收录和更新情况；通过"domain:网站域名"或者"link:网站域名"命令，知道网站的反向链接情况。为了更好地实现与搜索引擎对话，建议采用 Google 网站管理员工具。

6. 建立网站地图 Sitemap

根据自己的网站结构，制作网站地图，以使网站更便于搜索引擎检索。搜索引擎能检索到网站地图，就可以访问整个网站上的所有网页和栏目。最好准备两套网站地图：一套方便用户快速查找网站信息（HTML 格式）；另一套方便搜索引擎查询得知网站的更新频率、更新时间、页面权重（XML 格式）。所建立的网站地图要和网站的实际情况相符合。

7. 高质量的友情链接

对于 SEO 来说，建立高质量的友情链接，可以提高网站上的网页级别（Page Rank，PR）

及网站的更新率。

8. 网站流量分析

网站流量分析可以从 SEO 结果上指导下一步的 SEO 策略，同时对网站的用户体验优化也有指导意义。网站流量分析工具建议采用 Google Analytics 分析工具和百度统计分析工具。

在现实中，企业往往十分注重广告，并投入大量资金，但却非常不注重 SEO。从真实搜索行为发现，用户对于搜索引擎自然排名的网站兴趣会更高。据有关国外对 Google 的调查统计，在移动用户搜索中，40.9% 的搜索会产生对搜索引擎自然排名的网站的点击，2% 的搜索会产生对搜索引擎付费排名的网站的点击，57.1% 的搜索不会产生任何点击。在 PC 用户搜索中，62.2% 的搜索会产生对搜索引擎自然排名的网站的点击，2.8% 的搜索会产生对搜索引擎付费排名的网站的点击，35% 的搜索不会产生任何点击。所以，SEO 流量远远超过 PPC 流量，但企业花在 PPC 的钱通常远远超过花在 SEO 的钱。其实，企业更应该在 SEO 方面注重投入。SEO 是一项系统性的工程，需要企业投入时间、人力、资金，以不断优化，更需要学习 SEO 的人通过前面的阅读参考进一步学习。

技能训练

1. 在了解百度搜索引擎原理的基础上，针对节日或事件进行运动鞋关键词设计，并分析你设计的关键词是否被检索。

2. 打开站长之家网站，输入你要查询的网站地址，查看 SEO 综合查询结果。

项目4

微信推广

> 互联网已经成为人类生产和生活不可或缺的组成部分，它承载了通信、商务、媒体、娱乐等多种功能，更使得信息传播产生了重大改变。首先，互联网让人人都参与到媒体传播当中；每个人不但可以轻而易举地发布原创信息，也可以决定成为哪些信息的传播者；其次，每个人在互联网上都可以根据自己的需要和喜好筛选信息，而不是被动地接收信息。社交媒体（Social Media），作为互联网上特有的媒体形式，将以上的这些特点发挥到了极致。微信作为目前国内用户数量最多的社交媒体，自然成为了信息传播的重要阵地。

技能目标
※ 公众号设置
※ 结合公众号进行新媒体写作

教学建议
※ 使用案例引入法，引起学生的兴趣
※ 利用话题引导学生讨论，增加对知识的认知
※ 利用特定选题，让学生练习相关技能

知识要点
※ 微信的营销工具
※ 个人号推广的方式
※ 公众号运营的方法
※ 新媒体写作思路

阅读参考

※ 明托著. 金字塔原理 [M]. 汪洱, 高愉, 译. 海口: 南海出版公司, 2013.
※ 鲍玉成. 微信软文营销实战技巧 [M]. 北京: 化学工业出版社, 2017.
※ 秦阳, 秋叶. 微信营销与运营 [M]. 2 版. 北京: 人民邮电出版社, 2019.

案例4-1　　烘焙女生的微信营销之路

烘焙行业一般都会被具有大品牌和本土品牌的企业占领。有一个女生在偏僻角落开了家烘焙店，生意惨淡，几乎倒闭。后来，这个女生利用新媒体营销思路，打开了生意的大门。她通过一个微信群搞了一些初级的小活动，把一部分人拉到另一个微信群（活动群）里，然后在活动群里进行二次活动宣传。这些活动如下：

"支付 9.9 元红包给店主，可以获得原价 28 元的水果捞盒子和 20 元的蛋糕代金券。然后拉你进活动群，只要活动群里每满 50 人就发一个 50 元红包，而且每局抢红包的手气最佳者可以免费获得原价 168 元的 8 寸蛋糕。"

这个女生宣传完活动，把实物图发到群里。大家纷纷加女生微信，支付红包后进活动群，因为每满 50 人就能抢一次红包，所以那些进了活动群的人会主动拉身边的亲朋好友一起来玩（主动裂变），这样短短几天就有几百人参加活动！

这个女生很实在，没有因为搞活动，奖品就用次品，全都是真材实料的奖品。活动结束，大家都很满意，好多人手里拿着蛋糕代金券，进行二次消费，而女生也积累了几百位客户好友。

这个女生通过后期打造个人朋友圈，不断积累客户，同时删除一些没有消费和互动的客户，逐渐把客户转化为上千名铁杆粉丝，成为本地烘焙行业的一个小小红人偶像。她不仅销售烘焙产品，也同步销售各种精美的零食。现在，她又开了一家专门面向高端人群的烘焙店。

（资料来源：搜狐网站）

4.1 认识微信

微信（英语：WeChat，日语：微信・ウェイシン）是腾讯公司于 2011 年 1 月 21 日推出的一款支持安卓及 iOS 操作系统的即时通信软件，由张小龙所带领的腾讯广州研发中心产品团队打造。微信支持跨通信运营商、跨操作系统平台，通过网络快速发送免费语音短信、视频、图片和文字。微信提供公众平台、朋友圈、消息推送等功能，用户可以通过"摇一摇""搜索号码""附近的人"和扫描二维码方式添加好友与关注公众平台，支持将内容分享给好友及将用户看到的精彩内容分享到朋友圈。截至 2018 年 3 月，微信拥有全球超过约 10 亿活跃用户。这些用户分布在 200 多个国家和地区，使用语言超过 20 种。

认识微信推广微课视频

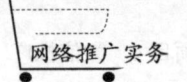

4.1.1 微信数据

1. 微信典型用户每天的生活习惯

一切营销和运营活动，都需要抢夺用户的眼球，而如何"优雅地"争取曝光却不让用户反感，是带来高转化率和营造品牌印象的关键。其中，非常重要的策略之一就是贴合用户的行为习惯，即"在用户自发想要做什么的时候，恰好展现给他所需的"。微信典型用户的一天行为如图 4-1 所示。

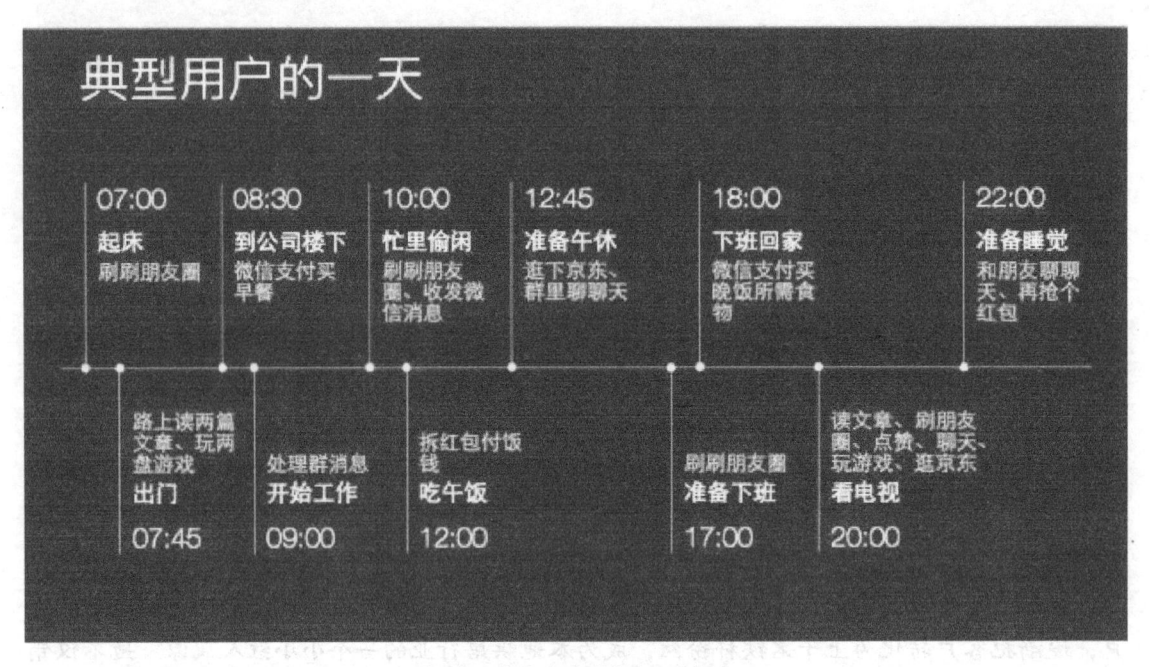

图 4-1 微信典型用户的一天行为

2. 活跃的最高峰

平均来看，微信用户"群体性活跃"的最高峰是每晚 10 点。想想这也是合情合理的，那些吃饭、会友、各种开 Party 的人们，此时也该回家了，收发一下信息、刷刷朋友圈或看个视频是比较典型的行为。

3. 公众号

2017 年年底，微信的公众号已超过 1000 万个。其中，活跃公众号有 350 万，较 2016 年增长 14%；月活跃粉丝数为 7.97 亿，同比增长 19%。公众号已成为用户在微信平台上使用的主要功能之一。按每个公众号平均每天发文 2 篇来计算，则微信所有的公众号每天发文数量超过了 700 万篇。公众号图文平均打开率为 1.32%，分享率为 3.85%，原文点击率为 2.17%。从阅读来源上看，53.98% 的阅读来自公众号会话，23.04% 的阅读来自朋友圈（数据来源于 10 万+活跃公众号，2018 年 12 月由微小宝独家统计与发布）。公众号图文首条打开率如图 4-2 所示。

图 4-2　公众号图文首条打开率

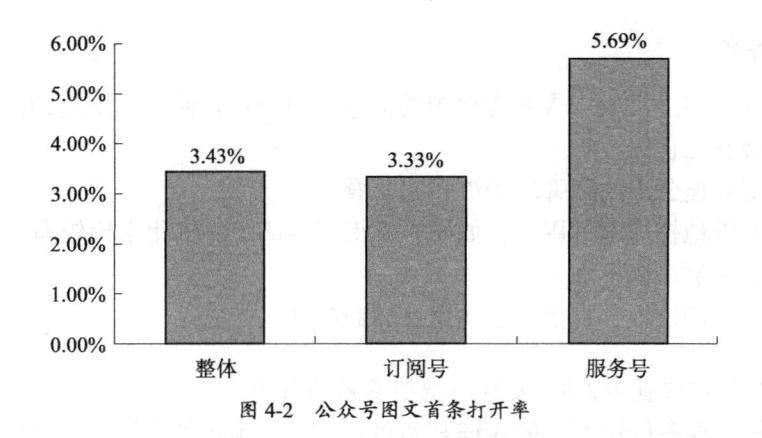

4. 微信小程序

微信小程序是一种不用被下载、安装即可使用的应用平台。用户通过微信的"扫一扫"或"搜一搜"功能即可打开微信小程序。通过拼团微信小程序购物的次数占到通过所有微信小程序购物次数的 70%。

扫描二维码，查看 2018 微信数据报告。

4.1.2　微信的营销工具

我们来看看目前微信提供了哪些营销工具，这些营销工具各自有哪些优缺点，目前又有哪些案例供我们参考。

1. 漂流瓶

方式：把信息放进漂流瓶里，用户主动捞起漂流瓶得到信息并传播出去。

实质：采用随机方式来推送消息。

优点：简单、易用。

不足：针对性不强，又因为用户使用漂流瓶的目的是排遣无聊之情，所以在通过漂流瓶做营销时，如果方式不正确极容易产生反作用，使得用户对品牌或者产品产生厌恶之情。此外，每个用户每天只有 20 次捡漂流瓶的机会，而这个机会是比较小的。

适用产品：已经有了较大知名度的产品或者品牌，且通过做漂流瓶推广可以扩大品牌的影响力。

> 案例：招商银行的"爱心漂流瓶"用户互动活动案例。
> 案例分析：微信官方对漂流瓶的参数进行更改，使得合作商家推广的活动在某一时间段内抛出的"漂流瓶"数量大增，普通用户"捞"到的频率也会增加。但是，如果采用这种方式的话，需要注意的是，信息的呈现一定要灵活，不能发表一些样话、套话，而且要想办法提高用户的有效回复率。

2. 位置签名

方式：在签名档上投放广告或者促销的消息，而用户在使用"附近的人"或者"摇一摇"功能时就会看见它们。

实质：类似高速公路的路牌广告被强制收看。

优点：很有效地拉拢附近用户，如果方式得当的话，其转化率比较高。

不足：覆盖人群可能不够大。

适用产品：店铺位置会直接决定生意好坏的产品。

> 案例：饿的神快餐店、K5便利店微信签名档营销。
>
> 案例分析：很多位置不佳的店铺其实可以使用"附近的人"这个功能，吸引附近的用户进入自家的店铺来进行消费。

3. 二维码

方式：用户通过扫描二维码添加好友，并进行互动。

实质：表面是为了用户添加好友，实质是为了得到忠实用户。

优点：用户主动扫描，至少证明用户对你的产品最起码还是感兴趣的，所以可以针对性地诱导用户产生消费行为。

不足：必须用户主动扫描。

适用产品：与用户关联比较紧密的产品。

> 案例：三人行骨头王火锅
>
> 案例分析："扫一扫"这个功能是用扫描识别另一位用户的二维码名片来添加朋友的。但是，二维码发展至今，其商业用途越来越多，所以微信也就顺应潮流结合O2O（Online To Offline）展开商业活动。

4. 开放平台

方式：把网站内容分享到微信开放平台，或者把微信内容分享到网站开放平台。

实质：类似于各种分享。

优点：由于微信用户彼此间具有某种更加亲密的关系，所以产品被某个用户分享给其他好友后，相当于完成了一个有效到达的口碑营销。

不足：产品扩散比较困难。

适用产品：适合做口碑营销的产品。

> 案例：美丽说交易平台登录微信开放平台。
>
> 案例分析：用户愿意与朋友分享自己看到的有价值的东西，所以当产品有价值时，用户便愿意去分享这个产品。

5. 朋友圈

方式：可以将手机应用、PC客户端、网站中的精彩内容快速分享到朋友圈，支持网页链接方式打开。

实质：模仿国外产品路线，属于私密社交。
优点：交流比较封闭，口碑营销会更加具备效果。
不足：开展营销活动比较困难。
适用产品：口碑类产品或者私密性小产品。

> 案例：乐阅电子书平台
> 案例分析：用户可以进行免费阅读，并且将阅读的书籍分享至朋友圈，支持写作功能。

6. 公众平台

方式：微信认证账号及品牌主页。
实质：专属的推送信息渠道。
优点：推送的对象是关注你的用户，所以关系比较亲密，到达率100%。
不足：如果用户关注了20个品牌，每个品牌每天向你推送3条信息，那么这些信息就显得有些扰民了。
适用产品：自媒体企业的产品。

> 案例：星巴克公司2012年12月1日开通了官方公众号"星巴克中国"。"星巴克中国"公众号所推送的图文一路延续星巴克公司文艺清新的风格。星巴克公司首先让经常光顾星巴克公司门店的顾客成为"星巴克中国"公众号平台的粉丝，再利用活动等方式让这些粉丝将"星巴克中国"公众号自主推荐给自己的朋友，这让"星巴克中国"公众号平台的粉丝短时间内暴增。

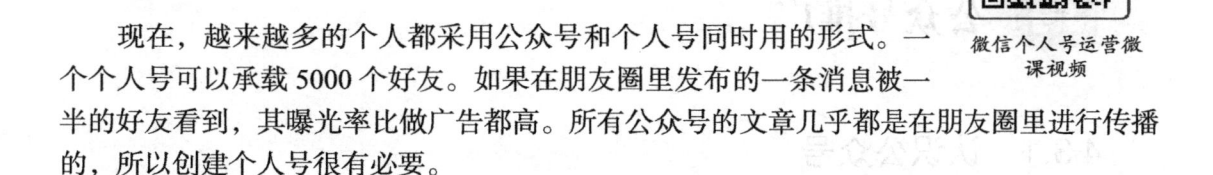

4.2 个人号推广

微信个人号运营微课视频

现在，越来越多的个人都采用公众号和个人号同时用的形式。一个个人号可以承载5000个好友。如果在朋友圈里发布的一条消息被一半的好友看到，其曝光率比做广告都高。所有公众号的文章几乎都是在朋友圈里进行传播的，所以创建个人号很有必要。

4.2.1 准确定位

首先，要明确谁是潜在的目标客户，并将最有需求、最有购买能力的人群作为主打客户；其次，要对个人号进行形象定位。例如，某知名零食品牌的用户的个人号就叫XX（品牌名）粉丝团团长，头像用的是代言人形象照片，目标客户定位为此代言人的狂热粉丝，同时酷爱吃各种零食，作为团长还会经常送粉丝各种零食。

4.2.2 朋友圈营销

在朋友圈里要发布高质量内容。在朋友圈里发布的内容要与这个个人号的形象定位号相匹配，且能为他人带来价值。例如，做运营的个人号要在朋友圈里多发布一些与运营相关的文章；摄影师的个人号要在朋友圈里多发布摄影相关的内容或照片等；美妆达人的个人号要在朋友圈里多分享一些美妆经验或好的产品推荐。在朋友圈里发布的内容最好是原创的，如果是转载的，也建议加上自己的总结、感悟和想法。在朋友圈里发布的内容尽量能够让看到的人产生共鸣或留言。在朋友圈里尽可能多地与别人互动。总之，要让好友觉得你在乎他们，并且让他们觉得你真诚。

一个个人微信号属性有时候代表了你的品牌属性，你在朋友圈里说的每一句话都将影响到你的品牌属性是被加强了还是被削弱了。

4.2.3 个人号推广方式的路径

个人号推广即增粉，主要有两种方式：主动加粉和被动吸粉。这两种增粉方式主要的路径分别介绍如下。

1. 主动出击添加好友的路径
- 添加微信群的成员。
- 添加手机通讯录的朋友。
- 通过"雷达""摇一摇""附近的人"功能添加好友。
- 通过搜索微信号/QQ号/手机号添加好友。

2. 被动吸粉添加微信好友的路径
- 添加主动搜索你的微信号/手机号/QQ号的人为好友。
- 添加扫描你的二维码名片的人为好友。
- 添加拉你进微信群的人为好友。

4.3 公众号推广

4.3.1 认识公众号

1. 什么是公众号

"再小的个体，也有自己的品牌。"这句微信公众平台的标语我们再熟悉不过了。2012年8月17日，微信推出新的功能，也就是微信公众平台正式向普通用户开放。正是这一功能的推出，成就了一大批自媒体人。微信的公众号分为订阅号、服务号、小程序和企业号。在这里只介绍服务号和订阅号。

作为一家企业，是应该开通服务号还是订阅号呢？我们首先必须要了解服务号和订阅号的主要区别。服务号推送的消息不会被折叠，而订阅号推送的消息是会被折叠的。服务号一个月可以推送至少四条图文消息，订阅号每天可以推送一条图文消息。个人和企业都可以申请订阅号。只有公司才可以申请服务号，而且在申请时必须有营业执照、组织机构代码证和公章。很多中、小型企业的标配是：1个服务号+1个订阅号。

2. 公众号后台操作

微信运营者首先要对公众号的申请注册、自动回复、自定义菜单栏、素材管理、消息群发和公众号设置这6个功能模块非常了解，并学会以下操作。

- 注册公众号。
- 公众号排版。
- 设置公众号名称、简介等内容。
- 设置关键词回复。
- 设置首次关注回复。
- 设置菜单栏。
- 群发消息。
- 创建多图文的消息。
- 添加素材（如图片、文字、链接等）。
- 使用公众号的统计功能（如用户、浏览量、关注等）。

4.3.2 公众号的定位

做任何公众号，都必须清晰自己的定位。公众号的定位是微信运营的核心，是重中之重。

微信公众号的定位
微课视频

1. 公众号的定位内容

公众号的定位主要有两个方面的内容：一是自我定位；二是用户定位。

1）自我定位

关于自我定位，可以从以下4个小问题进行分析。

（1）公众号是干什么的？
（2）公众号能为用户解决什么问题？
（3）和同类公众号相比有什么特点或者优势？
（4）能一句话描述微信公众号的定位吗？

如果能回答以上这几个问题，那么对于公众号的定位就有了基本认识。

延伸知识

现在的公众号运营一般分为以下几种。

一是自媒体类：对于一个自媒体而言，一般要选择感兴趣的或擅长的方面来运营。

二是纯粹卖货类：这和微店是一个性质。

三是品牌类：公众号成为品牌宣传的一个窗口。这类公众号不进行销售，也不进行客户维护，就是跟企业挂钩在一起，成为一个宣传触点。

四是新老客户的关系维护类：现在，公众号已经成为数据库营销的主战场。全网营销所有品牌触点最终落地于微信公众号。公众号扮演了客户关系管理（Customer Relationship Management，CRM）角色。一些带有实体性质的企业尤为突出，如餐馆、酒店、KTV、美容场所等，以会员形式结合公众号运营来操作所有广告投放，最终通过公众号形式入驻公众平台。

在运营公众号之前，首先要确定公众号的定位，明确公众号到底要干什么。

2）用户定位

用户定位就是指要明确目标受众是谁。如果不了解用户是谁，公众号运营必然会迷失方向。在此，可以对目标受众进行一个画像描绘，例如，了解他们的性别占比、年龄、收入、学历、居住城市、喜好、经常出没地点等。清晰的用户画像有助于后期推广方式的展开。

2. 内容规划

公众号的整体运营最终都会以推文形式呈现给客户。根据公众号的定位，必须对公众号整体内容进行规划。这是非常关键的一步，在运营公众号之前，要规划好给读者推送哪些类型的文章，每种类型的文章起到哪些作用。某公众号内容的规划如图4-3所示，这个公众号内容的规划就非常好。

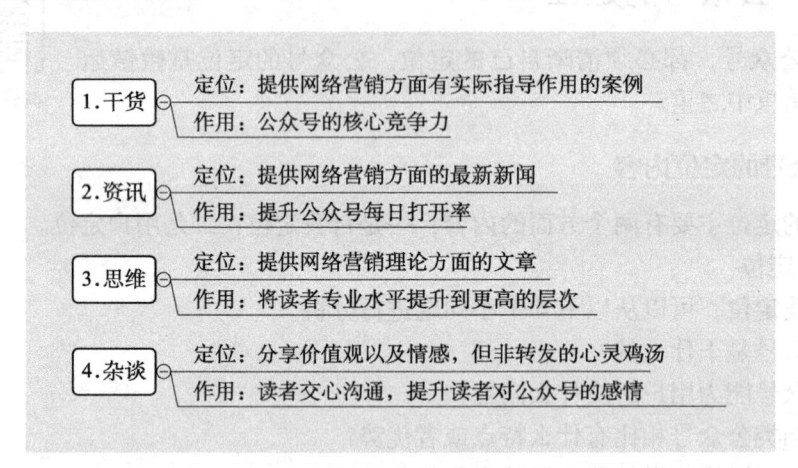

1. 干货
   - 定位：提供网络营销方面有实际指导作用的案例
   - 作用：公众号的核心竞争力

2. 资讯
   - 定位：提供网络营销方面的最新新闻
   - 作用：提升公众号每日打开率

3. 思维
   - 定位：提供网络营销理论方面的文章
   - 作用：将读者专业水平提升到更高的层次

4. 杂谈
   - 定位：分享价值观以及情感，但非转发的心灵鸡汤
   - 作用：读者交心沟通，提升读者对公众号的感情

图4-3 某公众号内容的规划

需要强调的是，规划好公众号内容并不是指公众号每天的每个内容都要发送文章，公众号部分内容规划是阶段性的，只有当公众号运营到一定时间后，才能进行这部内容规划。

延伸阅读

尽管大家都在嚷嚷内容为王的时代已经过去了，然而没有内容光靠热点、爆破营销引来的一波粉丝也会随着时间慢慢流失。"细水长流"才是公众号的长久之计，而"细水长流"靠的就是公众号内容。

公众号的老运营者们常常会陷入一个怪圈：刚接手一个公众号时，自信满满，创意犹如黄河之水滔滔不绝，可是不过1个月，创意就开始枯竭。

九宫格联想法的好处如下。

☑迸发灵感。

☑发散的思维完全结合粉丝需求。

☑推送的内容绝对不会跑偏主题。

下面以"老干妈拌面"公众号为例，介绍九宫格联想法的具体操作。

先要明确自己运营的公众号的定位（或产品）和目标人群，越精准越好。

目标人群：白领、女性。

人群标签：讲究生活品质。

于是在目标人群九宫格中，写下这些词：情怀、感性、护肤、旅行、明星、健身、美食、品质，如图4-4所示。

感性	情怀	护肤
旅行	女性白领	明星
健身	美食	品质

图4-4　目标人群九宫格

产品：拌面。

产品标签：中国台湾、手工。

于是在产品九宫格中，写下这些词：烹饪料理、厨具餐具、菜谱、台湾、包装、营养、食材、街边，如图4-5所示。

烹饪料理	厨具餐具	菜谱
台湾	拌面	包装
营养	食材	街边

图4-5　产品九宫格

当你根据目标人群和产品列出两个九宫格时，你将任意两个或多个格子里的内容组合起来，就可以呈现出N种公众号内容的切入点，并且在每个点都可以进行发散思维。

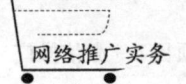

- **情怀 + 料理**

  用一碗老干妈拌面做出一顿有档次的晚餐，推送的是一篇精致图文，卖的是一碗面，传递的是一种有品质的生活方式……

- **健身 + 营养**

  谁说简单的拌面不能吃出好营养、好身材，生活怎么过，取决于你对生活的态度……
  谁说美食公众号不能写写别的，比如明星，旅行。

- **明星 + 台湾**

  光是这两个词就能迸发出无限关注度，一档搞笑的综艺节目，一碗热气腾腾的老干妈拌面，台湾人眼里的小确幸莫过于此……

4.3.3 公众号的建设

在明确公众号的定位后，接下来开始进行公众号的建设。

1. 公众号命名的技巧和要点

这几年，一些取名机构的生意越来越火。越来越多的人在开设企业商铺时，都请"大师"取个好名字。人们之所以这么重视名字，是因为无论对人还是对企业，名字都非常重要。

同样，公众号名字也非常重要。好的公众号名字可以对公众号的运营和推广起到锦上添花的作用；而不好的公众号名字，则有可能制约公众号的发展。下面就介绍公众号取名的一些方法和要点。

1）公众号取名的方法

（1）直呼其名法：对于企业的官方公众号、形象公众号、品牌公众号等，可以直接采用企业或品牌的名字作为这些公众号名字。例如，推一把公司的官方公众号名字就叫"推1把"。

（2）形象比喻法：形象比喻法的核心是通过比喻的方式，将公众号具象成为某个现实中的事物。例如，音乐类的公众号名字可以叫"音乐工厂"，足球类的公众号名字可以叫"足球公园"等。

（3）反问强调法：以提问的方式，引起用户兴趣，同时起到强调微信公众号定位的作用。例如，有些公众号名字就叫"今晚看什么""今天吃点啥""怎么多赚钱"等。

（4）功能作用法：其核心是直接将微信公众号的作用、提供的服务等作为公众号名字。例如，有些公众号名字就叫"酒店助手""航班助手"等。

（5）特色定位法：直接将微信公众号的核心定位或特色作为公众号名字。例如，有些公众号名字就叫"小道消息""冷笑话精选""地方方言""方言笑话"等。

（6）行业地区法：以行业或地区作为公众号名字。例如，有些公众号名字就叫"杭州房产""健康百科"等。

2）公众号取名的要点

公众号取名的方法太多了。上面所列举的方法只是起到一个抛砖引玉的作用。大家在给公众号取名时，要不拘一格，越有创意越好。不过，在发挥创意时，要注意以下几点。

（1）符合用户搜索习惯：公众号名字应尽可能符合用户的搜索习惯，这样可以增加用户主动关注该公众号的概率。

（2）直观体现公众号定位：公众号名字最好能够直接体现公众号定位，简单地说，就是让用户一眼能明白你是干什么的，能给用户带来什么。

（3）不要使用生僻字词：有生僻字词的公众号名字不利于被用户理解，从而导致用户可能就不会关注公众号了，同时更不利于该公众号名字的传播。例如，对于"飂"这类生僻字，有多少人会认识它们？又有多少人知道它们的意思？

（4）不要过于天马行空：给公众号取名要发挥创意，但是也不能天马行空。公众号名字一定要和公众号定位联系上。例如，有个公众号名字叫"知子谷"，谁能理解这是做什么的？除非它已经是知名品牌，否则从营销的角度来说，它真的不是一个好的公众号名字。

（5）不要过于宽泛：太宽泛的公众号名字会显得过于普通和没有特色，对用户几乎没有吸引力。例如，直接将美食名字作为公众号名字，就不如"北京美食""土家私房菜"等公众号名字更加有针对性或特点。

在给公众号取名时，要注意用户的承受能力和宗教习俗。有的公众号名字起得前卫大胆，但是注意不要太出格，要考虑到用户的承受能力及一些风俗习惯等。

2. 企业公众号的微信号设置技巧和要点

设置企业公众号的微信号是个很不起眼儿的小操作。这个功能在公众号的功能中也很不起眼儿，但是它却很重要。按照目前微信的规则，企业公众号的微信号一旦被设定，是不能被随便更改的。如果企业公众号的微信号设置有误，则会制约后期推广。

好的公众号的微信号，有利于记忆和传播；而差的公众号的微信号，即使用户想关注该公众号，也可能会记不住该公众号的微信号，或者输入错误。例如，有的企业公众号的微信号由二十多个字母组成，而且这些字母还是毫无意义的组合，这样非常不利于该公众号的推广。

其实，设置企业公众号的微信号也不难，只要把握住两点：第一，企业公众号的微信号越短越好，越短越利于传播；第二，企业公众号的微信号要有利于记忆，例如，企业公众号的微信号可以被设置为常见的拼音、数字。

3. 公众号介绍的设置要点

公众号介绍看似只有短短几十或上百个字，但是却暗藏玄机，影响很大。因为当用户通过微信号搜索找到公众号后，首先映入眼帘的正是公众号介绍。此时，好的公众号介绍会让用户看完了之后便关注，而差的公众号介绍会让用户敬而远之。

撰写公众号介绍时，其实也不难，只要把握住以下两点即可。

（1）公众号介绍不要没营养。一些企业公众号简介，就是单纯的公司业务介绍或经营范围介绍。而公众号的功能介绍最好能突出公众号的定位、特点，以及可以帮助用户解决的问题等。从人性的角度来说，人都是自私的，只有当用户认为这个公众号能给自己带来帮助或好处时，才愿意主动关注它。

（2）公众号介绍的文字越有个性越好。公众号介绍的文字越有个性，越容易引发用户的关注。像幽默的文字、犀利的文字，都很容易吸引人们眼球。例如，一个名为"小道消息"的公众号简介就非常有意思："只有小道消息才能拯救中国互联网，只有小道消息方能拯救中国创业者。哦，当然这是一句玩笑话。这里为你分享一些我对互联网的思考和观点，别的地方可能没有的东西。"

4. 公众号栏目菜单的设置要点

当公众号被认证后，可以设置栏目菜单。按照目前微信的规则，最多可以创建3个一级栏目菜单，在每个一级栏目菜单下最多可以创建5个二级栏目菜单，每个栏目菜单的名字不超过5个汉字。

基于这个规则，最多可设置15个栏目菜单。栏目菜单的形式、样式是固定的，非常简单。设置栏目菜单的目的是提升用户体验。根据经验，设置栏目菜单有以下几个要点。

（1）栏目菜单要围绕用户的需求和喜欢来设计。

（2）在设置栏目菜单时，先把所有能够分析到的、符合用户需求的栏目菜单名称都列出来，并可以多多借鉴其他公众号甚至网站的栏目菜单。

（3）当所有栏目菜单被列出来后，进行优先级排序，分析哪个是用户最想要的、哪个是第二想要的。

（4）留下优先级最高的15个栏目菜单。如果栏目菜单不足15个，则宁缺毋滥。

（5）将15个栏目菜单进行组合，即将哪些菜单目录设置为一级栏目菜单、哪些菜单目录设置为二级栏目菜单。注意，无论怎么组合栏目菜单，一定要符合用户查找内容的逻辑。

5. 自定义回复的设置要点

自定义回复功能是公众号的运营利器，如果设置得当，相当于雇佣了一个甚至几个机器人，24小时值班并与用户互动。自定义回复功能有3种模式：被添加自动回复、消息自动回复、关键词自动回复。

1）被添加自动回复

被添加自动回复功能是指当用户关注了公众号后，该公众号会自动推送给用户的消息。

在设置被添加自动回复功能时，主要有以下几个要点。

（1）推送的消息文字不要过多，不要超过一个手机屏幕的宽度。

（2）推送的消息文字要高度概括和精练，能够准确定位公众号的主题、内容、特点及服务等。

（3）推送的消息格式整洁，符合排版要求，该换行的要换行，该分段的要分段。

（4）适当使用表情，会使推送的消息生动很多。

（5）适当穿插一些特效。例如，当推送的消息中有"miss you"字样，就会掉小花；当推送的消息中有"生日快乐"字样，就会掉蛋糕。

（6）如果推送的消息内容太多，可以配合关键词自动回复功能，让用户输入相关的关键词来获取推送的消息内容。例如，回复1了解产品背景，回复2获取品牌故事。

2）消息自动回复

如果设置了消息自动回复功能，当粉丝给你发送微信消息时，公众号会自动将你设置的信息回复给用户。这个与QQ离线时的自动回复信息的表现形式一样。

消息自动回复功能通常在以下几种情况下使用。

（1）当原公众号被废弃，又重新建立了新公众号时，那么可以设置一个消息自动回复功能，以提醒用户关注新公众号。

（2）当公众号主人或管理员休假或者长时间无法处理公众号消息时，则可以设置一个消息自动回复功能，让用户通过其他方式联系公众号主人或管理员。

（3）如果公众号被当成客服平台来使用，那么在非上班时间或者客服人员不在线的情况下，可以通过消息自动回复功能告知用户。

3）关键词自动回复

关键词自动回复功能是指当用户输入特定的关键词时，公众号会将指定内容推送给用户。这个功能的应用十分广泛，可以实现以下的应用。

（1）智能应答机。如果公众号被用来服务或者给用户解答问题的，那么可以将一些常见问题设置成关键词自动回复。这样就能够像智能机器人一样，与用户之间实现自动应答的效果。

（2）代替导航条。对于非认证的公司可以将栏目菜单以关键词自动回复的形式呈现给用户，例如，回复1查看我们的基本信息，回复2查看产品目录，回复3查看产品介绍等。

（3）补充栏目菜单。即使是认证了的公众号，该公众号自带的栏目菜单导航功能也只有3个一级栏目菜单，在每个一级栏目菜单下也只有5个二级栏目菜单。如果将关键词自动回复功能与栏目菜单导航功能配合使用的话，则可以实现无限分级。

（4）历史索引库。公众号运营久了，沉淀下来的历史内容会非常多。在正常情况下，如果用户想查看历史内容，只能通过单击公众号的"查看历史消息"功能来实现。可以通过关键词自动回复功能，对历史内容做一个梳理和分类，并做一个关键词索引，将它们编成图文消息，以便于用户查找和阅读这些历史内容。

下面说说具体操作时的几个注意事项。

尽量用简单的数字或者词汇作为关键词。如果需要展示的内容太多，则可以像栏目菜单导航功能那样分级展示。当用数字作为关键词时，这些数字最好有一些规律，如101之后依次是102、103。如果要呈现给用户的内容太多，则可以将内容设计成图文或者图文组（一般5个为宜）推送给用户。

6. 公众号的认证

公众号能被认证的，请尽可能地被认证。认证后的公众号会显示认证图标，这样公众号更加权威、更加可信。同时对于认证后的公众号，可以使用菜单功能；可以在用户搜索公众号时，该公众号排名更靠前。

目前，公众号支持以下几种认证主体：企业（企业法人、非企业法人、个体工商户、外资企业驻华代表处）、网店商家（天猫、QQ网购商家）、媒体（事业单位媒体、其他媒体）、政府及事业单位、其他组织。

如果公众号符合条件，那么再支付一定的服务费，就可以申请认证了。

4.3.4 公众号运营

当完成公众号的设置后，就是对公众号进行日常的运营和维护。公众号运营的核心是公众号内容。

1. 公众号内容产生的 6 种方式

1）纯原创

原创的公众号内容肯定更具有竞争力和优势。但是一提到原创，许多人便头疼，因为大多数人是比较缺乏文字表达能力的。其实，公众号内容的原创没那么难。原创的公众号内容不一定非得长篇大论。下面介绍创作公众号内容的 6 种方式。

（1）文字。文字是最基本的公众号内容形式。和传统媒体的内容相比，对公众号内容的要求要简单得多，主要体现在两个核心层面上：首先是公众号内容的字数不宜过多，因为手机屏幕面积有限，字数控制在 1000 字以内为宜；其次是公众号内容不要过于深奥，这是因为公众号内容控制在 1000 字以内，想把复杂的问题说清楚并不容易，而且用户在阅读手机内容时，基本上都是利用碎片化时间，不能让用户太烧脑。

（2）访谈。如果创作 1000 字的公众号内容对于你来说比较困难的话，那么可以采用一种取巧的创作方式，这就是做访谈。针对公众号的定位和涉及的领域，你可以去访谈相关的专家、名人，相关的企业负责人、高管，行业从业人员及用户等。

这里说的访谈，形式上也很简单，全程通过互联网就能搞定。首先寻找访谈对象，然后通过 QQ 或微信等与之取得联系。如果对方接受访谈，则让对方围绕一些问题写出自己的观点或想法等。当对方回答完这些问题后，我们对其回答的内容进行加工，主要就是改错、排版等。最后将这些内容发布出来。

（3）图片。除了文字，我们还可以制作图片。这些图片可以是静态的，也可以是动态的。现在手机上就有很多制作动态图的 App。这些 App 使用起来非常简单和方便。

制作图片的关键是创意要好。创意来源有两个：一是自己的创意，当然这个比较难；二是来自网络的创意，中国有几亿的网民，网上每天都会出现许多有意思的人和事，可以多多关注相关的网站来找到灵感。例如，像红极一时的"航母 Style"，这类热点一定要及时抓住和借鉴。

对于专业性的公众号，还可以针对本领域制作一些专业化的图片。从以往的经验来看，思维导图或流程图就比较受欢迎。

（4）漫画。如果将图片进行升级，我们还可以将生活、公司、身边的人和事做成漫画来传播。在传递企业文化、品牌理念时，这个方法非常有效。可能有人一听到漫画，就感觉需要由专业的人来制作漫画。其实不然，像网上著名的暴走漫画，从专业绘画角度来说是非常简单、粗糙的，而其内容是有趣的，这才是关键。

（5）视频。漫画再升级，就是视频了。随着技术的发展，现在制作视频也越来越容易。例如，手机上就有很多制作视频的 App，而且这些 App 制作出来的视频效果还非常美。这些视频可以是带点儿情景的小段子，可以被分享，也可以被点评。也可以将网上的一些视频进行汇总，如"幽默集锦"类的视频。还可以对网上的一些素材进行加工，例如，2015 年红极一时的"duang"一字，就是有人将成龙早些年的一段视频重新编辑制作成了一个短片而火起来的。

（6）语音。公众号是可以直接发语音的，所以我们也可以制作语音公众号内容。例如，著名的自媒体公众号"罗辑思维"主打的就是语音公众号内容。

2）二次创作

如果实在没有原创内容，那么也可以对现有公众号内容进行二次创作，简单地说，就是在其他现有公众号内容的基础上进行重新加工。在这方面，建议大家多向正规媒体学习，多去借鉴它们的内容。例如，可以关注网易公司的"每日轻松一刻"新闻栏目，然后可以对其中近几天内比较有意思的一些新闻内容进行重新编排。

在进行公众号内容二次创作时，可以从以下4个方面入手。

（1）盘点。对某一类相关的内容进行重新加工。例如，可以重新加工一些专业的内容，如《年终盘点：2014年10大互联网行业热词》《2014年最新网络热词排行榜（年终大盘点）》《2014年我国最佳家电产品数据大盘点》等，也可以加工一些比较偏大众和娱乐类的内容，如《明星撞脸大盘点：史上最全撞脸明星对比照》《明星的身份证照片大集合》等。

（2）案例。无论是哪个行业或领域中的人，对案例都是非常感兴趣的。例如，女孩都对化妆、减肥类的案例感兴趣；行业人员都对本行业的成功案例感兴趣。所以，我们可以搜集某一类案例内容进行二次创作。

（3）数据。数据类的内容也是大众非常喜欢的，如全国人民的平均工资、消费水平等数据。我们可以将这些数据重新进行加工、整理，然后做成图表等形式来发布出来，效果非常好。

（4）PPT。我们还可以将一些优秀的文章或内容重新用PPT的形式呈现。例如，"企鹅智库"公众号推出的《互联网第一战场：2019泛内容消费趋势报告51P》一文，便是用PPT的形式向大家解读了泛内容消费趋势。严格地讲，从效果的层面来说，PPT并不能让大家真正地深入了解全部内容，但是它胜在直观、简单、容易阅读，对于懒人和现代都市快节奏的生活来说，更容易被人接受和传播。

3）采写新闻

如果公众号的定位涉及一些时效性的内容，那么采写新闻也是不错的公众号内容来源。新闻类的公众号内容是比较好组织和创作的。相对于文学作品、专业文献等，新闻类的公众号内容对文字的要求没那么高，首先，要把事情讲清楚，关键在于新闻本身是不是够吸引人；其次，要挖掘和描述事件的新闻点。当然，我们不需要像专业的新闻记者那样去采写新闻，比较简单的做法是对网上现成的新闻进行重新编排，用自己的话或从自己的角度重新描述一下。

4）伪原创

伪原创是指将别人的文章用自己的逻辑重新写一遍。具体的伪原创有以下3种方式。

（1）修改式。直接对一篇现成的文章修改一部分内容并发布出来，例如，对首段、末段、中间部分内容进行修改，将逻辑顺序重新修改等，但要注意版权问题。

（2）再造式。将别人的文章完全按自己的文字风格和逻辑重新写一遍。

（3）汇总式。结合若干相关文章，整理成一篇全新的文章。例如，我们要写一篇关于开车的5个技巧的文章，那么先上网找至少5篇开车技巧方面的文章，再从5篇文章中提炼出来5个最好的技巧，整理成文章并发布出来。

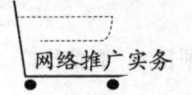

5）转载

原创或伪原创的公众号内容比较有特色和竞争力，但是却要花费一番功夫。如果条件不允许，可以直接将转载的内容发布出来。实际上，在公众号中，想用转载的内容获得粉丝的认可不是那么容易的。转载的核心要点在于以下三个方面。

（1）对用户需求的把握。其实对于用户来说，公众号内容是原创的还是转载的，并不重要，最重要的是公众号内容能不能吸引他们。所以，这就需要我们对用户的需求和心理有深刻的了解和认识。想做到这一点，就需要我们能够经常与用户接触和互动，站在用户的角度去思考问题，甚至天天和用户泡在一起，做一个真正的用户。

（2）对内容的甄别能力。掌握了用户的需求后，接下来就是围绕用户的需求去选择内容。在选择内容时，要对内容具备一定的甄别判断能力，能够判断出内容是不是用户喜欢的。在这个问题上，建议大家多看其他公众号及朋友圈的内容，多总结阅读量高、转载量高的内容的特点和规律。

（3）互联网流行元素和内容的敏感度。能够甄别出足够优质内容的前提是有足够量的内容供选择。所以，我们平时要多关注互联网上出现的各种新内容、新元素，保持足够的敏感度。

6）用户投稿

用户投稿也是一种非常不错的公众号内容产生方式。不过，此方式的前提是公众号具有一定的权威性或影响力，如公众号的粉丝数足够多，这样用户才有投稿的动力。如果用户无法撰写优质的文章进行投稿，那么让用户提供素材，然后我们重新加工也可以。

2. 受欢迎的 15 种公众号内容类型

一般而言，以下几种类型的公众号内容是比较受欢迎的。

1）新闻类

在任何时候，当下热点的时效新闻都能够吸引足够多的眼球。所以，不管哪类公众号，都应该将新闻内容作为常规内容之一。作为公众号运营者，要重点关注两方面新闻：一是和公众号定位相关的新闻；二是人人都关心的大众新闻。

微信公众号的机会与挑战微课视频

2）知识类

知识类内容可以是大众知识，也可以是行业知识或专业知识，如常见的各种健康知识等。

3）经验类

经验类内容主要是指人们在生产生活当中总结出的一些心得、技巧、方法，可以是大众的，也可以是专业的，大众的如《防止上当受骗》《写给那些战"痘"的青春》等内容，专业的如《一个小公司老板的日常管理》等内容。

4）行业类

行业类内容是指聚集于某几个用户或大众比较关心的行业（如各种互联网行业）的内容等。

5）搞笑类

搞笑类内容永远都不过时，无论是图片、文字还是视频，任何时候都会勾起用户的兴趣，但前提是搞笑类的内容真的足够搞笑。

6）情感类

情感类内容的核心是以情感人，具体的操作手法有打故事牌的，如《半个西瓜的故事》；有打怀旧牌的，如《绝对看到你飙泪！超多80后童年记忆大收集》；有感情牌的，如《一个女人写的婚后感言》《写给天下那些傻女人，句句戳心！》《那些年我们读过最动人的情书》。

7）鸡汤类

朋友圈中最多的内容之一就是"鸡汤"了，这也变相证明"鸡汤"是大众喜欢的"美食"之一。相信各位的朋友圈都不缺"鸡汤"，所以这里就不举例子了。

8）爆料类

爆料类内容往往都是大多数人接触不到的，但又是出人意料的，所以往往效果都非常好。比较受欢迎的爆料内容有披露行业黑幕的、各种潜规则的、各种丑恶行径的。

9）故事类

应该说我们从小到大就是看着、听着各种故事长大的。小的时候家长会讲各种童话故事、民间故事，电视上还有各种动画故事，书上有漫画故事，长大了会看小说、电影等。所以，故事类内容是非常好的公众号内容之一。

10）励志类

越是压力大的人、越是浮躁迷茫的人、越是缺钱的人、越是失败的人，越需要励志。目前，大部分人还是需要适当激励一下的。

11）八卦类

各种娱乐、名人八卦类内容是媒体和朋友圈里的"常客"。虽然这类内容很俗，但是有很多用户喜欢。

12）观点类

观点类内容是以思想观点取胜的。这类内容想吸引用户关注，其观点就一定要与众不同，要么极具争议性，要么非常独到，要么异常犀利，要么很有深度。

13）排行类

目前，排行类内容还是比较受欢迎的，并且从朋友圈的数据分析来看，情况也确实如此。

14）案例类

案例类内容往往都是真人现身说法的，一是真实可信；二是内容来源于实践，可操作性强；三是更贴近用户的生活和实际，所以此类内容也都非常受欢迎。

15）研究类

研究类内容往往都会让受众学到或了解到许多非常有用的知识，所以这类内容往往都非常受欢迎。

3. 公众号内容能引起用户转发的8个要点

我们希望用户对公众号内容，不仅有阅读的欲望，还要有转发到朋友圈的欲望。这样才能真正提升公众号内容的阅读量，扩大公众号的影响力，并带来新的粉丝。那么公众号内容如何写，或者如何加工，才能让用户转发呢？核心关键点是公众号内容中一定要有至少一个能够打动用户内心、触动用户心灵的亮点。下面就介绍公众号内容能引起用户转发的 8 个要点。

（1）共鸣。能够引发用户内心强烈共鸣的公众号内容是非常容易被转发的。

（2）争议。能够引发用户争议的公众号内容很容易成为热点。

（3）好奇。好奇是人类的天性，例如，像《1 个小时后禁播，速看》这样的标题，虽然根本没确定是什么内容，但是很多人看到了这个标题，还是会情不自禁地去阅读。如果公众号内容真好，更会引导用户转发。

（4）开心。从心理学的角度来说，每个人都愿意把好东西分享给亲朋好友，而分享快乐是最不需要成本的。在朋友圈里，经常有被转载的各种幽默视频、段子，就是最好的佐证。

（5）新知识。用户愿意在朋友圈分享好的知识，因为同分享快乐一样，在朋友圈里分享知识，也是不需要成本的。

（6）解惑。如果公众号内容能够解决用户心中的困惑，也会引发用户的转发。例如，像《为什么有的人工作 5 年月薪还是少得可怜？》这样的内容就引发了用户的转发。

（7）帮助。如果公众号内容能够帮助用户解决生活或工作当中的问题，也会引发用户的转发。例如，像《2015 年，绝对不要在公司混日子！》这样的公众号内容就引发了用户的转发。

（8）引导转发。除了要在公众号内容上下工夫，还要在公众号内容中引导用户去转发。例如，在公众号内容中可以放上这样的话："如果您感觉本文还不错或对您有帮助，请分享给您的朋友！"

4. 给公众号内容取个好标题的 16 个妙招

标题的作用非常重要，能够直接影响公众号内容的阅读量。因为在正常情况下，用户是先看到标题、后看到公众号内容的。当用户看了标题后，才去考虑要不要看公众号内容。即使公众号内容非常优质，如果标题激发不起用户阅读的欲望，那么其阅读量也不会太大；反之，即使公众号内容很烂，如果标题很诱人，其阅读量也会非常大。例如，一个视频标题叫《韩国当红明星 XX 的最新 MTV》，该视频的点击量很少，结果几天后，有人将这个视频改了个标题后重新发布，则被转疯了，该视频新标题是《韩国巨星 XXX 全球禁播视频》。

所以，从某种程度上说，我们要学会做一名"标题党"。下面就和大家分享一下给公众号内容取个好标题的 16 个方法。

（1）直入型。这类标题的特点是直接将公众号内容的核心告诉用户。一般直入型标题要想奏效，就需要公众号内容本身必须吸引人才行，就像《世界最全的咖啡知识》等公众号内容就非常吸引人。

（2）告诫型。这类标题的特点是在字面上告诫用户不能干某某事。当撰写这类标题时，最好是在标题前面直接加上"警告"两字来增强效果，如《警告：海鲜千万不能和啤酒一起吃》就属于这类标题。

（3）疑问型。疑问型标题本身就是一个疑问，从而激发用户阅读公众号内容来找答案，如《这家伙是人是纸？》就属于这类标题。

（4）夸张型。在夸张型标题中，用一些夸张词汇来描述公众号内容的效果，如《一个小视频，笑我三天》《让1亿人流泪的视频》就属于这类标题。常用的夸张词汇有"震撼""笑死我了""笑死你""震惊""震撼""不可思议""出大事了""太火了""火遍""火爆"等。

（5）玄虚型。这类标题说白了就是在故弄玄虚。看了这类标题会让人知其然，而不知其所以然，如《今天全国都在下雨，原来是因为他！》就属于这类标题。

（6）数字型。在这类标题中会出现数字，这样就会收到不错的效果。大家可以试着把前面列举的有数字出现的标题中的数字去掉，并对比一下哪种标题效果更好。

（7）"恐吓"型。这类标题会抛出一个令人恐惧的结论或结果，以此来吸引用户阅读该公众号内容，如《洗血洗出一桶油》就属于这类标题。

（8）反问型。这类标题通过反问激发用户的兴趣，如《微信赚钱是真的吗？》就属于这类标题。

（9）肯定型。这类标题直接要求用户必看或者必须转。一般在这类标题中都会出现"必看""必转""必须分享""不看不行"等字眼，如《朋友圈已经被这只东北猴子刷爆了，必须分享！》就属于这类标题。

（10）最字型。在这类标题中会直接出现"史上最""中国最"这样的字眼，如《史上最美清洁工》《中国最牛的卡车司机》就属于这类标题。

（11）紧迫型。这类标题直接会给人一种时间上的紧迫感，一般在这样的标题中都会出现"速看""马上被禁"等字眼。

（12）揭秘型。在这类标题中一般都会出现"曝光""爆料""绝密""禁播"这样的字眼来吸引人。

（13）结论型。这类标题会给出一个结论，而这个结论可能是出人意料的，也可能是让人不认可的，但是没关系，吸引人的目的达到了，如《中国人90%不会喝茶》就属于这类标题。

（14）意外型。这类标题给出的内容会让人感到意外，如《一场演唱会，唱死好多人》就属于这类标题。

（15）对比型。这类标题会将某人、某物、某事与名人、品牌等进行比较，如《东北夫妻隔空吵架，这个小品没上春晚可惜了》就属于这类标题。

（16）创新型。这类标题会进行一些形式上的创新，如《南方暴雨：雨雨雨南雨雨雨方雨雨雨》就属于这类标题。

5. 增加公众号互动性的10个方法

公众号运营的重点是与用户进行互动。通过公众号内容可以吸引用户、留住用户，而公众号互动性的增加可以增进与用户的感情，让用户变成公众号的粉丝。那么如何才能增加公众号互动性，与用户互动起来呢？下面就介绍增加公众号互动性的10个方法。

1）互动栏目

在策划公众号时，可以直接策划一些带有互动性质的栏目。例如，在公众号中，可以设置"企业招聘""人才求职"这样的与用户互动的栏目。用户如果有招聘或求职需求，

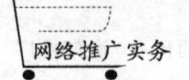

可以发给你，而你可以在公众号中免费帮他们发布。

2）内容互动

可以通过公众号内容与用户互动起来。例如，在公众号内容中，可以引用用户的评论、来信或者调研用户等。

3）调查

调查是一种非常传统、非常有效的增加公众号互动性的方法。这种方法不但能与用户经常互动交流，还能搜集各种数据、了解用户习惯等，可谓一箭双雕。

4）有奖竞猜活动

竞猜活动也是一种很传统的方式，但却经久不衰，如猜歌名、猜谜语等，任何时候都能让用户乐此不疲。当然，在举行竞猜活动时，最好有些小奖品来刺激用户参与，这样效果会更好。这个奖品不一定非得是企业自己花钱采购的，也可以是与其他厂商通过合作的方式互换得到的。如果公众号粉丝多，甚至可以直接寻求奖品的赞助。

5）有奖征文活动

如果公众号的影响力还可以，用户群也足够大，那么有奖征文活动也是一种非常不错的增加公众号互动性的方法。如果有奖征文有难度的话，也可以用看图编故事等简单一点的方式。

6）有奖征集活动

设计的有奖征集活动越简单越好。有奖征集活动的规则越简单，越容易吸引用户参与，如征名、征宣传语类的有奖征集活动就比较简单。

7）答疑解惑栏目

如果条件允许，可以设置一个答疑解惑栏目，每天在固定的时间解答用户问题。

8）用户评比活动

可以周期性地推出一些用户评比活动，如最活跃用户、转载量最高用户等评比活动。这么做的好处：一是能够与用户产生互动；二是树立典型，培养核心粉丝；三是让用户之间产生竞争感。

9）游戏抽奖活动

游戏抽奖活动应该是用户最喜欢参与的了，如常见的刮刮卡、大转盘等。

10）群辅助

除了公众号本身的互动，我们应该学会借助一些其他的辅助工具。例如，建立QQ群、微信群，并引导用户加入其中，通过群的方式辅助公众号与用户的互动，从而培养用户。

6. 在公众号中植入广告的7个技巧

企业建立公众号的目的是宣传企业及其产品。如果企业及其产品通过公众号被宣传得过火，则可能适得其反，使用户取消对它的关注。正确的做法是，应该像影视剧那样，学会在公众号中植入广告，且广告的痕迹越浅越好。下面就介绍在公众号中植入广告的7个技巧。

（1）人文关怀。在过年过节或者用户生日的时候，可以以企业的名字送上祝福。这个祝福最好具备创新性和趣味性，如做成电子贺卡、视频等。

（2）人物访谈。可以通过人物访谈的形式，来传递一些企业的信息。例如，可以访谈客户，向用户传递企业的产品效果等信息；也可以访谈合作伙伴，让用户了解企业的实力；还可以访谈内部员工、高管，让用户了解企业的文化。

（3）媒体报道。一些比较直接的宣传资料，可以以媒体报道的形式呈现。例如，让第三方权威媒体报道企业，企业再进行转载；或者是企业自己撰写完成新闻稿后，投放到第三方权威媒体，然后企业再进行转载。

（4）有奖活动。对于商业类的有奖活动，用户是不反感的，毕竟有奖品嘛！

（5）互动游戏。可以设置一些简单的游戏，让用户参与，在游戏中植入广告。例如，有一个人是生产精油的，在情人节时，设计了一个"测试命运"的游戏。当用户完成这个游戏后，系统会根据测试结果向用户推荐相关的精油。

（6）客户案例。直接将优质的客户案例，以文字或视频的形式呈现给用户。注意，不是通过客户案例赤裸裸地做广告，而是以分享心得的形式呈现给用户。

（7）介绍经验。可以以分享经验的方式，将企业的信息传递给用户。例如，分享企业是如何做出成绩的，在这个过程中介绍企业的产品理念、文化、服务流程等。

7. 确定公众号内容推送时间的 4 个要点

在正常情况下，早上 8 点左右和晚上 7 点后，是用户阅读微信的高峰时段。下面就介绍确定公众号内容推送时间的 4 个要点。

（1）人群特点。如果目标用户群是上班族，则早上 8 点推送公众号内容没问题。如果目标用户群是老板，则早上 9~10 点推送公众号内容更适宜一些。

（2）地域特点。在推送公众号内容时，要考虑地域问题，这是因为可能存在时差等问题。

（3）内容特点。对于像新闻类的时效性公众号内容，早晨推送比较适宜；对于一些需要静下心来阅读的公众号内容，则在晚上 7 点后推送更适合；对于一些八卦类的公众号内容，则更适合在中午推送。

（4）实践总结。最重要的是，要在公众号运营的过程中，通过分析数据等总结出在什么时间段最适合推送公众号内容。

4.3.5 推广公众号

公众号如果要发挥其优势，必须要吸引粉丝。如果公众号内容方面都已经被规划完成，接下来就要思考如何推广公众号。

公众号推广
微课视频

1. 现有资源导入

每个企业都有很多现成的资源，如果对这些资源加以有效利用，就能给公众号带来不少粉丝。这些资源包括企业员工的名片、企业的各种宣传资料、花钱打广告的广告牌、官方网站、企业员工的电子邮箱、产品的包装袋、包装盒、产品的说明书、门店资源等。

当然，也有不少企业用这些资源宣传过公众号，但是效果却不好。宣传公众号，并不

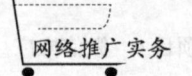

是将公众号的二维码或企业微信号印到这些资源上，就会引人关注的。如果想让用户关注公众号，关键要使用户知道关注公众号的好处。

2. 公众号内容推广

如果公众号内容好，用户就会转载，而且当其他人看了公众号内容后，就有可能关注公众号。当然，要使用户关注公众号，还要适当引导，例如，在每篇文章的顶部和底部提示用户关注公众号，在文章末尾介绍公众号的定位和特色等。

3. 排名优化

一些用户会通过微信的搜索功能主动查找感兴趣的公众号并关注。当用户搜索相关的关键词时，我们的公众号如果能在搜索结果中排在前面，则会每天自动增加粉丝数量。如果想达到这种效果，则要做以下几项工作。

（1）在公众号名称中，应该包含用户经常搜索的关键词。

（2）对公众号进行认证，这是因为在搜索结果中认证过的公众号会排在未认证公众号的前面。

（3）要快速积累粉丝，这是因为公众号在搜索结果中的排名主要是以粉丝数量为基础的。

4. 个人号辅助

由于个人号与公众号的差异，导致推广个人号与公众号的方式也有不小的差异。由于推广个人号的方式更多、更灵活，所以可以将个人号与公众号配合使用，先通过个人号吸引粉丝，然后再引导这些粉丝关注公众号。

5. 活动推广

如果预算允许，活动推广是非常简单、快捷、有效的一种推广公众号方式。如果预算充足，则可以送一些实物的礼品，例如，面包厂可以送面包，饮料厂可以送饮料，甚至可以直接赠送手机话费。如果预算不允许，则可以送一些虚拟的礼品，如积分、电子书、培训教程等。

6. 公众号互推

公众号互推也是一种比较有效的公众号推广方式。我们可以加入同行交流群，多认识一些同行或其他公众号的运营者，然后相互在公众号里推广对方的公众号。不过要注意，微信官方是不鼓励这种方式的，如果通过这种方式推广公众号的力度过大，则有被封号的风险。

7. 公众号导航

互联网上有许多公众号导航网站，其定位与形式就像 hao123 这样的导航网站。我们可以把公众号提交到这些导航网站上。

8. 推广返利

推广返利这种方式可以鼓励用户帮助推广公众号，提升公众号的粉丝数量。这种方式有点门槛，必须开发相关的移动端返利系统。虽然这种方式门槛有点高，但是推广公众号的效果却非常好。

4.4 新媒体写作

都说运营公众号不是在做选题，就是在写稿子，很多时候搜集了很多素材却茫然无措。对于新媒体写作，怎么切入、怎么开篇、怎么安排结构、怎么突出用户痛点，都是问题。到底有没有什么工具可以提供一个套路、一个模板，像微信排版一样方便，将新媒体写作理出个头绪？芭芭拉·明托所著的《金字塔原理》一书能够提供一些新媒体写作思路。

4.4.1 金字塔原理

芭芭拉·明托所介绍的金字塔原理是一项层次性、结构化的思考、沟通技术，可以用于结构化的写作过程。金字塔原理假设你已经知道如何写出漂亮的句子和段落，而它所关注的是落笔之前的思考过程。金字塔原理是一个结构化的思维工具。

金字塔原理主要包含 4 部分内容：核心思想、达到效果、基本结构、具体做法，如图 4-6 所示。

（1）核心思想（思考的逻辑）：关注挖掘受众的意图、需求点、利益点、关注点和兴趣点，确定想要说清什么（内容）、怎么说（思路、结构），掌握沟通的标准结构、规范动作。

（2）达到效果（思考的逻辑）：观点鲜明、重点突出、思路清晰、层次分明、简单易懂，让受众有兴趣、能理解、记得住。

（3）基本结构（表达的逻辑）：结论先行，以上统下，按 MECE（Mutually Exclusive Collectively Exhaustive）原则归类分组，逻辑递进。也就是说，先重要后次要，先总结后具体，先框架后细节，先结论后原因，先结果后过程，先论点后论据。MECE 其实是"相互独立，完全穷尽"的意思。

（4）具体做法（演示的逻辑）：自上而下表达，自下而上思考，纵向总结概括，横向归类分组，序言按 SCQA（Situation，Complication，Question，Answer）结构讲故事，标题提炼思想精华。

简单地说，金字塔原理是一个以思考的逻辑、表达的逻辑、演示的逻辑为核心，挖掘受众需求点，确定想要说清的内容，选择基本结构进行规范动作的过程。

```
                        金字塔原理
         ┌──────────┬──────────┼──────────┬──────────┐
       核心思想    达到效果   基本结构   具体做法
         │           │           │           │
       需求点      说清什么    怎么说      规范操作
```

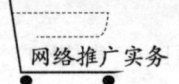

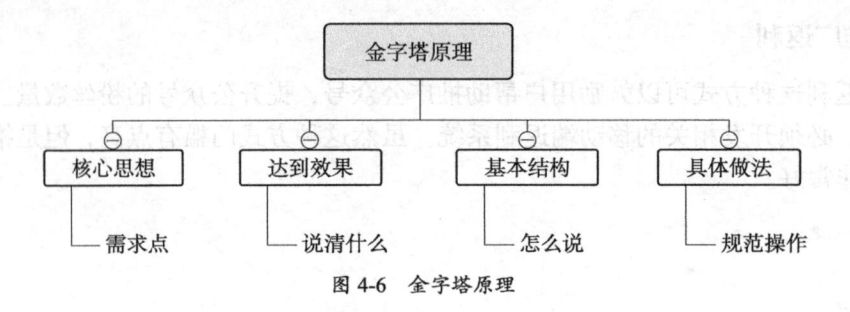

图 4-6　金字塔原理

4.4.2　基于金字塔原理的新媒体写作思路

新媒体写作是一个以用户为中心，挖掘用户痛点，进行内容定位，在目的明确的基础上，安排内容结构，进行文章撰写的过程。根据金字塔原理，新媒体写作首先要清楚谁是目标群体，他们的需求点或痛点是什么；其次，要清楚写作的目的是什么，再进行内容的排布及组织。具体来说，金字塔原理与新媒体写作一一对应的关系如下：

- 核心思想＝内容定位（思考的逻辑）。
- 达到效果＝内容目的（思考的逻辑）。
- 基本结构＝内容结构（表达的逻辑）。
- 具体操作＝内容撰写（演示的逻辑）。、

基于金字塔原理的新媒体写作思路如图4-7所示。

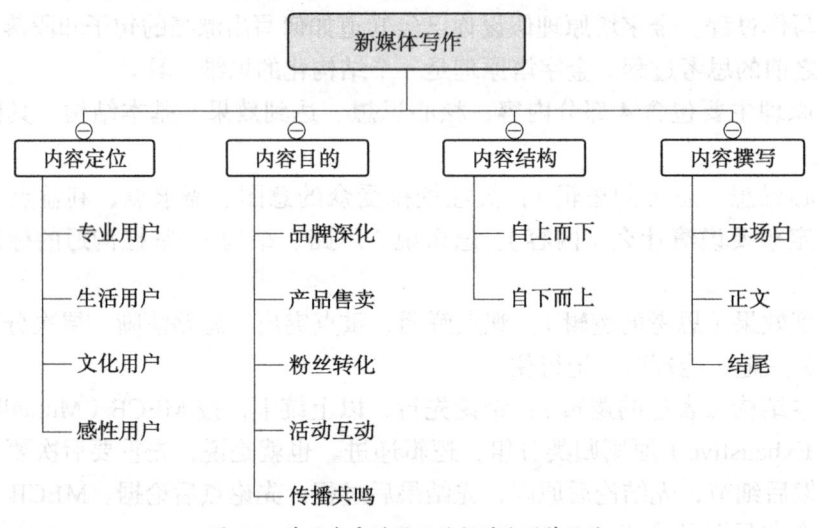

```
                        新媒体写作
         ┌──────────┬──────────┼──────────┬──────────┐
       内容定位    内容目的   内容结构   内容撰写
         │           │           │           │
       专业用户    品牌深化    自上而下    开场白
         │           │           │           │
       生活用户    产品售卖    自下而上    正文
         │           │                       │
       文化用户    粉丝转化                 结尾
         │           │
       感性用户    活动互动
                     │
                   传播共鸣
```

图 4-7　基于金字塔原理的新媒体写作思路

1. 内容定位

内容定位往往和公众号定位是一致的，在每一次写作的过程中，都要回到这个起点。根据金字塔原理，在思考、表达、演示的过程中，要抓住重点对象，以重点对象的喜好组织内容，即重点对象想听什么，我们就说什么。当重点对象众多时，先要迎合最重要的人、最有影响力的人。

以淘宝造物节为例，该节日会与社会上很多组织或群体有关。这些组织或群体存在不

同的需求，而不同的组织或群体所关心的方面是不同的，例如：
- 政府关心的方面：社会效益、经济效益、安全、环保。
- 媒体关心的方面：新闻、领先性、独特性。
- 投资方关心的方面：经济回报。
- 用户关心的方面：有趣、有料、性价比高。

淘宝造物节到底该如何进行？淘宝造物节必须抓住这次节日的重点对象来进行。新媒体也是如此，在内容方面以用户为导向，即用户需要什么，我们才写什么。针对不同的用户，新媒体输出的内容也会不一样。当可选择的内容众多时，不同公众号会采用差异化策略，抓住其用户的主需求来产生内容，例如：
- 专业用户的主需求：干货知识、新闻资讯。
- 生活用户的主需求：热点评议、生活娱乐、娱乐八卦、心灵鸡汤（如各门户类公众号）。
- 文化用户的主需求：新闻资讯、文化传承。
- 感性用户的主需求：心灵鸡汤。

每一类用户的主需求都有他们的侧重点，有他们更关心的内容。例如，专业用户也关心热点、八卦，但他们更希望得到干货知识及新闻资讯。在进行内容定位时，我们可以问自己两个问题：
- 这个内容能解决哪类目标用户哪方面的需求？
- 内容本身价值观是否与平台定位一致？

如果能回答这两个问题，那么内容定位一般不会有太大问题。

2. 内容目的

根据金字塔原理，在向领导汇报、写公文报告、做 PPT 演示的时候，最终要达到的效果是思路清晰、重点突出，受众听得明白、能理解、记得住。也就是说，必须知道想要说清什么，让目标对象产生什么样的行为。

新媒体写作目的是什么？最终想要达到的效果是什么？新媒体写作目的大致分为以下几类：品牌深化、产品售卖、粉丝转化、活动互动、传播共鸣。对于不同的新媒体写作目的，要说清的重点内容也不同。
- **品牌深化**：内容要增加品牌的曝光度、树立品牌形象、拔高品牌价值观。
- **产品售卖**：内容要围绕产品相关的情绪、功能、益处等一系列因素展开（如重点进行产品情绪营销）。
- **粉丝转化**：内容要重点描述平台能够给用户带来的利益（如回复关键词领取资料）。
- **活动互动**：内容要着重点出活动的参与方式、活动奖品等（如抢红包活动、民宿试睡活动）。
- **传播共鸣**：内容要不断刺激用户痛点，以对等聊天形式勾起用户共鸣。

3. 内容结构

将金字塔原理的基本结构运用到新媒体写作上，则内容结构可以有以下两种。
- **自上而下**：以上统下，结论先行，先总结后具体，先框架后细节。

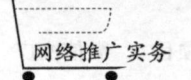

- **自下而上**：归类分组，逻辑递进，可以以时间为顺序，如第一、第二、第三；或者以结构为顺序，如杭州、绍兴、宁波；也可以以程度为顺序，如最重要、次要、最次要，最后得出结论。

1）自上而下法举例

某新媒体平台经常会使用自上而下的内容结构，如《没有仪式感的家庭，养不出幸福的孩子》一文的内容就采用此结构：

首先提出一个结论：没有仪式感的家庭，养不出幸福的孩子。

接着以上统下，写出细节：举例说明各个场景应该具备仪式感，让所有家庭成员更幸福。查看此文的具体内容，请扫右边的二维码。

2）自下而上法举例

某新媒体平台经常会使用自下而上的内容结构，如《我20几岁，没家底，没背景，没学历，我为什么还要努力？》一文的内容就采用此结构。查看此文的具体内容，请扫右边的二维码。

此文其实是对"坚持到底有没有用"的探讨，并运用归纳整理中的程度顺序，列举了刘翔的故事、电影《洛奇》的故事、体制内公务员的上班故事等，最后得出结论——坚持本身就是意义。

内容定位有了，内容目的明确了，内容结构也被划分好了，接下来就是内容撰写了。

4. 内容撰写

根据金字塔原理，文章内容有序言、正文和结尾。序言非常重要，主要按SCQA结构进行布局；同时在正文的构建中，可以采用自上而下或者自下而上的内容结构，按MECE原则，对正文的各要点进行描述。

1）序言

序言又称开场白。按金字塔原理，序言要以讲故事的模式展开。只有这样，读者才会专注于主题，对文章感兴趣。序言的第一个作用是直接点出主题；序言的第二个作用是使读者和你在同一位置上。

2）正文

正文其实就是根据选择的内容结构，对各要点以场景制造、数据摆放、举例论证等方式进行描述，再以MECE原则进行检查确认。MECE原则就是对于一个重大的议题，能够对其进行不重叠、不遗漏的分类，而且能够以此有效地把握问题的核心，并解决问题的方法。MECE原则示例如图4-8所示。

3）结尾

结尾其实是对整篇文章内容的总结概括，对要点的再次提醒（或抒情或强调）。

以上所述便是新媒体写作中对金字塔原理的运用。在新媒体写作中，要以用户为中心，抓需求点，明确目标，自上而下或者自下而上划分文章内容结构，按SCQA结构撰写开场白，按MECE原则检查正文各论据内容是否完备，最后总结强调。这是一个很好的写作思路，要写出好的文章内容还要不断加强练习与训练。

```
                    MECE分析——组织逻辑思维
                                          ┌── 头部撞伤
                              ┌── 外部 ──┼── 过敏
                              │           └── 恶劣天气引发头痛
                  ┌── 生理性 ──┤
                  │           │           ┌── 大脑肿瘤
        头痛 ──┤              └── 内部 ──┤
                  │                       └── 脑水肿
                  │           ┌── 压力和紧张
                  └── 心理性──┼── 慢性精神症状
                              └── 忧郁症
```

图 4-8　MECE 原则示例

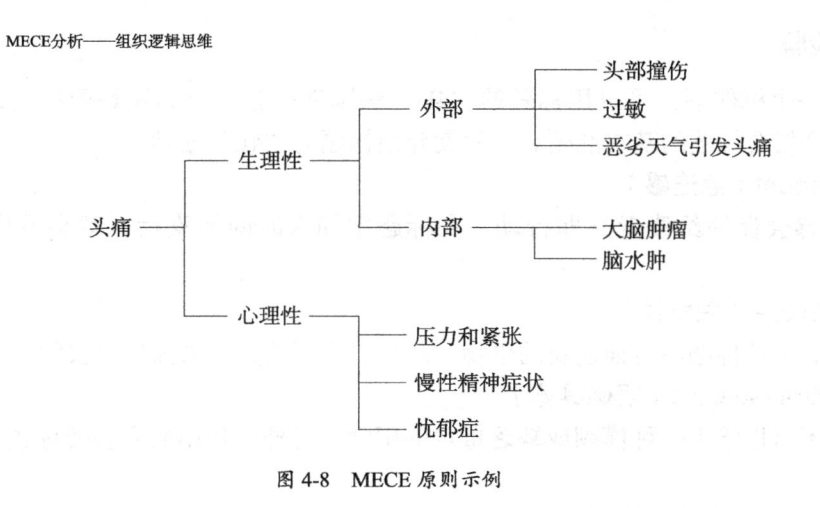

4.4.3　写出好标题

文章除了要有内容，还要有标题。那么什么样的标题是好标题呢？如何写出好标题呢？在回答这些问题之前，先看看坏标题是什么样的。坏标题有两种：一种是平平淡淡的，让人毫无点击欲的；另一种是虚张声势的，能吸引人点击的，但标题与内容却完全牛头不对马嘴，俗称"标题党"的，这会让用户觉得自己很蠢、被欺骗了，他们的好奇心会立刻转化为愤怒的情绪。而一个好标题则是基于文章内容巧妙提炼出来的，它就像烤肉摊小哥往羊肉串上撒的那一撮孜然，能将路过的人吸引到面前来。下面就介绍写出好标题的步骤。

1．确定主题

在确定标题之前，首先要做的是确定一篇文章的主题，也就是确定要向读者传递什么信息，以及传递这些内容的目的是什么。

2．提问法思考

接下来用开放式问题来进行思考：这个内容有什么特色？能传递什么价值？目标读者是谁？目标读者会做出哪些举措？为什么会这样做？越多的提问可以帮助作者越充分考虑到问题的各个方面，找出所需要的卖点，并写在标题中。

3．确定标题类型

紧接着，要确定标题类型，是否组合使用标题类型？
扫一扫右边二维码，查看 8 种标题类型。

4．列出与主题相关的词汇清单

首先列出与主题相关的所有词汇，然后对这些词汇进行随机组合。

5. 检验

写好一个标题后，可以用标题的"4U"法则来检验一个标题是否有效，并思考所写的标题是否符合标题的基本准则。下面就介绍标题的"4U"法则。

1) Urgent（急迫感）

急迫感会促使给读者立即行动。在标题中加入时间元素后，就会发现效果将截然不同。

2) Unique（独特性）

一个有力的标题不是描述新的事物，就是以全新的方式来描述过去的事物。

3) Ultra-specific（明确具体）

标题不可以给人一种模糊或缺乏重点的感觉。另外，巧用数字会使标题含义更加明确具体。

4) Useful（实际益处）

可以利用分数来评估每个"U"，满分为4分，不佳的为1分。如果你的标题无法在至少3个"U"上拿到3~4分，则表明标题还不够有力，重写效果会更好。

6. 重写、重写、再重写

通过第5个步骤检验标题是否有效，如果无效，最好重写，即重复以上的5个步骤，直到有效为止。好的标题源自不断地修改与重写。例如，奥格威写一个标题要重写16遍以上；霍普金斯写一个标题至少花2个小时以上。

如果还写不出好标题，请扫一扫右边的二维码来深度学习。

一个好的标题也可以自成一个易于传播的优秀文案。

技能训练

公众号策划与设置

任务说明：选择一个店铺、企业或品牌，根据产品特点、目标特点，为其设计一个公众号。具体内容请根据下面要求来完成。

（1）对选定的企业或店铺进行简单介绍。

（2）用户定位（可以从地域、收入、性别、年龄、教育程度、行业、职业、使用场景、喜好等方面进行描述）。

（3）通过九宫格联想法对公众号内容进行规划。

（4）进行公众号内容定位（提供哪些方面的内容，利益点在哪里）。

（5）公众号建设：进行名字、简介、栏目菜单、自定义回复等设置。

（6）开通公众号：根据公众号引导自行完成。

项目5

微博推广

自微博这一概念引入中国之后,微博开创了一个新型社交时代。随着社会各界人士不断涌入微博的浪潮中,微博用户呈现爆炸式增长,这也让微博从一个记录生活的工具,迅速发展成为一个新媒体。企业可以利用微博传播品牌、提高知名度,并利用微博推广商品。本项目主要介绍微博运营,从入门操作到推广都会进行比较详细的介绍。

知识要点
※ 微博的发展
※ 微博的影响作用
※ 微博的常见成功模式
※ 微博账号的定位
※ 微博内容建设
※ 微博推广方式

技能目标
※ 理解微博营销的内涵
※ 能结合企业的实际情况,建设相应的微博
※ 能帮助企业进行微博的日常管理

教学建议
※ 使用案例法,引起学生兴趣
※ 引导学生讨论相关问题

阅读参考
※ 秋叶,萧秋水,刘勇.微博营销与运营[M].北京:人民邮电出版社,2017.
※ 沙凤娟.玩转微博营销 小微电商微博营销全攻略[M].北京:人民邮电出版社,2018.
※ 九枝兰.营销大咖说 互联网营销方法论与实战技巧[M].北京:人民邮电出版社,2017.

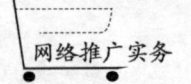

案例5-1　2011年的那个雨夜，杜蕾斯公司微博营销传奇的开始

2011年6月23日，北京又一次大雨倾盆而下。杜蕾斯公司的微博运营团队拍摄了一组非常有意思的图片在微博上传播开来，如图5-1所示。其中，一张是撕开杜蕾斯避孕套包装的图片，另两张是一个男生球鞋上分别套着两个避孕套的图片。这3张图片还配了一小段文字——"北京今夜暴雨，幸好包里还有两只杜蕾斯（避孕套）。"不到两分钟，这条帖子就被转发了100多次，而后转发速度越来越快。然后杜蕾斯官方微博对"大家赶紧学起来！！有杜蕾斯（避孕套）回家不湿鞋～"的评论进行转发。

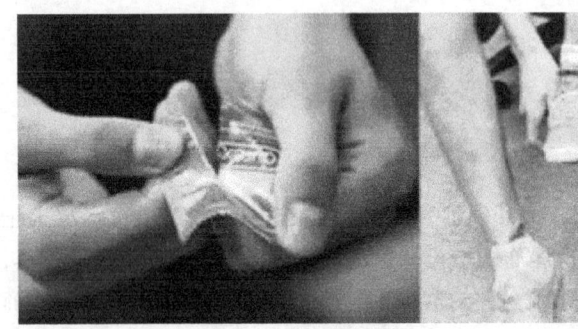

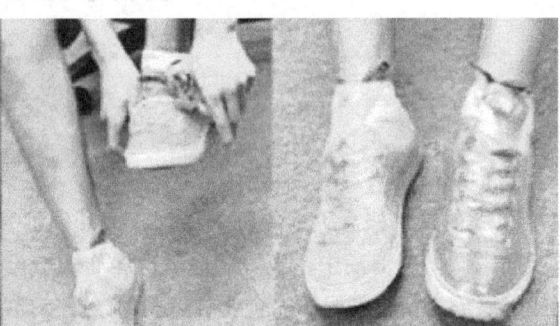

图5-1　杜蕾斯微博图片

这条评论2小时被转发了35 000多次。杜蕾斯公司创造了属于它的雨夜传奇。杜蕾斯公司微博营销的成功并不是偶然的，其微博运营有完善的运营团队与机制。

1. 产品简介

杜蕾斯（Durex）品牌诞生于1929年，是全球知名的两性健康品牌。杜蕾斯（Durex）名称源自3个英文单词的组合：耐久（Durability）、可靠（Reliability）、优良（Excellence）。杜蕾斯公司的产品覆盖了从避孕套、润滑液、性用品等诸多领域。

杜蕾斯公司在中国每年生产约10亿只避孕套，占据了中国避孕套市场约40%以上份额，并在150多个国家及地区销售，其中在40多个国家及地区的避孕套市场中占据领导地位。

2. 运营团队

杜蕾斯公司的微博运营委托给了第三方运营机构——环时互动公司，而最重要的操刀者是环时互动公司的CEO兼CKO金鹏远。当然对于消费者来说，不管是环时互动公司还是金鹏远都是比较陌生的，但是"老金"这个名字在营销圈子里那可是响当当的。他的作品渗透到我们生活中的点点滴滴，如"李娜退役热点""可口可乐昵称瓶""陌陌文案"等。

这些耳熟能详的案例全都出自环时互动公司。普通人可能会惊叹老金怎么这么厉害，但是当你关注他的公众号，了解到他为了做出这样的作品，一个月要阅读15～30本书，了解到他之前创业失败过4次以后，就会明白，这些作品的产生都是一个积累的过程。

3. 微博运营

杜蕾斯官方微博开通于2011年1月底，到2021年6月止，粉丝数量约为317万人，累计发布微博帖子条数达16万多。官方微博基本信息包含品牌简介、微博账号推荐、原创声明、店铺链接等。微博主要负责对品牌进行宣传的工作,并可链接到服务平台及电商平台,微博内容重视创意和原创,表达了品牌的立场,很好地树立了品牌形象。

1) 形象定位

杜蕾斯官方微博刚开通的时候,其形象定位为"宅男",发布一些有关产品或"鸡汤"式的内容。但是这种内容的吸引力是很弱的。简单来说,这种"自嗨"内容对用户无关痛痒,没有趣也没有用。杜蕾斯官方微博运营团队意识到这一点后,开始进行调整,根据产品本身,将自己的形象定位为一位有点"坏"、懂生活、有情趣的绅士,以轻松诙谐的口吻传播普及性知识。微博的内容也开始变得有"内涵",其中很多是结合热点进行联想变为原创内容的。这些内容越来越贴近这个时代网民对内容的高要求,这也是杜蕾斯官方微博顺应时代变化及营销手段转变的结果。

2) 微博内容

(1) 更新频率。杜蕾斯官方微博每天约更新3~9条微博帖子,基本发布时段分别是早晨10:00、中午12~13点、下午14~15点、晚间18~22点。杜蕾斯官方微博从2011年1月开通至今,平均每天发布8条微博帖子。

持续坚持高质量产出微博内容是杜蕾斯公司能够被大众广泛认知的重要原因之一。

(2) 文案内容。杜蕾斯官方微博的文案内容,可谓不放过任何一个节日,从年初到年尾,包括元旦、春节、情人节、妇女节、愚人节、端午节、父亲节、七夕、国庆节、圣诞节等,甚至世界湿地日、二月二龙抬头、世界水日等,以及雨水、惊蛰、清明、大暑等节气方面的日子也不放过。例如,杜蕾斯官方微博将关于节气的文案内容和图片加入"#杜撰好时节#"的标签;杜蕾斯官方微博的经典蓝色背景+文案内容也经常是"#最粉丝#"的配图模板。

(3) 微博互动与活动。互动形式一般会增加归类或话题属性,如"杜绝胡说""最粉丝""杜杜健身房""杜杜湿乐园"互动栏目,这样就会提高与用户之间的互动。

5.1 认识微博

5.1.1 微博的诞生与发展

1. 微博的诞生

微博,即微型博客(Microblog)的简称,是一个基于用户关注链接关系的信息分享、传播及获取平台。2006年,美国微博网站Twitter作为一个边缘项目诞生,允许用户将自己的最新动态、所见所闻、想法、看法以短信息的形式发送给手机和个性化网站群,而不仅仅是发送给个人。Twitter创立之初,为数不多的用户只是利用这个平台互相说说小笑话,但使用者们很快发现,Twitter传播方式如此与众不同:当一位推客接收到其认为值得推荐的信息后,会重新将其发送,传播给更广泛的人群。这意味着或许你只有少数关注者,但通过关注者的重复转发,信息会被交叉传播,传播量会被快速放大几百倍、几千倍甚至几万倍。

之后，Twitter 迅速进入大众视野，并很快风靡美国进而风靡全球。从此，Twitter 时代正式开始。据美国互联网流量监测机构发布的统计数据，2016 年 7 月，Twitter 全球独立访问用户量已突破 5000 万人次。在 Twitter 上"落户"的，既有美国第 44 任总统奥巴马这样的政治家，也有许多明星，还有微软、苹果等著名企业和机构。

2. 国内微博兴衰史

随着 Twitter 的风靡，国内微博也悄然兴起。虽然目前只有新浪微博一家独大，其实中国微博经历了一段残酷的竞争发展史。国内微博发展历程如表 5-1 所示。

表5–1　国内微博发展历程

序号	上线日期	微博名称
1	2007 年 5 月	饭否
2	2007 年 7 月	做啥
3	2007 年 8 月	滔滔
4	2008 年 5 月	Plurk
5	2009 年 2 月	嘀咕
6	2009 年 5 月	9911
7	2009 年 8 月	Follow5
8	2009 年 8 月	移动微博
9	2009 年 8 月	新浪微博
10	2010 年 1 月	网易微博
11	2010 年 2 月	人民微博
12	2010 年 4 月	搜狐微博
13	2010 年 4 月	腾讯微博

2010 年之后一些微博陆续下线，2014 年，继腾讯公司撤销微博事业部之后，网易微博也跟用户说再见，搜狐微博坚持了一段时间后也处于停滞状态。而此时，新浪微博却表现出色，发展到现在，新浪微博的内容生态和开放性越来越好。新浪微博已成为国内重要的社交媒体平台，不断产出优质内容并且获得最大范围的传播，而用户也可以从中接收自己感兴趣的内容，并且愿意为之付费。新浪微博实现了用户数量不断增长、用户活跃度不断增加、用户花费时长不断增加、利润不断增加的状态。

3. 微博和微信区别

（1）微信朋友圈是私人的，微博是公众的。微信朋友圈的宣传范围只能在用户的朋友间，也就是说你必须通过添加好友的方式，才能看到其朋友圈里的内容。

（2）微信朋友圈的内容不可以被转发，微博内容可随时被转发。转发功能是微信朋友圈和微博最大的区别。使用过微信朋友圈的人都知道，微信朋友圈是没有转发功能的，只具备点赞和评论的功能。这相对于微博内容能够随时被转发来说，是一个很大的不同。

（3）微信朋友圈的评论不可以被查看，微博的评论可以被查看。这里的查看是相对陌生人来说的，只有用户共同的朋友可以查看微信朋友圈的评论，而微博不仅能让陌生人查看评论，而且能让陌生人随时回复评论。

5.1.2 微博的营销作用

以微博为渠道，通过微博的形式进行推广，以推广品牌，提升口碑、美誉度等为目的的活动，就叫微博推广。微博推广可以帮助企业进行品牌传播、客户关系管理、市场调查与产品开发推广、危机公关等活动。

微博的营销价值
微课视频

1. 使公司形象拟人化，提升公司亲和力

企业以微博作为营销平台，利用更新自己微博、联合其他微博设计跟网友的互动、发布大家感兴趣的话题、让网友主动关注等传播企业产品信息的一系列操作，从而达到树立良好企业形象的目的。企业的公众形象决定了用户的好感度，也会影响企业的品牌与口碑。如果能将公司形象拟人化，将极大提升公司亲和力，拉近与用户之间的关系。通过微博这种产品，将很容易实现这一效果。

举个例子，微博刚火时，广东省肇庆市公安局尝试开通了国内第一个公安微博，此举在社会上引起了巨大的反响。古时候有句民间顺口溜，叫"八字衙门朝南开，有理无钱莫进来"，衙门自古便给人一种高高在上、高不可攀的形象。受此影响，到了现代，人们对于公安局等政府部门，还是有点敬而远之的。而广东肇庆通过公安微博，极大地改观了公安部门在老百姓心目中的形象，拉近了警民之间的关系。人们发现，原来公安干警并不是那么神秘与冰冷，也有可爱温情的一面。这种模式后来被全国多个省市的公安部门所借鉴和应用。

2. 拉近与用户之间的距离，获得反馈与建议

所谓得民心者得天下，做公司、做产品同样如此。失了用户的心，公司一定做不大。所以任何时候，都不能与用户拉开距离，都不能忽略用户的感受与声音。公司通过微博这个平台，将会更好地拉近与用户之间的距离，更直接地获得用户的反馈与建议。

美国第 44 任总统奥巴马是美国历史上第一位黑人总统。他竞选成功的背后，Twitter 功不可没。在美国总统竞选期间，奥巴马通过 Twitter 获得了 15 万名粉丝的支持，而他的竞争对手——希拉里仅有 6000 多名粉丝。奥巴马成功之处在于通过 Twitter 拉近了与选民之间的距离。在竞选期间，奥巴马竞选团队每天都会在 Twitter 上与关注他们的粉丝互动，对用户的信息进行反馈，一个平日里高高在上的大人物却在 Twitter 里面与这些平头小老百姓聊天互动，甚至还主动关注别人，试想一下人们能不投他一票吗？而希

拉里却没有悟透这个道理,她只是把 Twitter 当成了单方面的消息发布平台,从来不关注别人,也不会回复用户的信息,更不要说与用户互动了。她没有重视选民,选民也就没有重视她。

3. 对产品与品牌进行监控

公关人员的基本功课之一就是对公司的产品与品牌进行舆论监控,及时发现问题及解决问题。而有了微博后,我们可以直接通过在微博平台搜索内容的方式来了解用户在谈论哪些与我们有关的话题,以及对我们的产品抱有一个什么样的态度。

4. 引发或辅助其他营销手段

随着微博的普及与深入人心,其作用也越来越明显。例如,通过微博进行辅助事件营销、"病毒"营销、网络公关等,效果非常不错。又如,在曾经的 360 公司与金山公司的"大战"中,周鸿祎利用微博玩了个漂亮的公关闪电战。再如,在当年的京东平台与当当平台的"战争"中,微博也成了"主战场",双方你来我往在微博上玩起了公关。

5.1.3 成功微博的 7 种模式

1. 明星模式

2007 年,博客兴盛,某明星的博客如图 5-2 所示。微博兴盛,明星微博一样具有影响力。

今天很多厂商都宁愿付出高额费用,也要请明星当其代言人。例如,某明星热爱唱歌事业,却一直发展不顺利,后来他在微博上发段子广告后却赢得了广泛关注,同时也带动了他的演艺事业的发展。

图 5-2 某明星的博客(截图)

2. 网红模式

2015年10月，网红papi酱开始在网上传播其原创短视频。2016年2月，她凭借变音器发布原创短视频内容而走红。在获得投资后，2016年7月11日，papi酱在八大平台同时直播，全网在线人数破2000万个，1亿次点赞，打赏累计价值90万元人民币。papi酱广告拍卖会如图5-3所示。

图5-3 papi酱广告拍卖会

3. 商界领袖模式

微博时代，某房地产大佬抢占制高点，其中国房地产"符号"效应被放大到了峰值，以至于其太太于2010年10月在微博上声称："把2011年的推广预算给'砍'了，全力转向网络，再见纸媒，再见广告！"

微博的确放大了该房地产大佬的名气，使企业领袖成为企业名片，这样的广告效应远远要好过在纸媒上投放广告。尝到甜头的并不只有他，还有格力公司的董明珠、小米公司的雷军、360公司的周鸿祎等，他们都在微博上充分发挥了个人魅力。

4. 媒体模式

传统媒体的特征是单向传播，受众只能看不能发言，而新媒体的特征是互动，受众既可以看也可以说，还有可能因为受众的互动而扭转事件的方向。微博移动端发布新闻有更大的便利性，可以随时随地获取和发布信息，形式也趋于多样化。文字、声音、图片、视频、直播富媒体的优势远远超过平面媒体，网络视频的弹幕功能也让很多媒体脑洞大开。很多传统媒体开始把微博也作为自己的主平台运营，效果比纸媒更好。

5. 自媒体模式

李开复曾经发表过一条微博，认为个人品牌会超越机构品牌。一个成功的微博应该有灵魂影响力与号召力。在这方面，企业微博不如个人微博鲜活立体。所以，不少企业微博纷纷以虚拟人格出现，以拉近和粉丝之间的距离。

6. 专家模式

在微博上，汇聚了各个领域的专家。这些专家，在微博兴起后，成名路径、个人品牌的塑造与传播及赚钱模式等都发生了变化。

新浪微博的功能也在不断进化，如打赏、付费阅读、广告收入等模式层出不穷。2014年，新浪微博推出付费阅读功能，短短一个月时间，某微博大V入账金额有近10万元人民币。一年2400元人民币的阅读费用，并不能阻挡人们对财富相关信息的追逐。在首批"付费阅读"的账户中，股票类的账户堪称主力军。很显然，人们愿意为自己关注的内容付费，而这些内容，通常和投资、情感、健康和娱乐等相关。

7. 微商模式

随着微橱窗等电子商务产品的出现，社会化电子商务有了更多的形式。虽然微信平台对传统电商平台形成了一定冲击，不过很多商家通常"多头开花"。微博由于互动性和传播性好，仍然是很多电商新品爆款推广的首选平台。转发抽奖的活动虽然老套，但是参与者仍然众多。大数据支持下的微博推荐功能，根据用户的搜索习惯进行信息筛选，其精准度也越来越高。例如，微博抽奖平台如图5-4所示。

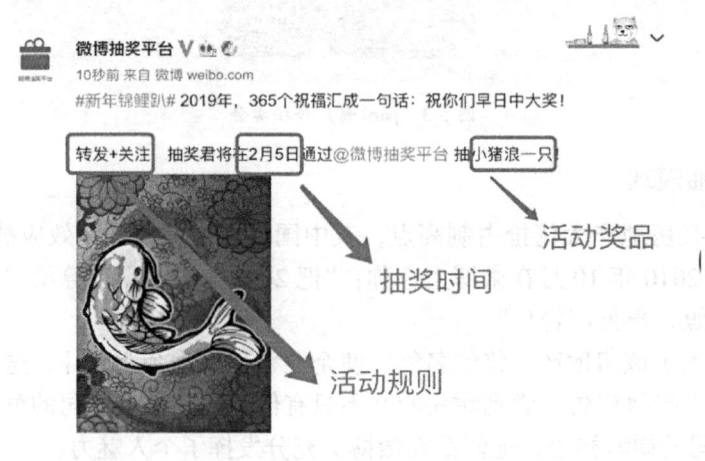

图 5-4 微博抽奖平台

5.2 微博运营

其实，微博运营的核心是围绕内容展开的，即通过内容吸引用户、通过内容与用户互动、通过内容留住用户。相对于博客、微信公众号来说，微博内容的建设要容易些，这是因为微博内容的字数一般相对较少。微博运营始于微博账号的开通。而在开通微博账号之前，必须要对微博账号进行明确的定位。

5.2.1 微博账号的定位

微博账号的定位是为了在用户心目中树立一个形象。微博的内容和

微博账号定位微课视频

风格也应该围绕这个形象来策划展开。在微博账号的定位上，拟人化的形象最理想，因为用户不喜欢冷冰冰的机器。例如，杜蕾斯官方微博自称为小杜杜，其形象就是一个懂生活、有情趣的绅士。

基于此，在进行微博账号的定位时，我们应该拟人化地给微博账号勾画一个形象。这个形象最好有自己的个性特点，例如：

> 年龄：26 岁　特点：年轻、专业
> 职业白领：敏锐、新潮
> 性别女性：个性、时尚（这是一种带有浓烈乡土气息的时尚范）
> 性格："女汉子"一枚、有点"二"，但很幽默
> 爱好：购物、看电影、看和哥

正如电视剧或电影中的人物受到观众喜欢一样，微博账号也应该是一个人格化的存在。

5.2.2　微博内容建设

1. 规划内容

在微博账号有了个性定位后，接下来针对这个拟人化的"人物"特点，思考这样的"人物"会用什么样的口气和风格发布什么样的内容，在评论别人的内容或时事新闻时又会发表什么样的观点。

微博内容建设
微课视频

下面列举一些比较受欢迎，且容易引发互动和转发的几种类型的微博内容。

有心的：各类创意产品。
有趣的：冷笑话、段子等。
有料的：明星八卦新闻等。
有关的：关系到自己或身边人的各种人与事。
有爱的：能够激发起网友关爱情感的事。
有气的：让人看了就想评论、吐槽甚至"拍砖"的事。

上面说的，只是在微博账号前期没有粉丝时进行的微博内容规划。当微博账号有了一定数量的粉丝后，可以根据自己微博账号粉丝的特征和需求不断地优化内容。微博自身有许多这方面的分析工具，也有一些第三方工具，我们可以利用这些工具对粉丝进行分析。例如，可以根据用户所在的地区、性别、职业等数据对粉丝进行分析。

2. 策划差异化的内容

除了常规内容，微博中最好再有一些差异化的特色内容。这样的内容容易树立品牌形象，产生影响力，吸引和留住用户。在微博内容建设方面，如果能做到"人无我有、人有我全、人全我精、人精我专、人专我独"，那么这样的微博就是有特色的。

人无我有：别人没有的内容我有。例如，有的微博专门翻译转发一些国外的内容，这些内容在国内不常见，这也是一种特色。

人有我全：别人已经有的内容，而我有更加全面的内容。

人全我精：别人已经有很全面的内容了，那我就做精品化的内容。

人精我专：别人的内容已经很精品化了，那我就走专业路线，像各行业内的专业化微博，走的就是此路线。

人专我独：别人的内容已经很专业了，那我就走独特的个性化路线。例如，有个微博博主，养了一只猫和一条狗，每天他就在微博里记录这只猫和这条狗的生活，晒它们的照片，也能拥有几十万粉丝。

3. 内容运营计划

微博的运营不是简单地把内容组织好发出去即可。如果想运营好微博，要将它当成一个网站或媒体来做：围绕用户的喜好，策划相关的微栏目，组织编写对用户有吸引力的内容，每天有规律地进行更新。

如图5-5所示，就是某微博的内容运营计划，有详细的内容规划及时间表。从上午8：30到晚上23：00，设定每日固定更新12挡栏目。在早、中、晚三个高峰时间段，栏目更新更加频繁，内容新颖，符合关注者的心理。

```
具体内容发布计划如下：
08：30——#早安# 排乐观积极向上的语录，内容、图片温馨
10：30——#带我去旅行#
11：30——#美食指南#
12：00——#招亲榜# 加强与微博网友间的互动
14：00——#幸福指南# 指南类文字。给未婚、已婚人士一些情感婚姻的建议
15：00——#成功故事# 转发产品部成功案例，使用感性文字
15：30——#笑一下嘛# 搞笑内容、图文
16：30——#幸福家居# 时尚家居介绍
20：30——#健康指南# 饮食、养身、健康类的博文
21：00——#光影时刻#
22：30——#静夜思#
23：00——#晚安#
```

图5-5 某微博的内容运营计划

当然，以上内容只供参考，请根据实际情况制订运营计划。

5.2.3 高质量微博内容制作

1. 建立微博内容素材库

微博内容分两种：一种是针对热点话题的借势发挥，另一种是结合内容运营计划需要每天发布的微博内容。无论哪一种微博内容都要进行内容设计，并根据自己的定位做到内容的每日更新。要想做好微博内容，平常要注意观察身边的各种事件、网上的热点事件、阅读各种资料和图片，并将它们收集起来作为自己的知识储备，以便在需要的时候找到它

们。因此建议企业最好能建立自己的微博内容素材库。建立微博内容素材库建议分为以下三步，这个方法其实也可以推广到其他新媒体运营模式里。

第一步：选择好的内容并保存。

好的内容源有网站、作者等。在阅读到好的内容时，建议将其统一存放，可以用以存放的工具有有道云笔记等。可以将优质的内容先阅读再保存，也可以将其先存放在一个统一的临时笔记本中，然后将其阅读完再分类。如果是将优质的内容先保存后阅读，当积攒的内容多了，就会形成阅读压力，可能根本就不会读了。有些小的灵感，可以记录在手机备忘录里面。微信公众号的文章和微博内容都可以很方便地被存进有道云笔记。

第二步：对收藏夹进行整理。

在整理收藏夹时，可以对收藏夹里的内容进行合理归类并加上标签，便于以后搜索。

第三步：进行应用并不断更新。

在要使用某些信息的时候，可以按照分类找到相应的内容，也可以直接使用搜索功能来寻找相应的信息。对于有些已经没有保存价值的内容，建议及时将其清理掉。保存的信息是否要被删除，应该用是否"有用"来作为衡量标准。

另外，微博的热门话题及热门微博上基本包括了最受关注的热点，最好养成每天浏览它们的习惯。

2. 建立时间地图

微博运营除了可以按常见的话题策划内容，还可以按时间地图策划内容，如按节日、节气、假日策划内容，因为节假日是最好的话题。节假日包括法定节假日、国际纪念日、民俗节假日、西方节假日、网络搞笑节、行业营销季、本地文化节等。如果每年都可以提前整理时间地图，对准备发布的微博内容会非常有帮助。

在网上有各类节假日明细清单，只要对其耐心整理，就可以提前规划出微博节假日话题表，如图5-6所示。

1月1日	元旦	5月4日	中国青年节	11月17日	国际大学生节
2月2日	世界湿地日	5月8日	世界红十字日	12月24日	平安夜
2月10日	国际气象节	5月12日	国际护士节	12月25日	圣诞节
2月14日	情人节	5月18日	国际博物馆日	12月29日	国际生物多样性日
3月8日	国际劳动妇女节	5月31日	世界无烟日	正月十五	元宵节
3月12日	中国植树节	5月第二个星期日	母亲节	二月初二	龙抬头节
3月15日	国际消费者权益日	6月1日	国际儿童节	五月初五	端午节
3月17日	国际航海日	9月10日	中国教师节	七月初七	七夕情人节
3月22日	世界水日	10月1日	国庆节	八月十五	中秋节
4月1日	国际愚人节	10月16日	世界粮食日	九月初九	重阳节
4月22日	世界地球日	11月8日	中国记者节	腊月初八	腊八节
5月1日	国际劳动节	11月9日	中国消防节		

图5-6 某年微博节假日话题表

3. 注意转发内容和原创内容的比例

微博内容策划也要考虑原创内容和转发内容的分配比例。一般而言，采用原创内容来运营微博难度大，也不利于建设微博矩阵。但如果某微博的转发内容太多，缺乏原创内容，则会使人不想关注该微博。所以，适度的原创内容是必需的。

另外，转发微博内容要特别注意，微博上有大量来源不明、耸人听闻的内容，这些内容比普通内容更吸引人去转发，转发后的内容也会引起更多粉丝的转发，但是传播谣言后果很严重。

4. 写好原创内容

合格的微博内容的基本要求：语言简练生动、自然贴切，不要有错别字（除非是故意设计的），统一微博里面的英文和数字格式，尽量控制在120字以内，便于别人转发时加评论，如须加入外部链接，一定要写出吸引人点击的理由。

想要写出质量上佳的微博内容，可以进行如下训练：选择一个话题，尝试用各种不同的方法围绕其编写内容，然后对其进行反复修改，直到满意为止。通过勤加练习，就可以学会很多撰写微博内容的"套路"。

5. 提升微博内容可读性

一条优质的微博内容如果配上合适的图片，会极大增加该微博内容的转发量，另外文字的排版、表情包等也是微博内容不错的"调料"。

6. 微博内容制作工具

（1）PPT软件。PPT软件可以替代Photoshop软件对常见图片进行设计，从而降低了图片设计难度。特别是使用PPT美化大师、Nordri Tools等PPT软件插件后，长图拼接、生成图片等操作就更为便捷了。

（2）画图软件。画图软件是计算机系统自带的，可以通过选择图片打开方式打开这个软件。画图软件可以用于简单的更改图片像素比例等操作。

（3）美图秀秀软件。美图秀秀软件除了可以被下载安装后使用，还可以被在线使用，能替代Photoshop软件进行简单的操作，以实现对图片美化。对美图秀秀软件的操作属于一键式操作，具有省时便捷的特点。

（4）创客贴软件。这是一款简单易用的在线图形设计工具软件，其平台上提供了丰富的图片、模板等素材，通过简单的拖、拉、曳操作就可以轻松设计出精美的海报、PPT、邀请函、信息图和名片等。通过创客贴软件平台，让不会使用专业制图软件的运营人员也能快速制作出自己想要的作品，并可以将作品直接分享给他人，还可以将作品导出为PNG、PDF等格式的文件。

（5）Screen To Gif软件。这是一款免费、小巧、实用的Gif动画录制软件。当找不到想要的Gif动图时，可以通过这个软件对素材自行处理。

（6）GifCam软件。这是一款集录制和剪辑于一体的Gif动画制作工具软件。通过这款软件录制后的动画可以被逐帧编辑。这款软件的使用非常简单，譬如想要将某一小段视频录制成Gif图片，只要将其窗口的"取景框"拖放到视频播放的区域，然后单击"录制"按钮即开始录制。

（7）黄油相机 App。在手机上拍了图片，想要在图片上加字，如果先将图片上传到计算机用 PPT 软件进行操作，是比较费事的，而黄油相机 App 可以让图片被方便地在手机上操作，这就等于是在手机上实现部分 PPT 软件的图文处理功能。

5.2.4 微博引流技巧

企业微博有了更新的内容，就要更好地将其向外推广。如果企业微博没有关注者，那么再好的内容也无法得到有效的传播。企业微博的推广方式很多，这里总结了一些常用的技巧。

（1）有奖活动。提供免费奖品是一种营销模式，同时也是一种推广手段。很多人喜欢这种方式。有奖活动可以在短期内为微博获得一定的新用户。

（2）特价或打折活动。提供限时的商品特价或打折活动，也是一种有效的推广方式。例如，企业微博可以定时发布一些限时的优惠码，使用户能以低廉的折扣购买这些优惠码，这样可以带来不错的传播效果。

（3）广告宣传。在一些门户类网站发布企业微博的广告，增加普通网民的关注度。

（4）企业内部宣传。一些大型企业本身就有不少员工，那么可以引导企业员工关注本企业微博并在上面交流信息。对于大企业来说，这样操作可以在短时间内增加企业微博的粉丝量。当企业微博的关注用户增多之后，该企业微博就有可能在微博平台的首页曝光（例如，某企业微博在新浪微博这个平台上有 1800 个关注用户后，就可以上新浪微博首页的草根关注排行榜），以吸引更多的用户关注。

（5）合作宣传。联系微博平台的业务员，将企业微博的账号添加到"公司机构"等栏目，并通过实名身份认证。

（6）广送邀请。通过电子邮件或其他渠道，邀请企业自己的客户、潜在用户注册为企业会员，而使用的注册链接是指定的注册链接，这样就可以使人注册为企业会员之后会自动关注企业微博。

5.3 增加微博粉丝量

微博增粉微课视频

1. 快速获得第一批粉丝

对于一个新注册的微博账号来说，除了微博账号的定位和内容建设、制作外，还要快速获得第一批粉丝。因为有了粉丝，发布的微博内容才会被人看到，才会产生互动传播，从而给微博账号带来更多的粉丝。

1）亲朋好友互粉

开通一个新的微博账号后，通过与身边的亲戚、朋友、同学在微博中相互加关注，增加微博互动，是微博运营前期一种不错的增粉方式。

2）好友推荐

除了通过亲朋好友互粉的形式增粉外，还可以通过好友推荐的形式增粉。好友推荐的

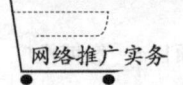

好处有两点：一是有推荐人的担保，二是通过推荐语可以看出被推荐人的特点，换句话说，推荐语是给其他人关注被推荐人的理由。当然，快速获取粉丝的前提是微博账号持续输出一些有价值的内容。这些内容往往决定着第一批粉丝是否会长期关注微博账号。如 papi 酱、杜蕾斯等微博都是会通过好友推荐的形式获得粉丝的。某大 V 微博账号界面如图 5-7 所示。

图 5-7 某大 V 微博账号界面

2. 通过关注同类人群增粉

在微博中，喜欢同一领域、有着同爱好的人群往往会相互关注。如果某个微博用户喜欢足球，关注了很多足球类的微博并喜欢与之互动，同时也会通过微博发布足球类的内容，此时被关注的人很可能会反过来关注该微博。例如，一个足球队的球迷之间会在微博中相互加关注，不仅如此，他们还会组织球迷聚会。

普通人应更多关注同城好友，或者关注对同样一个话题感兴趣的人，或者关注有着同样偶像的人，人们往往关注自己喜欢的圈子。因此，微博的一个功能是对关注的人设置分组，分组后可以只查看某组人群的微博。对于特别重要的人，用户也可以将其"设为特别关注"。微博的设置分组功能如图 5-8 所示。

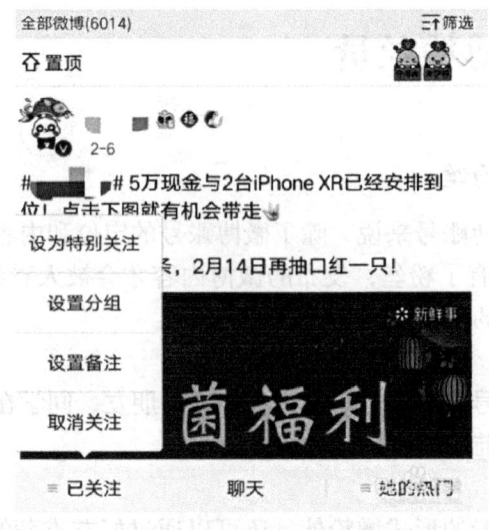

图 5-8 微博的设置分组功能

3. 通过已有平台增粉

有很多微博在刚建立不久就聚集了大量粉丝，这些基本上都是通过之前运营过的其他社交平台进行推广而带来的粉丝，如微信、豆瓣、博客、贴吧、人人网等。以微信为例，可通过微信推文中植入微博的账户信息、自定义菜单、自动回复等方式吸引粉丝。

4. 通过外部渠道增粉

增粉方式往往不止一种，通过外部渠道增粉是一个快速增粉的方式。那么，有哪些外部渠道呢？

1）直播平台

2015年以来，各大直播平台迅速崛起。直播平台最大的特点是可以与用户现场实时互动。不少主播通过直播平台给自己的微博增粉。主播可以在自己简介中输入自己的微博账号引导粉丝关注自己的微博，还可以通过直播平台上的活动引导粉丝关注自己的微博。

2）问答平台

2016年5月，一款问答服务的产品——付费语音问答"分答"火了。同时，不少人借助问答平台为微博增粉。在此之前，在知乎、百度知道等问答平台上，应答者往往会在简介或答案中植入微博账号，为微博增粉。

3）媒体网站

随着互联网各行各业的细分媒体网站崛起，越来越多的自媒体人在各种媒体上发布自己撰写的文章，同时利用文章内容及微博账户简介为微博增粉。例如，自媒体人可通过在果壳网、虎嗅网等媒体网站上发布文章为自己的微博增粉。

4）视频平台

伴随着社交平台一起成长起来的还有视频平台。越来越多的团队开始制作精品视频，并通过社交媒体传播这些视频，从而带动粉丝量的增长。papi酱的短视频如图5-9所示。

图5-9 papi酱的短视频

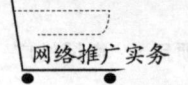

5）通过博客文章、出版读物、粉丝口碑等其他方式增粉

除了以上几种增粉方式，还有如博客文章、出版读物、粉丝口碑等增粉方式。秋叶微博粉丝来源的数据统计如图5-10所示。

秋叶老师统计自开微博两年半后获得的5万粉丝来源：

新浪网站自动推荐：3000人；

喜欢秋叶博客上的专业文章：10000人；

名人推荐效应：8000人；

出版《说服力系列专著》：5000人；

忠诚粉丝口碑推荐：5000人；

分享原创微博及活动：10000人；

联合各种网络社区推广：10000人。

图5-10　秋叶微博粉丝来源的数据统计

与其通过单一渠道为微博增粉，不如通过整合多个渠道为微博增粉。例如，搜索引擎就是微博增粉的好平台。当第一次听说某个话题或某个人物时，可能会去搜索引擎上搜索相关内容，如果搜索结果里有微博账号链接，就会带来潜在的关注可能性。

5. 通过微博线上活动增粉

对于用户，他们往往愿意参与低门槛、有趣、有奖品的微博活动。微博线上活动有很多，有转发抽奖类的活动、发起话题讨论的活动（见图5-11）、发起动手制作的活动等。

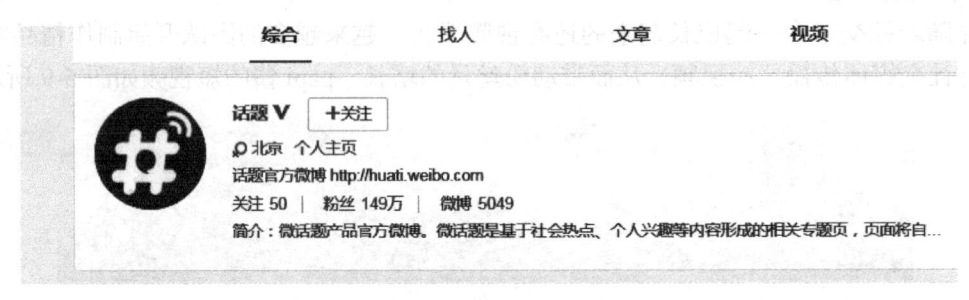

图5-11　发起话题讨论的活动

6. 通过微博线下活动增粉

微博线下活动是一种非常好的增粉方式。在如线下分享会、线下活动、公司内训、高校培训等微博线下活动中，如果认真准备，给参加活动的人留下深刻的印象，那么在一场活动后，会发现可能多了很多主动关注你微博的粉丝，而且这些粉丝的互动度会很高，还会给你的微博带来更多粉丝。这种增粉方式属于实力增粉方式。粉丝与"大V"线下有见面、有交流、有沟通，这使得通过微博线下活动比通过微博线上活动获取的粉丝更加真实、更加有黏性。通过微博线下活动增粉，要注意以下6点。

（1）活动的邀请函和现场海报都要留下自己微博的信息。

（2）精心准备高质量的分享内容(有诚意、有内涵)。

（3）在演讲开场时，要介绍自己的微博，这是因为如果演讲精彩，在中途就会有人关注你的微博并转发。

（4）在交流过程中，预设和微博互动的活动，如介绍一些和微博有关的案例、讲一些通过微博发送文章的故事，自然带出自己微博的图片，或者通过微盘分享资料。

（5）在活动结束时，邀请参加活动的人就未尽事项在微博中交流和互动。

（6）在活动分享的资料中，要留下自己的微博联系方式。

7. 通过合作增粉

通过微博活动固然可以带来很多粉丝，但并不是在任何一个微博上发起微博活动，就可以产生非常大的效果。当一个微博的粉丝量少之又少，即使发起微博活动，也没多少人参与，也带不来多少粉丝。这时，很多微博用户选择和微博"大V"进行合作，借助"大V的粉丝量发起微博活动，从而实现微博增粉。这种方式给合作双方都能带来好处。

8. 通过原创内容增粉

微博输出的原创内容又可称为"干货"。这种方式要求运营者写出有质量的微博内容。每个领域的人写出的原创内容不同。例如，秋叶老师长期在自己的微博中分享原创PPT作品内容；Excel技巧网在微博中分享Excel应用技巧。当原创内容对受众有一定价值并足够吸引人，就会被大量转发，有利于微博的增粉。

5.4 提升微博的活跃度

微博具有强大的传播力。如何提高微博的活跃度以使微博的互动量最大化呢？微博的活跃度与粉丝的黏性、微博的内容有非常紧密的联系。

1. 通过高效互动增加粉丝黏性

当企业微博或者微博"大V"做日常运营时，其中一项重要任务就是要提高微博互动性。很多微博死气沉沉，就是因为只顾着自己说话，缺少与粉丝的互动。

增加粉丝黏性的方法：一是写有吸引力的内容；二是多与粉丝互动。与粉丝互动的方法有以下几种。

方法一：及时回复。

假如关注别人的"@"提醒或评论是你感兴趣的，最好第一时间就回复。这是因为快速反应往往让刚刚发送"@"提醒或评论的人更容易感受到你的真心，仿佛像你在线和他实时互动，这样会让粉丝对你增添好感。在微博中，一些人会提到你的名字但是不

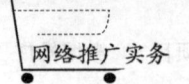

会在你的名字前加"@",可以定期搜索"自己的名字",找出相关信息,主动和这些人互动。

方法二:及时转发。

如果粉丝的评论非常精彩,应该主动转发。粉丝看到自己的评论被转发会非常高兴。假如你是"大V",当你转发一个普通人的评论时,会给这个人带来几十次乃至上百次的"@"提醒,这对他是一种难忘的体验。

方法三:私信交流。

对于有些粉丝在线向官方微博或"大V"提问问题,并不方便公开回复,这时可以私信沟通。这是一种让粉丝感动的方式,而且私信会让粉丝认为更有亲密感。需要注意的是,不要轻易"晒"出私信,这样会失去私信的意义。很多人在其私信被"晒"后会很尴尬或者被攻击。

方法四:主动关注。

当遇到一些志趣相投的粉丝时,最好主动关注这些粉丝。这也是微博的魅力所在,可以认识不同的人,打开不同的世界。

方法五:粉丝之间互动。

除了博主自己与粉丝之间的互动,还可通过设置一些粉丝与粉丝之间的互动,激活粉丝群体里的活跃度。

另外,给粉丝或他人评论也要讲究以下策略。

(1)在粉丝数量较少的情况下,要对粉丝的评论予以重视。对于言之有物的评论,要真诚回复。

(2)不要在评论里和粉丝吵架。粉丝有可能会转发你的评论,所以在评论里和粉丝交流要有礼貌。

(3)遇到不礼貌的评论,可以不理会,但不要争吵。

(4)精彩的评论可以转发,让粉丝感受到你对他的重视。

(5)多到别人尤其是忠实粉丝的微博下进行评论,这样会增进彼此之间的感情。

在微博发展初期,可以把评论、转发、私信对所有人开放,但当影响力变大了后,"@"提醒太多了,就会成为一种负担,这个时候就可以考虑进行"隐私设置"。

2. 通过话题提升微博的转发量

这里的"话题"有两种:一种是热门话题,既然是热门话题就有传播性,而能够引发讨论和转发的微博内容都是热点话题;另一种是微博中的话题功能,可以把话题关键词用"#"围住,引发更多人注意。

1)通过热门话题提升转发量

例如,微博上某知名"大V",经常发布一些热门话题,这些话题大都和星座有关,如图5-12所示。星座是个热门话题。该"大V"首先利用了热门话题,然后持续运营热门话题,让这些话题系列化,并编写清晰的序号。试想一下,当天蝎座的你看到了金牛座的帖子后,你可能就会寻找天蝎座的帖子,而单击微博中的"#"号话题即可跳转相应话题页面,这就加大了相应帖子的曝光率,从而转发量也会提高。

图 5-12 某大 V 的微博界面

企业长期运营一个话题叫"养词"或"占位"。也就是说，当企业努力经营一个词，让大家看到这个词就能立即联想到这家企业，这就叫"养词"或"占位"。企业的"养词"或"占位"分为两种：一种是创造概念，如淘宝网创造"双11"、京东网创造"618"；另一种是形象定位，如小米公司定位"抢购"、唯品会公司定位"闪购"、美团公司定位"团购"。

2）通过微博内容提升转发量

第一招：放置干货，引发下载。

根据微博账号的定位，在微博上发布一些对粉丝有用的内容。例如，Excel 技巧网微博内容如图 5-13 所示。

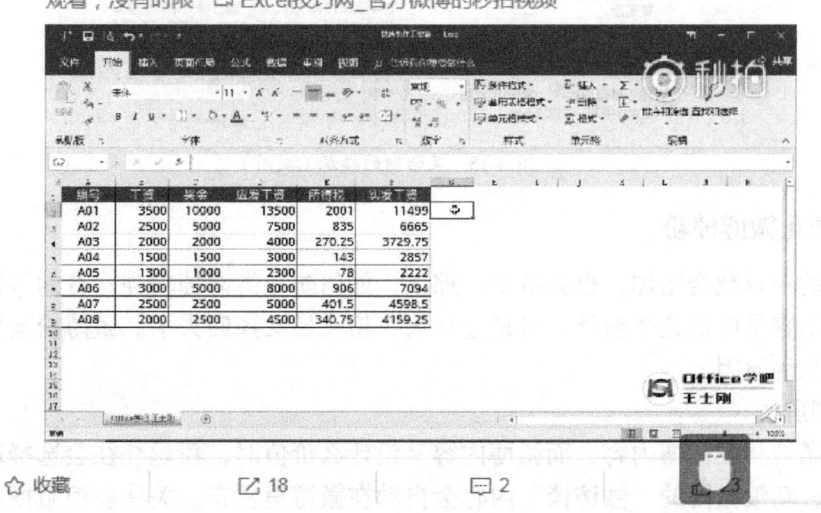

图 5-13 Excel 技巧网微博内容

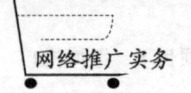

第二招：一步到位。

利用抽奖等活动让用户主动转发，从而增加粉丝参与度。某"大V"粉丝互动截图如图5-14所示。

图5-14　某大V粉丝互动（截图）

第三招：话题加接龙，更有力量。

"接龙"其实反映了人们的从众心理。偶然出现的接龙其实不多。大多成功的接龙是提前策划好的，可谓是"一群人的狂欢"，这也是微博营销最常用的一种方法。

另外，一条好微博能够被大量转发，除了内容要精彩，还要契合网络的情感状态，以及得到"大V"的转发。除了这些，转发的评语是否精彩，也是很重要的因素。有时候一条微博火了，不是因为它自己多么好，而是激发了网友的创造性。

例如，某网友在微博上发了一条"我还是很喜欢你，像风走了八千里，不问归期"的微博内容，便引发该话题的接龙，各种各样的评论都来了，如图5-15所示。

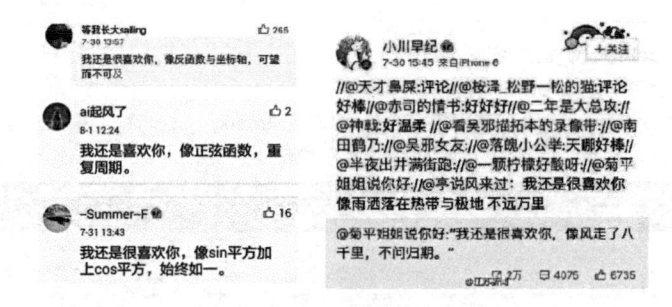

图5-15　某话题的接龙（截图）

3. 防止微博掉粉

微博的粉丝数会增加，也会减少。那么，如何防止微博掉粉呢？有的微博努力发了很多帖，好不容易增加几个粉丝，可是过几天，粉丝量又掉回去了。微博粉丝量下滑往往是因为以下几种原因。

1）刷屏

当某微博频发微博内容，而微博内容又没什么价值时，粉丝往往会选择取消关注该微博。早期，新浪微博的"微访谈"内容会自动在微博里发布。关注新浪微博的人可能在一个小时内连续看到十几条关于"微访谈"的微博内容，于是就会认定新浪微博在刷屏，从而会取消对新浪微博的关注。

2）没有稳定的内容

很多博主缺乏足够的原创能力，或者微博逐渐靠转发内容维持，如果这样的情况时间长了，粉丝就会觉得关注这个微博没有什么价值，便会取消对这个微博的关注。

3）让人反感的广告贴

如果微博的粉丝多了、影响力大了，就有了广告商业价值。但是，如果微博长期发布广告，很多粉丝不但会取消对这个微博的关注，还会引发吐槽。

4）和粉丝立场抵触

一个粉丝喜欢某个微博，往往是认为这个微博能够代表他的立场，一旦发现这个微博的立场和他的预设不符，就会觉得这个微博和他的心理预期不相符合，很可能会反对这个微博的观点甚至对其展开攻击，网络上喜欢把这种行为称为"粉转黑"。

4. 与微博上的"大V"互动

如果微博内容能得到"大V"的转发，那么该微博内容的曝光率会大大增加。所以，应该在微博日常运营中多与"大V"互动，争取微博内容能被"大V"转发的机会。

1）持续输出有质量的微博内容

想和微博"大V"互粉，最有效的方式是提高你的微博内容的质量，扩大你的微博影响力，让"大V"愿意关注你的微博。

2）如何与"大V"形成有效的互动

除了持续输出有质量的微博内容，要想让"大V"关注你的微博，坚持与"大V"的互动大概是最可行的方法。

- 定期关注"大V"的微博内容，并写出精彩的评论或者将其转发。
- 积极参与"大V"发起的微话题、微活动、微访谈、微直播，并提出一个好问题。

5.5 分析微博数据

要想运营微博，不仅要能灵敏感知用户的需求及需求变化，还要学会数据的采集与分析，善用逻辑推理，将感知变成严谨结论。有人在微博上只是逛逛，有人却可以从微博上获取有用信息，有人在微博上混了几年都一事无成，有人却在微博上赚得盆满钵满。如果想让你的微博发挥更大的价值，就要学会使用微博分析方法和工具，进而了解微博运营的本质和规律。

1. 粉丝增长速度

在理想状态下，我们都希望自己的微博粉丝增长速度（增长的粉丝量／天）曲线是"加速度增长型"的，但实际上，对于再成功的运营者，其微博粉丝增长速度曲线也只能是尽可能地接近"加速度增长型"的。我们判断微博有没有潜力，主要看粉丝增长速度。

2. 真实粉丝量

随着微博营销的商业化发展和微博用户基数的扩大，微博上也出现了大量的"僵尸粉"。"僵尸粉"是对微博上不活跃或虚假用户的统称。"僵尸粉"的存在对于微博和微博用户而言都没多大实际意义，所以我们要关注真实粉丝。

3. 微博阅读数

微博阅读数是新浪微博推出的直接反映微博受欢迎程度的动态数据指标。微博阅读数就是单条微博内容在别人页面显示的次数，仅用户自己可以看到。

4. 微博互动数

微博作为最大的移动社交媒体平台，其社交性主要表现在微博用户可以通过转发、评论、点赞、私信等方式进行互动和交流。微博互动数一定程度代表着博主的美誉度、微博内容的受欢迎程度、微博话题的被参与程度。

5. 销售转化率

当微博作为电商渠道时，可以通过微博带来的购买行为次数来评估微博的运营能力。销售转化率是指在一个统计周期内，完成购买行为的次数占推广信息总点击次数的比率。企业可以把销售转化率作为衡量微博运营能力的指标。

技能训练

（1）打开新浪微博，进入热门微博排行榜，浏览排行榜上的微博，观察并分析：

哪些类型的微博内容更容易被大量传播？

这些微博内容被大量转发的原因是什么？

分别选择几个不同类型的微博，并进入博主的微博主页，观察博主的粉丝及微博的转发、评论、点赞数据，分析该博主运营好的原因有哪些。

（2）根据以下情景，结合目前的微博营销模式进行分析：

如果运营一家乡村土鸡企业，你认为最适合的微博营销模式有哪几种？

如果运营一家城市咖啡馆，你认为最适合的微博营销模式有哪几种？

如果运营一家化妆品企业，你认为最适合的微博营销模式有哪些？和大家分享自己的观点，并说出理由。

（3）用微博搜索"魅族科技"，观察并分析该微博账号的定位、微博内容，并试着写出该微博在这两方面做得好的地方。

（4）发一条微博内容，大家可以在这条微博内容下面进行评论，然后大家互粉。

例如，写一条校园吐槽话题的微博内容，请班级同学接龙转发该微博内容（要互相关注才方便在手机上互相转发微博内容），看看谁写出"神评论"能够让大家自愿转发起来。

项目6

其他推广渠道

随着互联网应用的不断丰富，推广渠道越来越多。除了众所周知的微博、微信、搜索引擎等推广渠道，其他小众的推广渠道也越来越多。目前，越来越多的企业会用各种推广渠道进行营销，也就是所谓的全网推广。本项目主要介绍企业如何利用QQ、EDM、论坛、百科、陌陌等进行营销推广。

技能目标
※ 掌握QQ推广技能
※ 撰写营销电子邮件，并掌握推广过程
※ 掌握论坛推广的操作
※ 掌握百科推广的操作
※ 掌握陌陌推广的操作

教学建议
※ 使用案例引入法，引起学生的兴趣
※ 利用话题引导学生讨论，增加对知识的认知
※ 利用特定选题，让学生练习相关技能

知识要点
※ QQ推广方法
※ 营销电子邮件的内容及发送
※ 论坛推广的技巧
※ 百科推广的操作过程
※ 陌陌推广的技巧

阅读参考
※ 靳晋.QQ营销[M].北京：电子工业出版社，2017.
※ 夏雪峰.全网营销——网络营销推广布局、运营与实战[M].北京：电子工业出版社，2017.

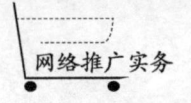

6.1 QQ推广

6.1.1 QQ推广介绍

1. 案例-煎饼阿姨

曾经在网上卖煎饼出名的"煎饼阿姨",就是利用QQ营销获得了成功。煎饼阿姨成功的秘诀如图6-1所示。煎饼阿姨首先建立一个QQ群,学生可直接在群里留言下单,然后煎饼阿姨会将订单人的QQ名记录下来,并做好标签,这样下课后的学生就可以直接去她的店里取货了。当然,煎饼阿姨的成功不仅是因为她拥有商业头脑,还因为其他方面的一些原因。

```
                            ┌─ 产品物美价廉
煎饼阿姨成功的秘诀 ─包括─┤─ 营销成本低廉
                            ├─ 线上线下思维
                            └─ 学生购买方便
```

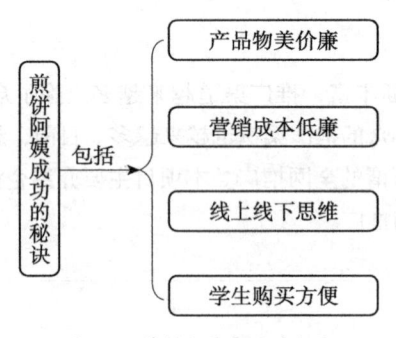

图6-1 煎饼阿姨成功的秘诀

1)产品物美价廉

煎饼阿姨提供的煎饼,一个只要几元钱,相比周边的餐馆来说,价格便宜又实惠,因此拥有非常广泛的群众基础。

2)营销成本低廉

煎饼阿姨的营销成本非常低,不需要场地费和人工费,只要一台能够上QQ的手机即可。

3)线上线下思维

煎饼阿姨采用了"线上订单,线下提货"的营销思维。正是因为煎饼摊离学校很近,才能满足学生取餐方便的需求。

4)学生购买方便

学生在QQ群里下好订单之后,一下课就能去煎饼摊拿已经做好的煎饼,省去了排队等候的时间,比在学校食堂用餐还方便快捷。

2. QQ适合什么样的推广

虽然QQ推广的适用性很高,但是针对不同的企业与产品,QQ推广的效果肯定不一样。那么在哪些情况下,QQ推广的效果会更佳呢?

1)针对特定人群推广

对于受众人群集中且喜欢在QQ群中交流的人群,使用QQ推广是一个非常不错的选择。像地方性网站、行业性网站就非常适合 QQ 推广，因为这类网站的目标用户特别喜欢在 QQ 群中讨论和交流。像减肥、时尚、IT、汽车等产品也非常适合 QQ 推广，因为这类产品的用户，也非常热衷于使用 QQ 群。

2）针对固定人群推广

有些产品营销遇到的问题不是推广，而是如何增加用户的销售转化率。例如，对于一些黏性较低的网站，用户可能几个月才登录一次，而时间一长，就会把该网站淡忘了。在这种情况下，就可以通过 QQ 群来提高黏性。先建立网站官方 QQ 群，然后将用户都引导进群。这样即使用户一年不登录网站也没关系，因为我们已经将他们牢牢地抓在了"手"里。只要他们看到这个 QQ 群，就会加深对网站的印象。当网站有活动或新信息时，就可以通过 QQ 群引导用户参与。

3）针对低流量指标推广

对于网站推广，流量指标是考核网站推广人员的重要标准之一。但是要注意的是，如果你的网站流量指标很高，那么就不适用于 QQ 推广。因为 QQ 推广很难带来大量的流量，它更适合一些低流量指标的推广。例如，企业网站对流量指标要求非常低，随便在几个 QQ 群里被推广一下，就能达到流量指标要求。

4）推广有针对性的项目

对于一些简单、明确、针对性强的产品和项目，非常适用于 QQ 推广，如一篇文章、一个专题、网络投票、线下活动聚会等。

5）对现有用户进行维护

如何维护好现有用户？如何提高用户的满意度？这些都是令营销人员头疼的问题。而通过 QQ 维护用户效果非常好。例如，建立官方 QQ 群，通过 QQ 群来指导用户使用产品，通过 QQ 群与用户加强联络、增进感情等。

6）对潜在用户的深入挖掘

衡量一名营销人员是否优秀，不是看他开发了多少新用户，而是看他让多少新用户变成了老用户，让多少老用户重复消费。对于网络营销来说，挖掘老用户最好的工具之一就是 QQ。

6.1.2　QQ 推广方法

1. QQ 优化法

一个普通 QQ 号最多可以加 500 个好友。在登录 QQ 时，用户第一眼能够看到的好友最多只有十几个，剩下的 400 多人是关注不到的。如果用户和剩下的这 400 多人相互之间不联系，天长日久就会逐渐淡忘这些人。而对于一登录 QQ 就能看到的十几个人，即使用户不联系他们，也会对他们印象深刻。

了解 QQ 推广微课视频

从营销的角度来说，如果能排在好友列表的前面，即使一年不被联系，也能达到推广的目的。那么，如何能排在好友列表的前面（QQ 排名靠前）呢？

第一，开通会员。会员 QQ 号比普通 QQ 号在 QQ 排名中靠前，而且名字还会被加红，看起来更醒目。会员 QQ 号最多可以添加 1000 个好友。

第二，将 QQ 状态设置为"Q 我吧"。QQ 状态有"我在线上""Q 我吧""离开""忙

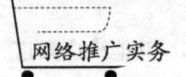

碌""请勿打扰""隐身""离线"7种。其中,"Q我吧"的优先级最高。如果普通QQ号将状态设置为"Q我吧",那么其QQ排名比会员QQ号的还要高。不过,这种方式唯一的缺点就是收到QQ消息时,会直接弹出消息窗口。

第三,在名字前加特殊字符。QQ排名规则是按照名字首字母A、B、C、D…这样的顺序进行排序的。例如,"张三"的首字母为Z,那么"张三"就会排在好友列表非常靠后的位置。另外,特殊字符的优先级要高于普通字母。例如,在名字前加个空格,那么这个有空格的名字就会排在所有名字的前面。

2. QQ群精准推广

现在企业做营销,找新用户的成本越来越高,难度也越来越大,尤其对于传统企业更是如此。实际上,QQ能帮助我们用极低的成本,在短时间内找到目标用户,甚至是找到大量的目标用户,而且操作起来还非常简单,就只有以下三步。

第一步:确定目标人群。

首先确定通过QQ寻找什么样的目标人群,例如,目标人群是学生还是白领,是北京地区的还是上海地区的,针对的是金融行业还是互联网行业等。

第二步:寻找目标QQ群。

结合目标人群的定位,分析在哪类QQ群中存在目标人群,然后找到这些QQ群。

第三步:提取QQ群中的成员QQ号。

如果手头上已经有了一批精准的目标QQ群,接下来就将这些QQ群中的成员QQ号提取出来。你可以将这些成员QQ号导入自己的个人QQ号中或者营销QQ(以前叫企业QQ)号中,也可以给这些成员QQ号发送QQ邮件来进行营销。

3. QQ群推广法

企业最常用的QQ营销方法,可能就是在QQ群中发广告了。这个方法最简单,如果操作得当,效果也还可以。但是实际上,很多企业在操作时,这个方法效果并不理想。如果你在QQ群里不断地发广告,除了被管理员踢出QQ群,还会收到什么效果呢?谁会没事津津有味地看群广告呢?就算看了,陌生人发的信息,谁敢相信?这么做除了让人鄙视,还会收获什么呢?而且QQ群不同于网站,它的信息是即时滚动的。如果你只是机械式地加入QQ群、发广告,那么除了被踢出QQ群,几乎收不到什么效果。所以,对于QQ群推广法,应该本着"一群一阵地"的原则,长期奋战。因此,QQ群推广法应注意以下几点。

QQ群推广原则
微课视频

1)先建立感情后推广

随着网络诈骗的出现,大家对于互联网上的信息越来越谨慎。在QQ群里,只有熟人发的消息,大家才会放心地去看或点击,而对于陌生人发的网址,几乎没人敢随便点击。所以,对于QQ群推广来说,应该本着"先建立感情后推广"的原则。只有和大家熟了,甚至成为朋友了,大家才会接受你的信息。也只有这样,你才不会被踢出QQ群。例如,当你进QQ群时,可以先和大家打个招呼,晒晒自己的照片;也可以时不时地和大家聊聊天,还可以和大家分享有价值的信息,如提前准备电子书、小软件、学习视频什么的;如果时间多的话,再经常帮QQ群里的成员解决一下问题。

2）具体到人

QQ 群推广的目的是达到一定的推广效果。QQ 群推广应该本着"具体到人"的原则，将广告发多少个 QQ 群并不重要，重要的是让多少 QQ 群成员发生了购买行为。

蜻蜓点水式地乱发广告肯定是徒劳无功的，只有在一个 QQ 群里长期奋战，保证信息传递给每个人、影响到每个人时，才会提高一个 QQ 群的销售转化率。

3）广告要"少而精"

为什么现在大家对电视广告意见很大？这是因为现在的电视广告比正片时间还长，例如，看一集 45 分钟的电视剧，能插播一个小时的广告。对于广告，偶尔插播一下广告可以调节气氛，但被插播得多了，就引起大家的反感了。对于 QQ 群也一样，在 QQ 群里，广告也不能太多，否则就像上述的电视广告一样会引起大家的反感，关键是广告要"少而精"。

4）在聊天中植入广告

现在，在 QQ 群里发硬性广告的推广效果越来越差，而软性植入广告才是提升推广效果的良药。其实，在平常 QQ 群成员聊天的时候，是发布广告的绝佳时机。我们可以在聊天时，多多融入广告中的内容，这样不但不会引起大家的反感，反而会自然而然地使大家接受我们的信息。

例如，在一个与女性相关的 QQ 群里，要推广减肥产品，那么当在 QQ 群里聊关于减肥的话题时，马上加入讨论。多和大家分享各种减肥的经验、心得，免费帮大家制订减肥计划。在这个过程中，悄悄地把要推广的信息植入进去。甚至可以两个人同时加入一个 QQ 群，然后在 QQ 群里"唱双簧"，继而吸引大家一起交流，带着大家按照推广产品的思路进行讨论。

5）提升 QQ 群排名

在 QQ 群中，有没有不发信息也能达到推广效果的方式呢？当然有。只要在群名片中加上欲推广的信息，并让你的名字排在群成员列表的前面，即可达到这样的效果。试想一下，别人每天打开 QQ 群，第一眼看到的就是你会有什么效果呢？时间一久，想不记住你都难，这叫强化记忆。例如，某人主要做网络公关业务，于是直接将在 QQ 群里的名字设置成了业务名称，并将这个名字排到了群成员列表的最前面，比管理员的排名还要靠前。这个 QQ 群内的许多人都有公关方面的业务需求，而群成员每天打开该 QQ 群时第一个看到的就是他，那有相关业务时会想到谁？肯定会想起他。把细节做得这么极致，推广怎么可能没效果。

6）强大的群邮件功能

QQ 群自带有群邮件功能，可以针对 QQ 群内所有成员群发 QQ 邮件。这个功能非常强大，销售转化率也非常高。当 QQ 邮件被群发后，QQ 会在计算机右下角自动弹出 QQ 邮件提醒消息，保证每个群成员都能及时看到 QQ 邮件内容。不过唯一遗憾的是，只有开启了群邮件功能的 QQ 群，才可以使用该服务。如果群管理员关闭了该功能，则无法使用该服务。所以有条件的话，还是多多建立自己的 QQ 群吧。

7）持久的群文件功能

群文件功能是 QQ 群的固定功能之一。我们可以将要推广的信息整理成软文、视频、电子书、图片等，上传到群文件中。注意，上传的内容不要是"赤裸裸"的广告，应该是对用户有价值的内容，企业信息应该在内容有价值的基础上适当被植入。

如果上传的内容有价值，而且不被管理员删除，这个内容就会一直存在于群文件中，即使你退群了，后进群的成员也可能会下载观看这个内容。可以说，这个推广效果是非常持久的。

8）申请管理员或与群主搞好关系

自建QQ群费时费力，而在别人的QQ群中又不能随便做推广，有没有折中的办法呢？解决方案就是申请群管理员。如果我们能成为其他QQ群的管理员，那么不但能够免费使用QQ群内的所有资源而且还省去了建QQ群、维护QQ群等繁杂的事务，节省了大量的时间。一般想成为群管理员并不难，只要在QQ群里表现得活跃些，然后和群主搞好关系，即可达成心愿。

9）建立 QQ 群联盟

前面说过，建立自己的QQ群效果最好，而且QQ群达到一定数量后，自己本身也会形成品牌。但是，一个QQ号能够建立的QQ群数量是有限的。如何才能建立大量的QQ群呢？找人合作是正道，即可以建立QQ群联盟，多方合作。

10）利用 QQ 群的各种工具

除了以上介绍的内容，所有可以利用的QQ群工具都应该被研究并加以利用。例如，QQ群还拥有群相册、群活动等各种辅助工具，而且随着QQ版本的升级，还经常推出各种新的工具，适当地利用这些小功能，能够为你的推广工作锦上添花。

6.2 EDM推广

6.2.1 成功的 EDM 要素

1. 何为 EDM

电子邮件营销（Email Direct Marketing，EDM）是指把要传达给用户的信息，制作成图文并茂的电子邮件，通过专业的电子邮件服务器和电子邮件发送软件，准确地发送到数据库中统计的目标用户的电子邮件中。

一般来说，EDM 指的是许可的 EDM，即基于用户许可基础上的营销活动。非许可的EDM 指的是群发垃圾邮件，与群发垃圾短信一样，是非法的行为。

中国互联网协会在《中国互联网协会反垃圾邮件规范》中是这样定义垃圾邮件的：

"本规范所称垃圾邮件，包括下述属性的电子邮件：

（1）收件人事先没有提出要求或者同意接收的广告、电子刊物、各种形式的宣传品等宣传性的电子邮件；

（2）收件人无法拒收的电子邮件；

（3）隐藏发件人身份、地址、标题等信息的电子邮件；

（4）含有虚假的信息源、发件人、路由等信息的电子邮件。"

我们所分析的 EDM，首先都必须是经过用户许可的，对于垃圾邮件，根本不能称为 EDM，自然也没有必要研究其方法和有效性。

2. EDM 的优缺点

1）EDM 的优点

（1）性价比高。

现在有很多好用的营销电子邮件发送工具，如麦客 CRM 等，而且都具有基本的统计功能。

（2）可以做到很精准。

通过 EDM，可以对目标用户进行不同维度、不同需求的精准营销。

例如，暖石网（原踏浪网）将营销电子邮件投放给精准的用户，获得了很好的推广效果，如图 6-2 所示。

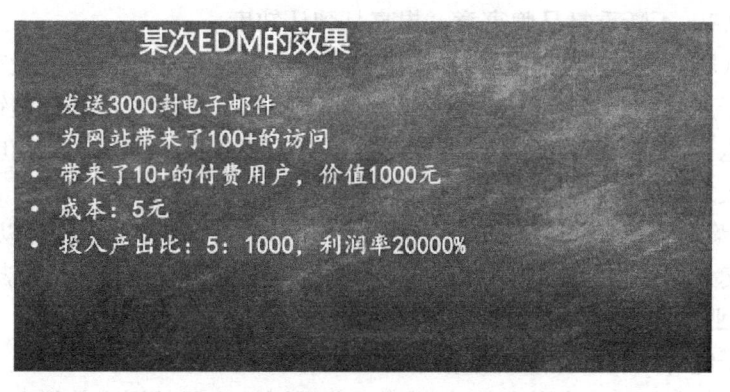

某次EDM的效果
- 发送3000封电子邮件
- 为网站带来了100+的访问
- 带来了10+的付费用户，价值1000元
- 成本：5元
- 投入产出比：5：1000，利润率20000%

图 6-2　暖石网某次 EDM 的效果

2）EDM 的缺点

（1）如果你无法精准地投放营销电子邮件，而是短时间地大批量发送营销电子邮件，那么你就可能会被列入黑名单。

（2）EDM 给人们留下的印象非常差，因此撰写营销电子邮件的内容要小心。目前，每个会上网的人的电子邮箱里都有很多营销电子邮件，有买发票的、送优惠券的、做保险的、培训英语的、招聘的等。一般我们只看看这些电子邮件的题目甚至不看就将其直接删除了。

3. EDM 使用建议

1）精准！精准！精准！——重要的事情说三遍

对于你的营销电子邮件，要么发送给已经买你产品的用户，要么发送给需要你产品的潜在用户。例如，你是卖水果的，就要将关于水果的营销电子邮件发送给曾经买过你水果的人，但是你不能把介绍书籍的营销电子邮件发送给喜欢吃你家水果的用户。

2）在企业和产品发展的初期小规模使用 EDM，以积累"种子"用户

并不是所有的企业和产品都适合进行 EDM 的。如果你的网站和产品不用推送很多营销电子邮件，就不建议在网站和产品发展的中后期使用 EDM。

4. 实施 EDM 的步骤

1）EDM 策划

首先要明确 EDM 的目的。EDM 的目的要与企业的营销战略相配合，是为了推广品牌形象，还是为了推广具体的产品和服务？是为了维护用户关系，还是为了拓展新用户？清晰的 EDM 目的将为营销的后期规划提供有力的保障。EDM 策划是实施 EDM 的第一步，也是最重要的一步。营销策划主要包括以下内容。

（1）推广目的。发送一封营销电子邮件的大前提是要明白你的推广目的，是为了获得"种子"用户，还是为了增加用户黏度？

一般来说，EDM 有以下 4 个推广目标。

- 促进销售：说服潜在用户购买产品或服务，说服已有用户重复购买产品或服务。
- 营销推广：获取更多准确的销售线索。
- 用户关怀：维系与用户的关系，提高用户满意度。
- 树立品牌：不断重复品牌寓意，提高品牌认知度。

（2）目标人群。在推广的过程中，应该有非常明确的目标人群。一般来说，推广的目标人群肯定小于产品的目标用户。如果目标人群可以细分维度，最好分别针对不同人群撰写不同的营销电子邮件。例如，要给喜欢吃苹果的人发送关于苹果的营销电子邮件；要给喜欢吃香蕉的人发送关于香蕉的营销电子邮件。

（3）EDM 策略。例如，卖水果的店铺要确定是以卖苹果为中心还是以卖香蕉为中心。当然，不管以卖什么水果为中心，都要牢记：越精准的营销，销售转化率越高。

2）建立企业的电子邮件列表数据库

企业的电子邮件列表数据库的数据来源主要有以下几种。

（1）公司积累的用户数据资源，包括通过公司网站注册的用户数据资源、电子邮件列表订阅的用户数据资源、线下业务往来的用户数据资源。

（2）租赁的用户数据资源。可以通过市场上的数据租赁公司获得用户数据资源。

（3）共享的用户数据资源。选定几家跟目标用户重合度高的在业内有一定知名度的资讯网站进行合作来共享用户数据资源。

（4）从网上获取用户数据资源。采用特定程序，在网上爬取电子邮箱地址，从而获取用户数据资源。这种方法几乎无成本投入，当然效果也是最差的，因为无法界定爬取来的用户数据的有效性和真实性。

电子邮件列表数据库是企业珍贵的无形资产之一。只要向电子邮件列表数据库中的电子邮箱发一封电子邮件，就可以进行有效力的营销了。

3）营销电子邮件的设计

营销电子邮件的设计包括邮件页面的设计、邮件链接指向网站的着陆页的设计。营销电子邮件页面 Web 代码要遵循一定的设计标准。要为营销电子邮件起一个好的标题，这样有助于引起接收者的兴趣，从而打开你的营销电子邮件。但是，如果营销电子邮件没有合适的标题，则可能被接收者直接删除。当营销电子邮件发到用户电子邮箱时，其标题直接决定了该邮件的打开率。在营销电子邮件内容的编排上，要考虑用户体验。营销电子邮件留有退订功能，不一定有很多人会真正退订，却符合了许可的 EDM 规则。另外，营销电子邮件应该是互动的,并应整合社会化媒体平台,以使用户不仅能够阅读电子邮件,而且能够深层应用,例如,可以使用社交网络按钮将营销电子邮件推荐给自己的好友;能够在营销电子邮件中完成产品的采购等。这些个性化的、有触发性的、互动的营销电子邮件能够在销售上产生不错的效果。

4)数据分析

运用 EDM 平台将营销电子邮件发送之后,要对用户的反应进行追踪,查看 EDM 营销效果。通过对追踪结果的分析,监测营销电子邮件列表的注册转化率,以及营销电子邮件的退订率、到达率、打开率、阅读率及链接点击率。通过这些监测手段,可以改进选择受众和发送营销电子邮件的技巧。另外,可以运用 A/B 测试方法,测试不同营销电子邮件标题、内容和链接地址,了解营销效果,实现营销效果的最优化。一般而言,EDM 平台都会有清理电子邮箱地址数据的功能,整理出具有相当活性的营销电子邮件数据列表,以投入下一轮的操作。另外,成熟的 EDM 应该是确定好营销电子邮件的发送频率,建立固定时间内收到营销电子邮件的心理预期,这对留住用户、建立用户信任度是非常重要的。

6.2.2 营销电子邮件的撰写

1. 标题的撰写

当用户收到一封有营销内容的电子邮件时,首先看到的是发件人和营销电子邮件的标题。所以,营销电子邮件的标题好坏对于用户是否打开这封营销电子邮件起着决定性的作用。

标题的长短要适中,一般为 10 个字左右;营销电子邮件的标题要言之有物、突出重点,同时也不要跟营销电子邮件的正文脱节。如果一封营销电子邮件的标题很吸引人,但其正文与这个标题没啥关系,用户就有种被骗了的感觉。要通过区别使用场景、心理情绪、辅以数据说话这三点撰写营销电子邮件的标题。含有不同关键词的营销电子邮件的效果如图 6-3 所示。

目标	关键词	打开率	点击率	点击打开率	退订率
Benefits	Exclusive	12.3%	-0.3%	-11.2%	22.0%
	Free	-3.0%	-6.3%	-3.3%	-1.3%
	Free delivery	50.7%	135.4%	56.3%	82.4%
	Gift	12.4%	-11.3%	-21.1%	21.2%
	Latest	8.3%	11.7%	3.1%	-9.9%
	New	17.2%	38.2%	17.9%	-2.6%
	Offer	7.3%	-18.6%	-24.1%	22.3%
	Only	-4.1%	-37.3%	-34.7%	11.9%
	Sale	23.2%	60.7%	30.5%	31.6%
	Save	3.4%	-25.2%	-27.7%	18.1%
	Voucher	20.0%	-2.4%	-18.7%	60.6%

图 6-3 含有不同关键词的营销电子邮件的效果

2. 营销电子邮件的正文要有价值

营销电子邮件的正文不仅要排版美观，还要有价值。要了解用户，也要了解自己，并找到双方的契合点，赋予营销电子邮件更多的价值，否则给用户留下"这完全不是我想要的""这跟我有关系吗"的印象就不好了。

6.2.3 营销电子邮件的发送

1. 收集用户电子邮箱地址

获得用户电子邮箱地址是 EDM 非常重要的一个环节。收集用户电子邮箱地址的方法如下。

（1）通过公司网站注册收集用户电子邮箱地址。
（2）通过营业前台收集用户电子邮箱地址。
（3）通过客户经理收集用户电子邮箱地址。
（4）通过电话客服收集用户电子邮箱地址。
（5）通过有奖调查收集用户电子邮箱地址。
（6）通过软件收集用户电子邮箱地址。
（7）通过购买收集用户电子邮箱地址。
（8）通过在线订阅收集用户电子邮箱地址。
（9）通过在网上开展活动收集用户电子邮箱地址。

2. 营销电子邮件发送方式的选择

发送营销电子邮件的方式大概有以下 3 种。

一是通过群发软件发送营销电子邮件。这种方式比较省钱，但成功率比较低。如果我们进行的是撒网式的推广，不求精准的话，则可以考虑用这种方式。

二是通过自架邮件服务器发送营销电子邮件。这种方式需要一定的投入，适合一些有实力的公司使用。

三是通过第三方公司发送营销电子邮件。

如果我们不是经常发送营销电子邮件，那么第三种方式的性价比是非常高的。如果我们需要经常、大量地发送营销电子邮件，则可以考虑采用第二种方式。

6.3 论坛推广

6.3.1 论坛推广介绍

1. 什么是论坛推广

论坛（Bulletin Board System，BBS）最早是用来公布股市价格等分类信息的。早期的 BBS 连文件传输的功能都没有，而且只能在苹果计算机上运行。早期的 BBS 与一般街头和校园内的公告板性质相同，只不过是通过计算机传播而获得消息的。一直到个人计算机开始普及之后，有些人尝试将苹果计算机上的 BBS 转移到个人计算机上，BBS 才开始渐渐普及开来。在中国，1991 年即有了第一个个人 BBS，当时它是通过调制解调器登录并发表帖子的，但是用户极少。1995 年是中国 BBS 发展历史上最重要的一年。在这一年，个人搭建的业余 BBS 渐渐地形成了一个全国性的电子邮件网络（中国惠多网）。这个网的一些使用者现在已经是业界的精英，如腾讯的 CEO 马化腾等。第一个建立在中国教育和科研计算机网（CERNET）上的 BBS——水木清华 BBS 也在 1995 年正式开通。之后，随着互联网的发展，特别是各种免费论坛程序的出现，BBS 逐渐成为互联网上最受欢迎的应用之一，并一直发展到今天。

论坛推广是以论坛、社区、贴吧等网络交流平台为渠道，以文字、图片、视频等为主要表现形式，以提升品牌知名度、美誉度等为目的，通过发布帖子的方式进行推广的活动，也被称为发帖推广。

2. 论坛分类

根据论坛的专业性可分为综合性论坛与专题性论坛。

1）综合性论坛

综合性论坛中包含的信息比较广泛和丰富，能够吸引到几乎全部的网民来到论坛。但是这类论坛因为涉及的范围广，所以往往存在着弊端，即不能在所涉及的范围内都做到精细。通常大型的门户网站都有足够的人气和凝聚力及强大的后盾支持，能够将综合性论谈做到很强大。但是对于小型规模的网络公司或个人建立的论坛网站，就更加倾向于选择专题性论坛，以求将其做到精致。

2）专题性论坛

专题性论坛是相对综合性论坛而言的。专题性论坛能够吸引到真正志同道合的人在一起进行交流、探讨，更有利于信息的搜集和分类整合。专题性论坛对学术、科研、教学都起到了重要的作用，如情感倾诉类论坛、军事类论坛、动漫论坛、计算机爱好者论坛等。专题性论坛能够在单独的一个领域里进行板块的划分设置，把专题性直接做到最细化，这样往往能够取得更好的效果，如养猫人论坛、吉他论坛等。

国内现在有许多社区论坛，其中较为著名的有：百度贴吧（http：//tieba.baidu.com/）、QQ 论坛（http：//bbs.qq.com/）等。

根据论坛的功能可分为推广型论坛、教学型论坛、交流型论坛和地方性论坛。

（1）推广型论坛。推广型论坛用于为某一种产品或某一个企业进行宣传推广，这类论坛通常因其广告的形式，不是很受网民的欢迎。从 2005 年起，这类论坛就被建立起来了。但是，这类论坛往往很难具有吸引人的性质，单就其宣传推广的性质，就很难有大作为，所以这类论坛寿命一般都很短。推广型论坛中的会员几乎都是受雇佣的人员。

（2）教学型论坛。这类论坛通常就像一些教学类的博客或教学网站，用于对一种知识的传授和学习。在计算机软件等技术类的行业中这类论坛发挥着重要的作用。通过在教学型论坛里浏览帖子、发布帖子能迅速与很多人在网上进行技术性的沟通和学习。

（3）交流型论坛。交流型论坛的重点用于会员之间的交流与互动。所以，这类论坛的内容丰富多样，有交友信息、供求信息、线上线下活动信息、新闻等。交流型论坛会是将来论坛发展的大趋势。

（4）地方性论坛。地方性论坛是论坛中互动性和娱乐性最强的论坛之一。无论是大型的地方性论坛，还是专业的地方性论坛，都有很强烈的影响，如百度、北京贴吧、清华大学论坛、长沙之家论坛等。地方性论坛能够更加拉近人与人之间的距离来进行沟通。另外，地方性论坛中的网民有一定的局域限制，他们大都来自相同的地方，这样既存在一定的安全感，又没有丧失网络特有的朦胧感。所以，这类论坛常常很受欢迎。

3. 论坛推广的几个阶段

由于论坛的历史悠久，所以论坛推广是互联网上出现较早的一种推广手段，也是目前普及率比较高的一种方法。但是根据调查情况来看，有相当一部分人没有掌握这种推广工具的正确使用方法，结果使推广没有效果。在学习和实践论坛推广时，通常要经历以下几个阶段。

1）BBS 群发器

人类在享受高科技带来的便捷的同时，也让自己变得越来越"懒"。网络推广是个"力气活"，而为了省力气，就出现了各种群发软件。在论坛方面也不例外，BBS 群发器早在八、九年前就已经大行其道。相信运营论坛的人对 BBS 群发器应该深有感触，甚至深恶痛绝，而很多新人却对其喜爱有加，甚至将论坛推广直接理解成论坛群发。

论坛推广在于质，不在于量。就算群发的数量再多，若是没有效果，论坛推广还是等于做无用功。论坛推广不是为了"走过场"，而是为了追求效果。所以在做论坛推广的时候，不要盲目，不要跟风随大流，而要弄清楚自己的需求，要知道为什么这样做。

2）手动群发广告

很多人发现了 BBS 群发器的弊端：群发软件无法识别论坛类型和板块主题，导致论坛或板块定位不精准，而且胡乱群发帖子会导致账号经常被封。于是，很多人开始改用人工操作，有选择性地去发布帖子。这也是目前比较主流的一种推广方式。

虽然很多人的营销意识提高了，但发送帖子的内容还是广告，只不过由 BBS 群发器乱发广告变成了由人工发广告，最后的结果还是可能被删帖、封号，甚至直接封 IP 地址。

3）手动发软文

到了此阶段，才算是真正步入论坛推广的大门。这个阶段的核心是"软文"，帖子发出去后会不会被删除、会不会产生效果，在很大程度上取决于软文的质量。除此之外，还要看发布渠道是否是精准匹配的，以及相关论坛管理员的监管力度是否到位。

4）边互动边发软文

虽然将广告换成软文会降低被删除的概率，但是在论坛中发完软文就走，不与坛友互动，效果还是会大打折扣的。论坛推广的本质是互动，而只有在软文与互动的配合下，打造一个有生命力的社交账号才能实现长期有益的效果。

6.3.2 论坛推广的技巧

1. 论坛的选择

（1）分析目标用户群体，选择有潜在用户的论坛。例如，一般女性就喜欢时尚、购物、娱乐方面的内容，那么针对一般女性就可以选择在天涯论坛中的"时尚资讯""情感天地"等板块进行营销推广。如果针对的是大学生，则应该选择在天涯论坛中的"天涯杂谈""我的大学"板块进行营销推广。总之，在选择论坛及其板块时首先要确定该论坛及其板块有无覆盖目标用户群体。

（2）选择人气高的论坛，以便拥有更多的受众群体，能有更好的交流互动。覆盖目标用户群体非常重要，但是论坛的人气也很重要。例如，当我们的目标用户群体是大学生时，在各大高校的论坛进行营销推广就是很好的选择。但是在一些人气非常低的学校论坛进行营销推广，就很难起到营销推广的效果。此外，人气过旺的论坛帖子容易很快被"淹没"，必须花费更多的时间和精力去"顶帖"才行。

（3）选择具有签名功能的论坛，以便在回帖时就能显示企业的签名。目前，绝大多数大的论坛不支持签名功能，但一些小的专业性论坛往往具备签名功能，这时候我们就需要充分利用这个功能。

（4）选择具有链接功能的论坛，以便用户通过链接访问企业的网站。目前，像天涯社区等综合性论坛都不具有链接功能，但是百度贴吧则具有链接功能，而且容易被百度搜索引擎搜索到。因此，当我们的目标是增加网站链接时，则应该首选百度贴吧。不过百度贴吧的人气往往比较低，很难在百度贴吧中引起大的反响。

2. 头像与签名

（1）设置自己专属的头像。这张头像图片就可以宣传自身或项目品牌。首先可以制作一张不大不小的图片备用，然后在注册论谈后就可以上传这张图片。在顶帖和发帖的同时，这张图片就会被显示出来。这时，看帖的朋友不仅能看到你的帖子还可以了解到你是做什么的，而有需要的朋友一定能与你联系，同时也让更多的朋友对你不陌生，这样做也起到了广告效果，但不适合将公司Logo或名称作为头像。

（2）签名处加入项目关键字及推广网站链接。加入网站链接有两方面的好处：一方面有利于网友登录网站，另一方面有利于网站的搜索引擎优化。

3. 发帖

发帖是有技巧的，要做到既能把广告展示给用户，又不至于被删帖或封号。

（1）长帖短发且首帖不带广告。一般论坛中看帖的人都是没有耐性的。对于太长的帖子，不管它有多大吸引力，都很少有人能够把它看完。所以，一定要长帖短发。长帖短发并不是把帖子尽量缩短，而是将一条帖子分成多条帖子，以跟帖或连载的形式发送，就像电视剧会分很多集被播出一样。一般情况下，被分成的多条帖子不要超过7条，并且可以每隔一段时间再发一条帖子，以让他人有等待的欲望。这种发帖方式也便于发广告。

（2）帖子配图，并在图片中打上链接或广告水印。现在各大论坛对帖子管理非常严格。很多时候，如果直接在帖子内容中带广告，往往这条帖子很难被发出去。这个时候我们通常会同时给帖子配图，并在图片中打上链接或广告水印，这样就不容易被删帖或封号。

（3）帖子配图或视频更能吸引人点击进入，而单一的文字往往很难吸引人。总之，我们在发帖子时，要注意帖子质量。发帖子不在乎发帖子的数量，重要的是帖子质量。发帖子关键是让更多的人点击查看，从而变相地宣传自己的网站，追求的是最终流量。所以，发高质量的帖子，可以花费较小的精力，获得较好的效果。另外，如果你的帖子质量好，很可能被别人转载。

4. 回帖

（1）回帖不应该是"灌水"，而应该做到积极参与，并激发他人讨论。例如，有人发帖子问我早饭吃了没有，我回了"吃了，不吃饭会增加胃癌的概率，你怎么看？"这条帖子就会激发他人讨论。

（2）在顶帖及回帖时，要善于总结他人的话，并真心赞美，也可以针对别人的观点进行提问或者辩论或者补充，总之就是要做好让话题具有讨论性和参与性。

（3）如果要在回帖中发广告，一定要争取在前5位回帖，这样被浏览的概率要高一些。

6.4 百科推广

6.4.1 百科推广介绍

1. 什么是百科推广

利用百科网站这种网络应用平台，以建立词条的形式进行宣传，从而达到提升品牌知名度和企业形象为目的的活动即称为百科推广。主流的百科网站有百度百科、互动百度、腾讯百科等。其中以百度百科的市场占用率最大，所以本节以百度百科为例向大家介绍百科推广。

2. 百科推广的作用

百科推广主要有以下3个作用。

第一，辅助搜索引擎营销（Search Engine Marketing，SEM）。如果大家经常在百度中搜索各种名词（包括人名、企业名、产品名、概念术语等）时就会发现，往往排在搜索结果第一位的都是百科网站中该词条的页面。

第二，提升权威性。互联网上的百科网站源于现实中的百科全书。传统观念认为，能被百科全书收录的内容一般都很权威。这种观念也同样被延伸到了互联网中，大部分用户都认为百科网站收录的内容比较权威。

第三，提升企业形象。随着互联网的普及，许多人在接触到陌生事物时，会先到互网上进行检索。例如，在与一家陌生的公司接触并洽谈业务之前，会先上网搜索一下该公司的背景、实力、口碑、信任度等。如果这家公司能被百科网站收录，则会大大增加对该公司的信任度。

综上所述，虽然小小的一个百科词条简单而又不起眼，但是却能在关键时刻起到举足轻重的作用。

6.4.2 百科推广的操作流程和要点

百科推广的操作非常简单，只不过是新建词条或在原有词条的基础上进行编辑。下面以新建词条为例，介绍一下百科推广的操作流程和要点。

1. 创建词条

通常都是围绕要优化的关键词来创建词条的。确定好关键词之后，直接在百度百科中搜索要创建的词条，如果该词条已经存在，只能在此基础上进行修改；如果该词条不存在，则可直接创建该词条。

如果是新手，则可以按照网站的提示进行词条的创建。同时，百度百科也提供了许多词条模板，可以直接在模板的基础上创建词条。

2. 编辑词条内容

词条要想被创建成功，关键的是词条内容。编写词条内容时的注意事项如下。

（1）词条内容要有可读性。对于原创词条，其内容一定不能是毫无意义的，且词条的语言文字要具有一定专业性、可读性。要尽量制作一些知识性的词条内容。一般公司名称、人名、产品名称都比较好编辑。要注重词条的内容价值，切忌不要胡编乱造词条内容。对于粗制滥造的词条内容一定不会被审核通过的。

（2）词条内容不要有主观性描述，而是客观性描述。

（3）词条内容不能有广告信息。词条内容存在明显的广告信息或者疑似广告信息，如过分地强调公司名称、产品名称、人名等，几乎都不会被审核通过。只要会被管理员误解的词条内容都不会被通过。

若想要做广告，可以不露痕迹地在词条内容中植入广告，而且不要过于明显，也可以在词条的"参考资料"或者"扩展阅读"中加入链接，且链接的内容要与词条内容高度相关。

（4）若是编辑已有词条，应该是对原有词条内容的修改和补充，如修改过时的词条内容、添加新的词条内容，并且要比原词条内容更专业、更具有可读性。千万不要写一些与词条关联性差，甚至风马牛不相及的词条内容。如果词条内容没有较明显的错误，那么其通过率是非常高的。最容易挑出词条错误的地方有以下两个。

一是错别字。这个的关键是要专心认真地检查词条内容；

二是排版问题。对于那些通篇字体一样，甚至不分段落、混乱排版的词条，必须重新进行编辑。

如果词条中没有图片，则可以为其添加相关图片，并可以在图片中植入广告。如果修

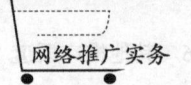

改词条中已有图片，则其通过率会降低。

另外，还可以添加词条链接，即在词条内容中添加指向其他百科网站该词条的链接。

3. 引用参考资料

在撰写词条内容的同时，还要为撰写的词条内容提供相应的参考资料。添加参考资料一是为了保证词条通过率；二是为了企业增加流量，即在参考资料里加入企业的相关链接，利用百科网站这个权威平台为企业引流。添加的参考资料应该是被大众承认的，并具有真实性。

4. 发布

当编辑完词条内容后，可以单击工具栏右侧的"预览"图标预览该词条，在确定没有问题时再单击"提交"按钮。如果词条未被审核通过，应了解其中的原因，然后对该词条进行修改后继续提交并等待审核。如果某个词条的创建难度特别大，可以找相应的专业团队来创建该词条。

5. 培养账号的等级

对于高质量的词条，只有账号的等级达到了一定的级别后才可以对其进行编辑。所以，平常注意多培养几个高级账号。培养账号的等级的方法也不难，就是多去编辑正常的词条，就可以提高账号的等级。如果一个词条被编辑三次都通不过，那么最好换个账号来进行编辑。

6.5 陌陌推广

6.5.1 陌陌推广介绍

1. 什么是陌陌推广

陌陌是在移动互联网下专注基于位置服务（Location Based Service，LBS）的陌生人之间的社交媒体软件，现已发展为全国排名前三的移动社交软件，仅次于腾讯QQ与微信。现在，陌陌注册用户已经超过了2亿人，同时月活跃用户高达60多万人，是国内移动互联网用户每日打开率排名第二的社交媒体软件。

陌陌推广是以陌陌为平台，构建陌生人之间的社交关系，并通过与用户的沟通进行推广的活动。

2. 陌陌不是广告平台

我们基本上可以在任何用户聚集的地方看见广告，如在QQ、微信、微博、贴吧等地方都能见到广告。如果在社交媒体平台上只发广告，那么是没有办法融入社交媒体圈子的。

陌陌推广的核心应该是重社交、轻广告，即必须要让人知道你是干什么的，同时让更多的人愿意和你建立联系与沟通，并且能够通过平台建立好友关系。

对于陌陌推广，如果仅仅通过发布广告信息就希望能够销售产品，那么基本上不会有任何效果。因此，无论销售任何产品，一定要注意社会化媒体平台的核心不是发布广告，而是与用户建立联系与沟通。

3. 陌陌推广的优势与特点

在通过陌陌进行产品渠道拓展之初，可以选择在两个大的用户集中平台进行营销与渠道推广。经过几番用户群体的筛选后，最终陌陌的用户群体定位与新浪微博的用户群体吻合，将其所有用户的年龄定位在 20～39 岁。

陌陌平台相比同类软件平台而言，更容易构建陌生人之间的社交关系，而其他软件平台更倾向于维护已认识的人之间的关系。

- 陌陌用户群体的年龄定位在 20～39 岁，更偏向年轻化。因为大部分陌陌用户是直接通过新浪微博的用户转换来的，陌陌用户群体相比 QQ 用户群体的质量较高。
- 陌陌用户群体的真实性高。陌陌平台上的广告信息相比任何一个平台少很多。
- 陌陌全新推出针对周边的营销平台"到店通"，广告信息直接出现在附近用户中，可以非常好地影响周边的用户群体。
- 陌陌平台是围绕着周边用户群体的需求构建圈子的，其所有群便于附近用户的加入，并通过配合严格的广告管理机制，快速了解周边用户群体的核心需求，并建立与用户的联系与沟通。
- 陌陌推广与其他推广方式相比，成本几乎为零，非常适合在周边店铺，以及围绕本地环境销售产品。

4. 陌陌推广适合的产品

陌陌推广主要针的是对周边年轻人。陌陌平台可以结合不同用户群体的心理推广适合的产品。

- 针对男性用户，可以推广书、男士化妆品、保健品等产品。
- 针对附近生活的用户，可以推广社区周边店铺的商品。
- 针对年轻的用户，可以推广娱乐产品，如 KTV、酒吧、娱乐会所、餐饮等。
- 针对普通大众用户，可以推广日常生活用品，以及装修、房产、婚庆、婚纱、保险等产品。

6.5.2 陌陌的 O2O 利器——到店通

1. 到店通介绍

陌陌的基本功能、营销方法和策略与 QQ、微信都差不多，如昵称、头像的设置策略、群策略等，具体可以参考 QQ 及微信相关章节的内容。这里重点介绍一下目前陌陌独有的功能——到店通。

到店通是陌陌转型 O2O（Online to Offline 的简写）平台的第一个拳头产品，主要是为周边线下商家提供展示、预约商品的平台空间。凡是成功申请了到店通的会员都将被展示在"附近好友"板块中。

2. 到店通的功能

精准的定时定向投放：商家依据预算，将推广信息精准地送达周边目标用户。
丰富细致的效果展示：多维度诠释商家信息，为用户消费决策提供依据。
与目标用户实时沟通：搭建商家与用户互动平台，拉近商家与用户群关系。
极低的广告投放费用：广告按照覆盖人数计费，最低至 0.1 元。
简单方便的投放流程：整个广告投放流程全部可以在手机上操作完成，高效、便捷。

案例6-1　　　陌陌营销案例

2013 年，有位青年想要自己创业，于是在当地不是特别繁华的地方开设了一个花店，主要业务是销售盆栽、绿植、鲜花等。刚开业时，她的店铺每日比较冷清，到店用户寥寥无几，这是因为她的店铺周边都是市场。后来，她在陌陌上开设了一个个人账号，并使用她自己的头像。她通过这个账号发布一些她的店铺中比较有意思的商品。她的头像比较可爱，加上每日都会更新自己的生活动态，以及消费现场的照片、店铺的实体照片，所以经常会有人主动打招呼，到后来凡是打招呼的都会一一跟她聊天。就这样，她逐步在周围建立起自己的好友圈子。

2013 年下半年，她基本上每日都可以接收到来自陌陌的鲜花订单，单单在"七夕"节一天，通过陌陌订购鲜花的用户就占到了整个店铺订购鲜花用户的 70%。在她好友圈子的影响下，在周围无论是店铺还是企业有需求的时候，都会第一时间选择她店铺的商品。

现在，她已经在筹备开第 5 个分店。她的店铺在当地已经有了非常不错的知名度。她计划在陌陌再开设 5 个个人账号，将她的商品推广到周边 5 千米左右的用户。

她通过陌陌成功营销的原因有以下几点。

（1）她在陌陌中放置了几张比较不错的照片作为个人头像。
（2）吸引了周围几百个好友的关注与交流。
（3）定期更新自己的生活信息，以及情感动态信息。
（4）凡是遇到节假日会提前将活动通过陌陌发布出来。
（5）基本上不会跟用户直接沟通商品信息。
（6）构建自己的陌陌群，将所有用户集中在一个圈子里。

千万不要把陌陌当作广告平台，如果只是通过陌陌简单地发广告，那么基本不会有人愿意与你建立联系与沟通。

另外，随着移动互联网的发展，各类网络应用层出不穷，如以抖音、快手等 App 为代表的视频分享应用，以喜马拉雅 App 为代表的音频分享应用，以小红书等 App 为代表的生活分享应用等。虽然不同平台有其特定的目标人群,但网络推广本质是一致的。要在了解用户的基础上,再开展针对性的网络推广才能取得成效,并且网络推广是一项长期不断与用户互动与进化的过程。因此,网络推广人员必须不断学习新的知识。

项目7

互联网工具的使用

互联网已经成为企业营销重地。一个好的互联网工具可以为营销人员节省精力，达到事半功倍的效果，特别是随着社交媒体的盛行，各种相应的营销工具也不断出现。本项目主要介绍几个营销内容制作工具及管理工具。

技能目标
※ 掌握 MailChimp 的使用
※ 掌握初页的使用
※ 掌握创客贴的使用
※ 掌握麦客 CRM 的使用
※ 掌握 XMind 的使用
※ 掌握 ProcessOn 的使用

教学建议
※ 使用案例引入法，引起学生的兴趣
※ 注册相应账号，进行实操训练

知识要点
※ MailChimp 的功能及使用场景
※ 初页的功能及使用场景
※ 创客贴的功能及使用场景
※ 麦客 CRM 的功能及使用场景
※ XMind 的功能及使用场景
※ ProcessOn 的功能及使用场景

7.1 内容制作工具

7.1.1 用 MailChimp 做 EDM 模板

在进行 EDM 时，电子邮件群发是一个关键节点。如今，全球对垃圾邮件的惩罚力度是非常严厉的。一旦企业电子邮件进入了垃圾邮箱黑名单，就意味着从今往后从该电子邮箱发出的所有电子邮件都自动进入对方的垃圾信箱里边，被过滤掉，这恐怕是任何人都不想看到的情况。MailChimp 公司目前算得上全球数一数二的 EDM 解决方案提供商之一。该公司直接跟国际反垃圾邮件组织有合作关系，也就意味着通过这个平台对外发送的电子邮件一律不会被当作垃圾邮件，最起码有很好的保障。MailChimp 中文译为邮件猩猩（邮件猿），可以用来制作图文并茂的 HTML 电子邮件。MailChimp 制作的 HTML 电子邮件界面，如图 7-1 所示。

图 7-1　MailChimp 制作的 HTML 电子邮件界面

HTML 电子邮件不像传统的电子邮件，因为里面的文字都是可选取的，而且可以插入超链接，活生生地就类似一个网页的页面。下面介绍一下如何使用 MailChimp。

1．注册与登录

首先登录 MailChimp 官方网站，在其登录界面中单击"Sign Up Free"按钮，如图 7-2 所示。

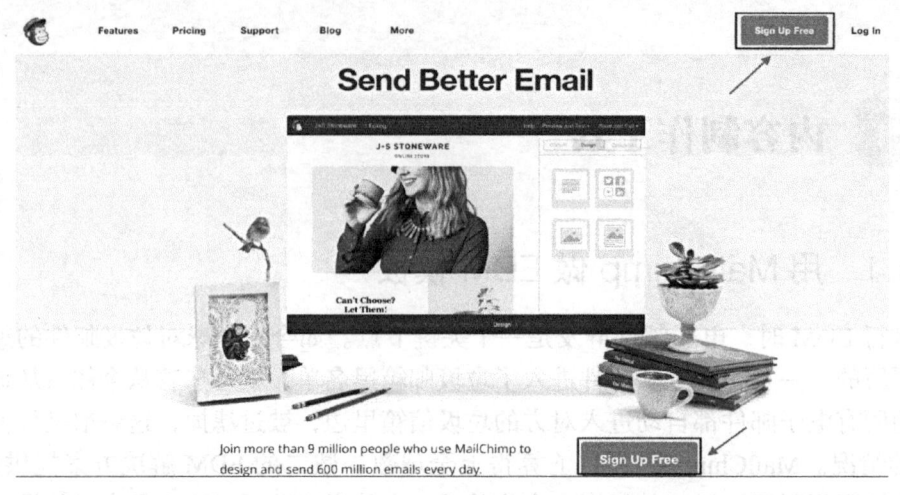

图 7-2 MailChimp 登录界面

在打开如图 7-3 所示的 MailChimp 注册界面后，填写相关信息。接着跳转到 MailChimp 注册基础信息设置界面，这里要求填写的内容较多，如图 7-4 所示。

图 7-3 MailChimp 注册界面

图 7-4 MailChimp 注册基础信息设置界面

接下来就顺利进入 MailChimp 主界面，单击"Templates"（模板）按钮，如图 7-5 所示。在打开模板注册界面后单击"Create Template"按钮进行模板注册，如图 7-6 所示。

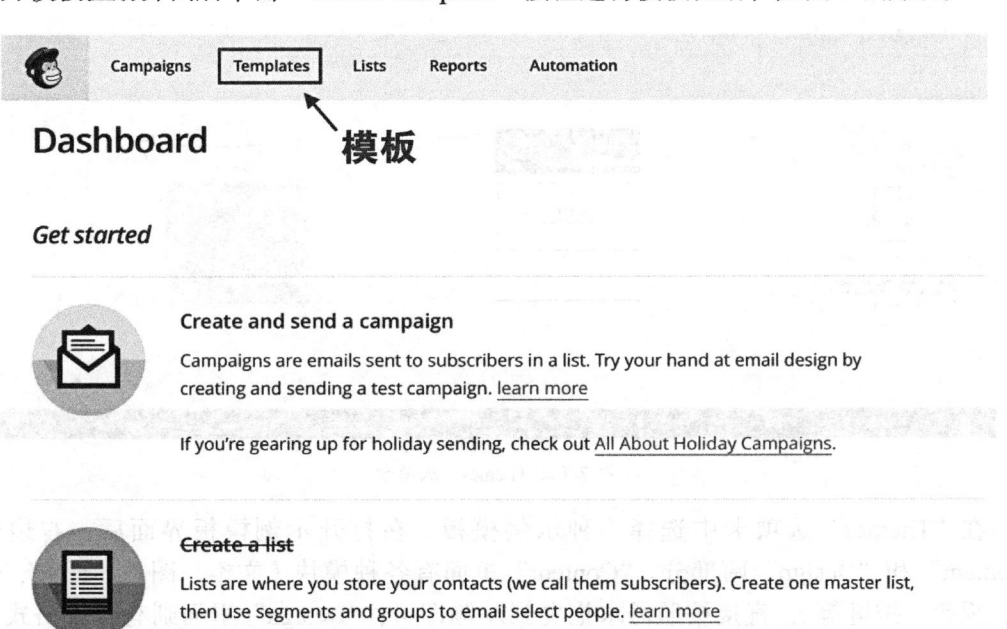

图 7-5 MailChimp 主界面

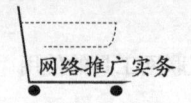

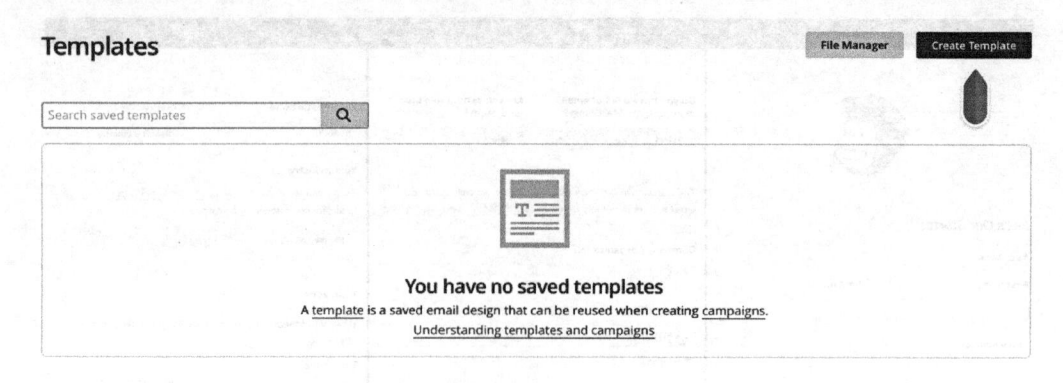

图 7-6 模板注册界面

这里可以看到"Basic""Themes""Code Your Own"3 个选项卡。在"Basic"选项卡中，有各种排版布局的示例，在"Themes"选项卡中，给出了带有丰富颜色图案等的示例模版，如图 7-7 所示。

图 7-7 "Themes"选项卡

在"Themes"选项卡中选择一种示例模板。在打开示例模板界面后，右边分为"Content"和"Design"两部分。"Content"里面有各种模块（文本、图片、图文、分割线、视频、按键等），直接按照需求拖曳到左侧即可；"Design"里面则有各种格式设置（颜色、大小、字体之类），进行相应设置后，保存退出即可。在刚刚编辑完的模板右侧选择"Export as HTML"菜单命令导出 HTML 文件，如图 7-8 所示。

把导出的 HTML 文件用记事本打开，出现的就是 HTML 代码，如图 7-9 所示。复制 HTML 代码，并在电子邮箱客户端中打开 HTML 编辑模式，粘贴代码。

最后返回可视化模式即可看到之前做的页面。国内也有一些可视化编辑 HTML 电子邮件的平台。接下来介绍两个国内可视化编辑 HTML 电子邮件的平台：灵析和 Luosimao。

图 7-8　导出 HTML 文件

图 7-9　HTML 代码

灵析主界面如图 7-10 所示。Luosimao 主界面如图 7-11 所示。

图 7-10　灵析主界面

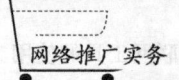

图 7-11　Luosimao 主界面

但是，这两个可以制作 HTML 电子邮件的平台的一些功能模块并不完善。

7.1.2　用初页制作微信 H5 海报

初页是一款手机端 H5 内容制作和分享的应用软件，可以用于制作精美的图文动画。初页有自己的面向 C 端的 App。该 App 提供了很多的模板供用户选择，是手机端制作动态海报的 App，而且操作容易，可以直接在手机上进行编辑操作，图文混排的模板也很丰富。可免费下载安卓版和苹果版初页 App。无论是在手机上还是计算机上，都可以通过初页轻松创作优雅、炫酷的利于微信传播的 H5 海报。

下面介绍在 PC 端用初页制作 H5 海报。

首先，打开初页的主页，如图 7-12 所示。

图 7-12　初页的主页

用手机扫描二维码，出现如图 7-13 所示的微信登录界面，单击"微信登录"按钮，即可在计算机上登录微信，进行初页的制作。首先单击"创建作品"按钮，新建页面，如图 7-14 所示，再选择合适的模板，如图 7-15 所示。

图 7-13　微信登录界面

图 7-14　新建页面

图 7-15　选择合适的模板

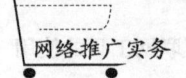

可以同时选择多个模板。在初页的左侧，有个用于选择模板的面板，即需要操作哪个模板就单击哪个模板，不需要的模板可以被删除。可以对所选模板进行编辑，如可以设置字体、字体颜色，以及添加内置的一些特效，还可以添加音乐，如图 7-16 所示。

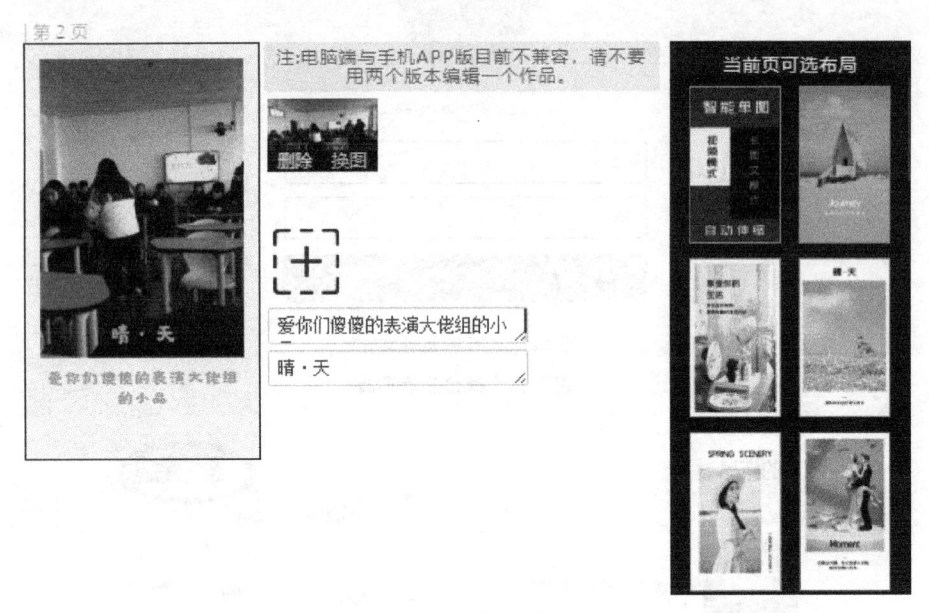

图 7-16 模板编辑

制作好 H5 海报后，单击"预览"按钮，并通过扫描二维码将其发布、分享到朋友圈里。

7.1.3 用创客贴轻松做设计

创客贴是一款可在多平台（Web、Mobile、Mac、Windows）上进行极简图形编辑和平面设计工具软件，包括网页、苹果、iPad、安卓、桌面等版本。按功能，创客贴可分为个人版创客贴和团队协作版创客贴。用户可使用创客贴提供的图片素材和设计模板，通过简单的拖、拉、曳操作就可以设计出海报、PPT、名片、邀请函等各类设计。下面介绍创客贴使用的基本步骤。

首先打开创客贴的主页，再选择需要设计的类别，如图 7-17 所示。

图 7-17 选择设计的类别

可以进入模板中心专题页面中，直接筛选需要的模板，如图 7-18 所示。

项目 7　互联网工具的使用

图 7-18　模板中心

接下来选择想要的设计场景，如图 7-19 所示。

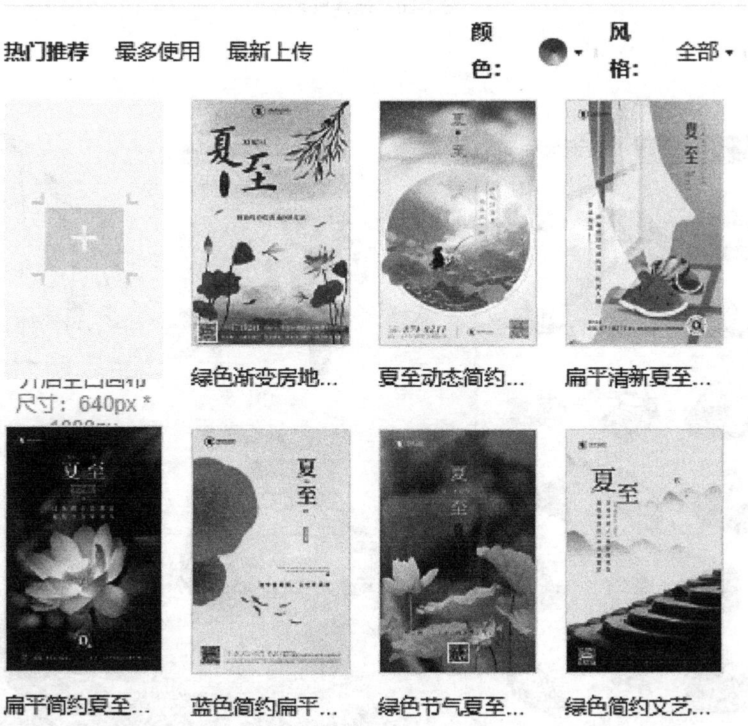

图 7-19　选择设计场景

然后选择一个喜欢的版式，如图 7-20 所示。

更改文字和图片后，一张简单的图片就被做好了，如图 7-21 所示。

网络推广实务

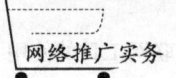

图 7-20 选择版式

图 7-21 制作完成的图片

最后进行图片的下载、保存和分享操作。单击"下载"按钮，然后选择下载的格式（有 3 种格式可供选择，即 PNG、JPG、PDF-印刷），如图 7-22 所示。

图 7-22　选择格式

7.2　管理工具

7.2.1　用麦客 CRM 做调查表

进行问卷调查或者统计数据是职场中的日常工作。通过传统的纸质或面对面询问进行的问卷调查，都会很费时、费力。而通过麦客 CRM 做成的表单及生成二维码或链接，就可以很方便地进行跨区域考试、调研、数据统计。在这里，我们主要介绍利用麦客 CRM 做调查表的步骤。

第一步，打开麦客 CRM 的主页，如图 7-23 所示。

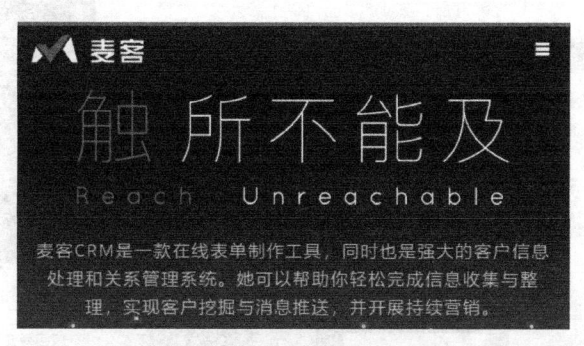

图 7-23　麦客 CRM 的主页（截图）

第二步，注册麦客 CRM。可以使用邮箱或手机来注册麦客 CRM，如图 7-24 所示。

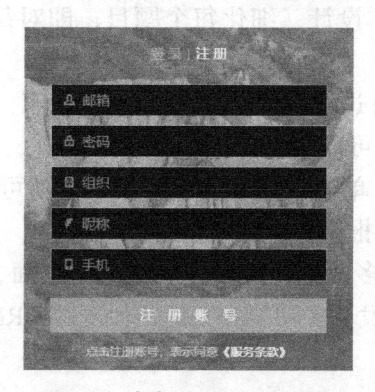

图 7-24　麦客 CRM 的注册页面

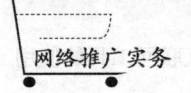

第三步，创建表单。如图 7-25 所示。

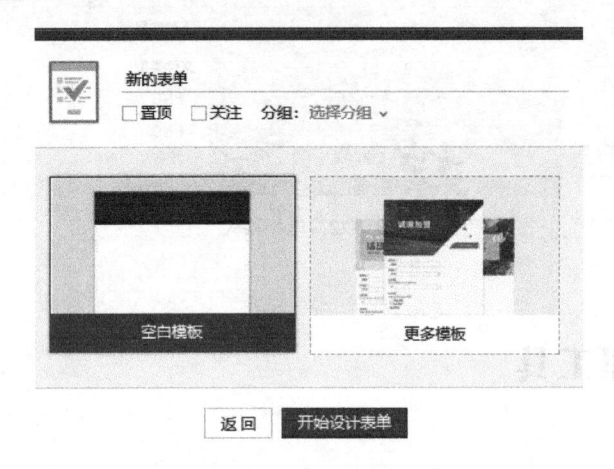

图 7-25　麦客 CRM 的表单创建页面

第四步，根据自己的需要可以选择现成的模板。在时间充裕的情况下，可以选择空白模板，并融入自己的设计风格，如图 7-26 所示。

图 7-26　选择表单模板

第五步，进行表单的基本设计，细化每个题目，即对每个题目进行编辑，如图 7-27 所示。

第六步，生成表单，并通过二维码或链接分享给大家，如图 7-28 所示。如果有时限要求，可以设置失效时间，也可以在表头提示大家。

第七步，查看反馈信息。单击"查看反馈"按钮，就可以看到每个表格的填写情况，还可以根据需要选择导出统计报表。

另外，麦客 CRM 还有很多其他功能，如制作电商页面、制作活动报名表等，大家可以查看麦客 CRM 的介绍，开发更多功能。其他类似麦客 CRM 功能的软件有鲸服务、简道云等。

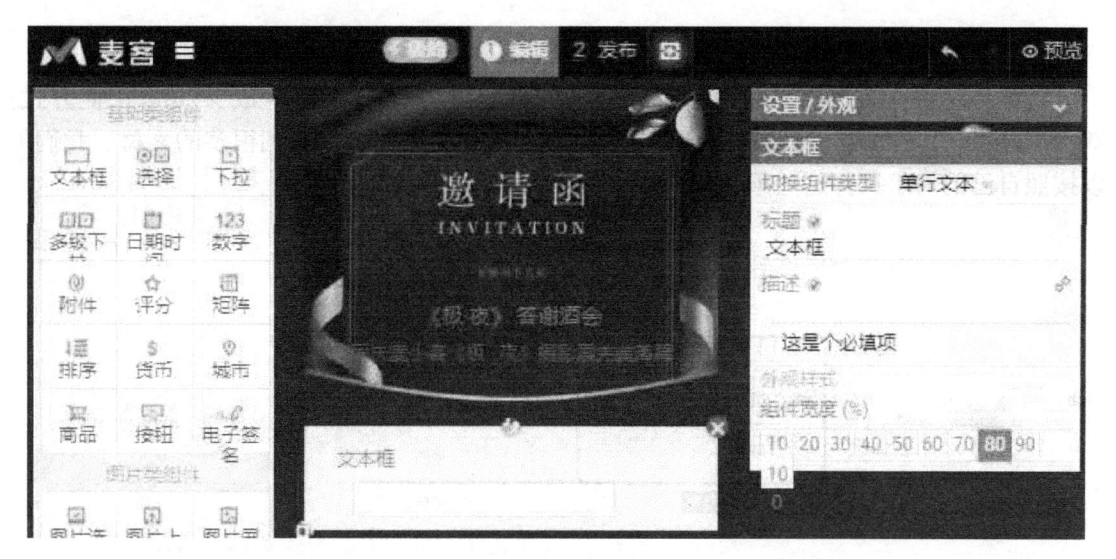

图 7-27 编辑每个题目

图 7-28 生成并分享表单

7.2.2 用 XMind 管理思维

XMind 是一款非常实用的商业思维导图软件。该软件是一款通过全球最先进的 Eclipse RCP 软件架构打造的易用、高效的可视化思维软件。XMind 不仅可以绘制思维导图，还能绘制鱼骨图、二维图、树形图、逻辑图、组织结构图（Org、Tree、Logic Chart、Fishbone）。

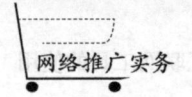

1. 基本操作

首先，下载并安装 XMind。安装 XMind 成功后，会在桌面上生成 XMind 快捷方式。双击 XMind 快捷方式，打开 XMind 界面，如图 7-29 所示，可以看到很多的素材。我们可以按照自己的需求选择这些素材。

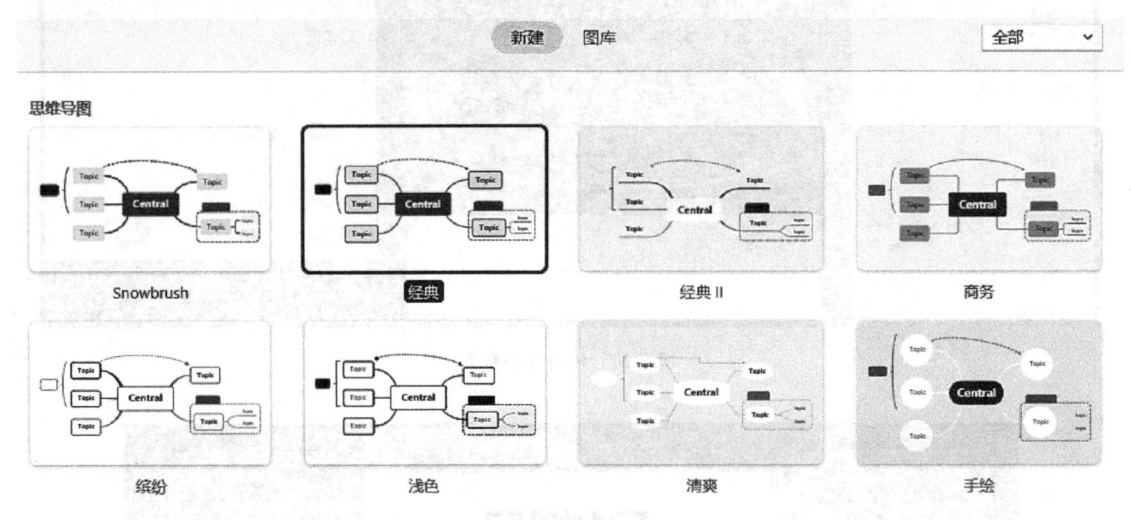

图 7-29 XMind 界面

在打开的 XMind 界面中，选择"图库"选项，如图 7-30 所示，可以看到形形色色的模板。我们可以根据自己的需要选择这些模板。

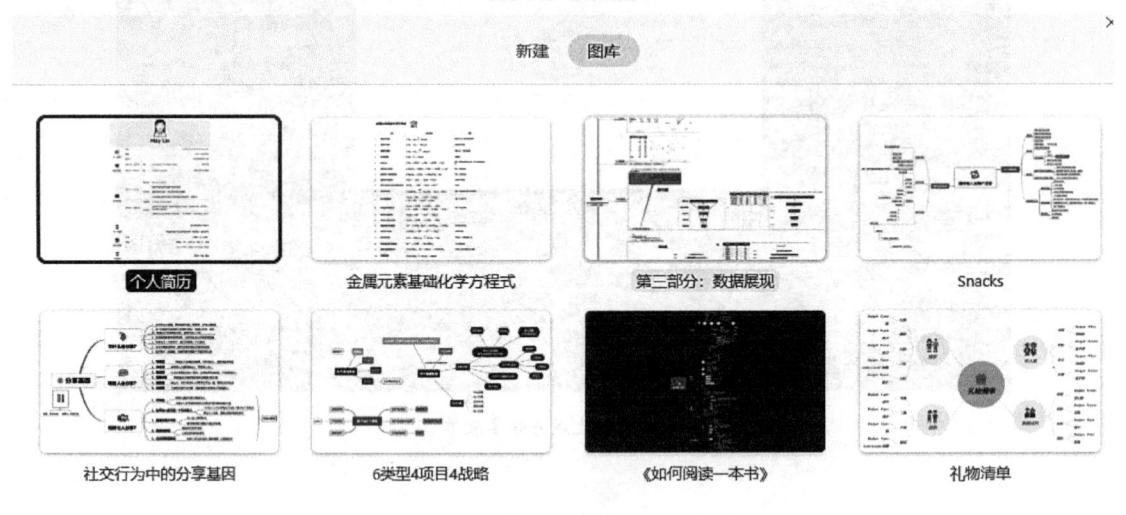

图 7-30 模板

这里，随意选择一个模板来画图，并可以随意在该模板上进行修改，如图 7-31 所示。

接下来，可以在某个对象节点上右击，做相应的操作，包括删除节点、修改节点内容等。

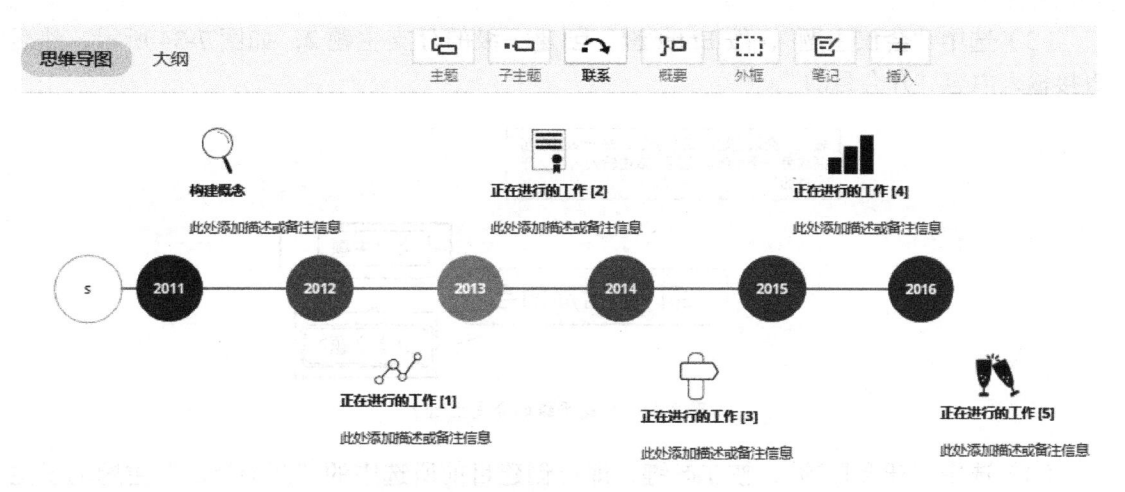

图 7-31　选择一个模板

2. 使用实例

打开一个空白文件，我们利用 XMind 制作一个"部门运营周例会"思维导图。

（1）双击中心主题，使之处于编辑状态，如图 7-32 所示，然后输入内容"部门运营周例会"，按 Enter 键。

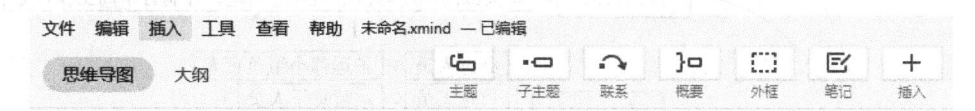

图 7-32　中心主题处于编辑状态

（2）选中"部门运营周例会"，按下 Tab 键，创建一个"部门运营周例会"主题的子主题——分支主题 1，如图 7-33 所示，然后直接输入内容"会议主题"，按 Enter 键。

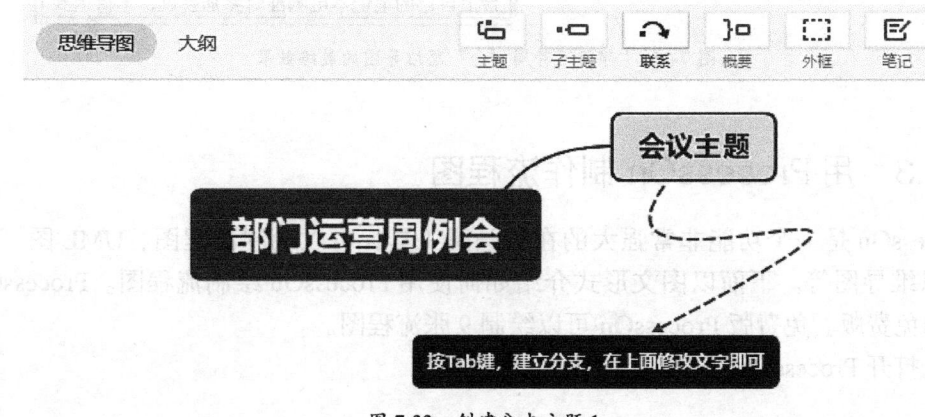

图 7-33　创建分支主题 1

（3）选中"会议主题"，按 Enter 键，创建平级的分支主题 2，如图 7-34 所示，然后直接输入内容"开会目的"。

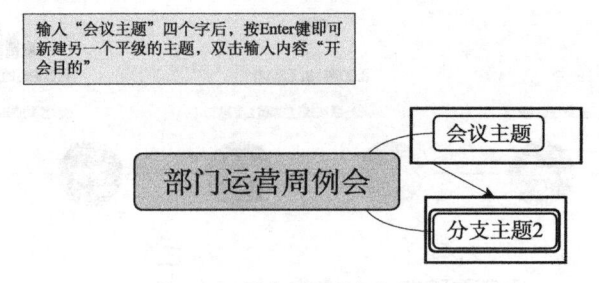

图 7-34 创建平级的分支主题 2

（4）选中"开会目的"，按 Tab 键，即可创建目前所选中的"开会目的"主题的子主题，继续输入内容即可。因此在 XMind 中，按 Tab 键可以创建子主题，按 Enter 键可以创建目前所选中主题的平级主题。按照这样的方式即可完成思维导图的创建。

（5）"部门运营周例会"思维导图的最终效果如图 7-35 所示。

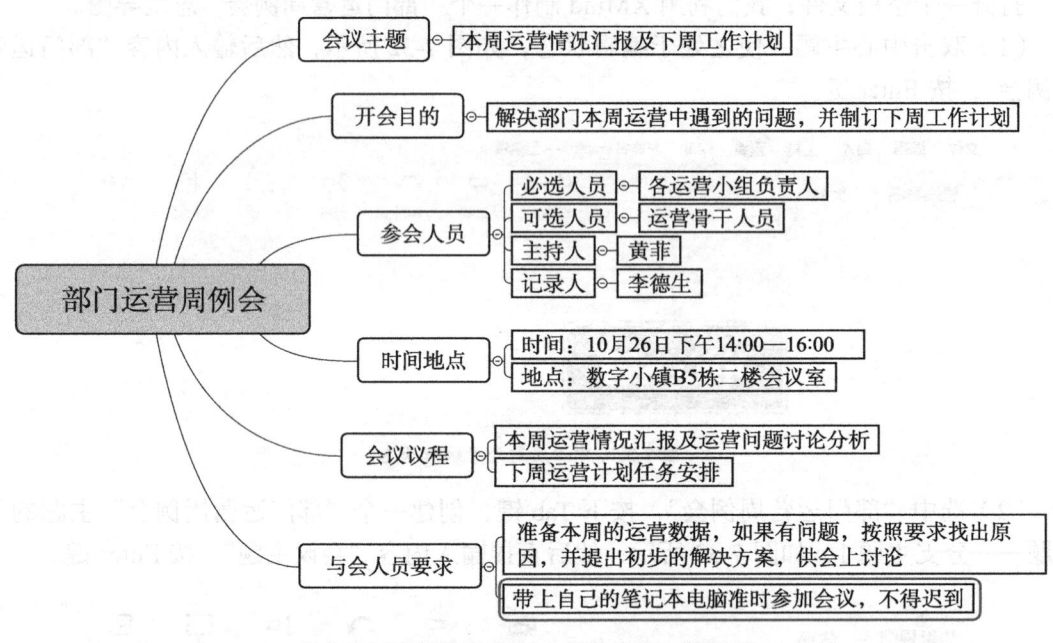

图 7-35 "部门运营周例会"思维导图的最终效果

7.2.3 用 ProcessOn 制作流程图

ProcessOn 是一个功能非常强大的在线画图工具，可以绘制流程图、UML 图、UI 原型图和思维导图等。下面以图文形式介绍如何使用 ProcessOn 绘制流程图。ProcessOn 分付费版和免费版。免费版 ProcessOn 可以绘制 9 张流程图。

首先打开 ProcessOn 的主页，如图 7-36 所示。

图 7-36 ProcessOn 的主页

然后单击左上角的"新建"按钮，选择流程图，即可创建一个未命名的空白文件，如图 7-37 所示。

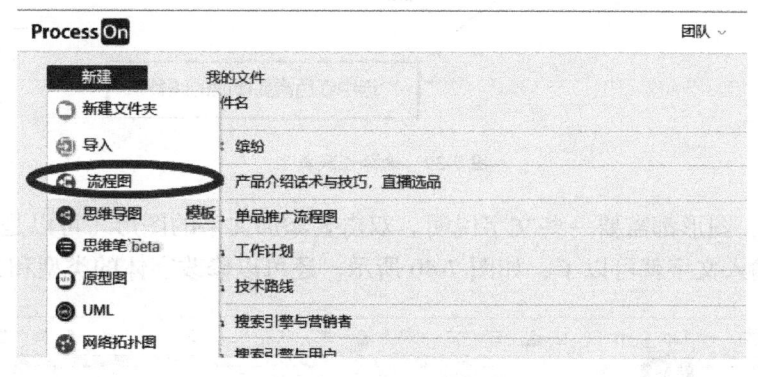

图 7-37 流程图编辑界面

创建好文件之后，就会自动进入画图界面，如图 7-38 所示，可以看到文件名、导航栏、工具栏和图形样式。

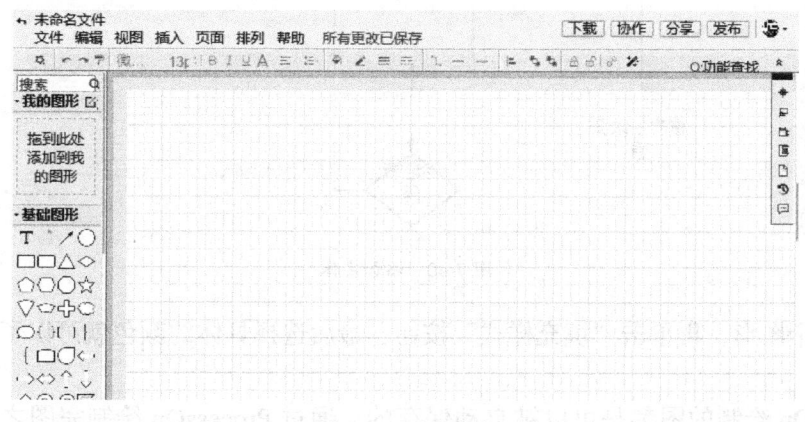

图 7-38 画图界面

接下来，在图形样式中选中某个图形，并将其拖动到画板想要存放的位置。可以先将图形拖进来，再连线。拖动好图形之后，选择图形某个边框位置，稍微拖动一下，如果出现连线，向想要连接的位置拖动，就能把两个位置连接起来了。

默认的连线类型是能够有 90 度弯曲的。如果两个位置在同一水平线上，就会以直线形式连接，否则以直角弯曲的形式连接。如果想要修改连线类型，那么选择要修改的线条，如图 7-39 所示，再选择连线类型就可以了。此外，连线的起点和终点都是可以修改的，可以是没箭头的，也可以是双箭头的。

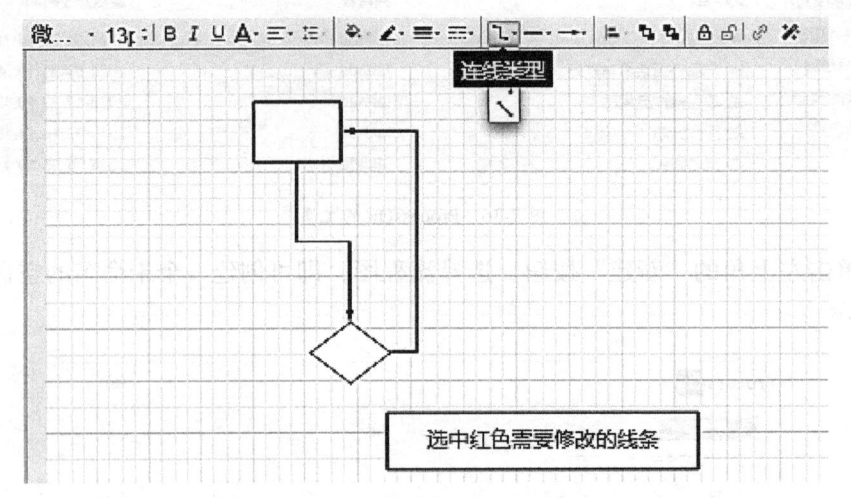

图 7-39 选择连线类型

一般来说，图形都需要一些文字说明。双击要添加文字的图形（可以是文本框，也可以是线条），输入文字就可以了，如图 7-40 所示，还可以修改字体的类型和大小。

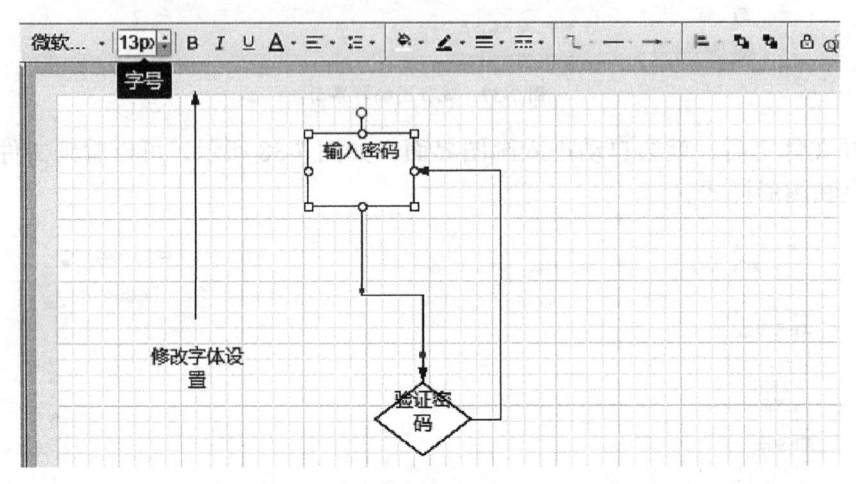

图 7-40 添加字体

选择某个图形，再单击"填充样式"按钮，最后选择具体的颜色就可以了，如图 7-41 所示。

ProcessOn 绘制的图都是可以被自动保存的。通过 ProcessOn 绘制完图之后，可以直接退出或者按返回键即可。

很多时候，要对 ProcessOn 绘制好的图进行截图来使用。但是画板并不是空白的，其默认背景是网格的。如果以这样的背景进行截图的话，其效果可能并不好，所以要修改背景，可以先选择"页面"菜单命令，再把"显示网格"选项前面的钩去掉，如图 7-42 所示。全屏显示截图或者退出后在预览下进行截图效果会更好。

162

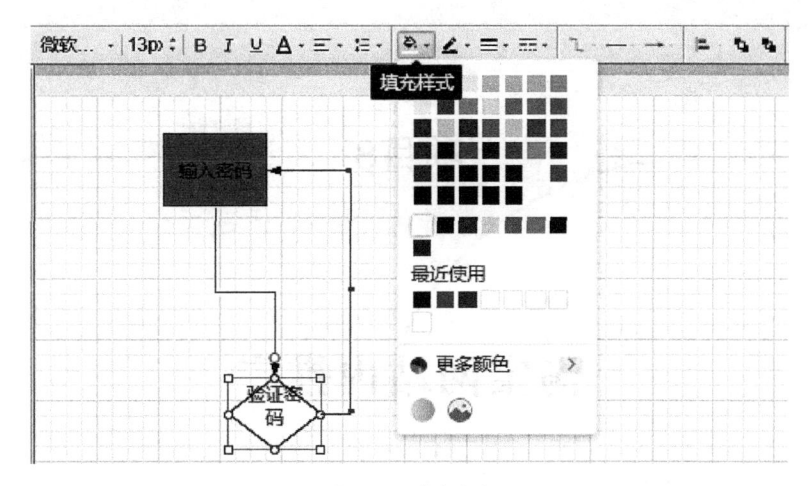

图 7-41　填充颜色

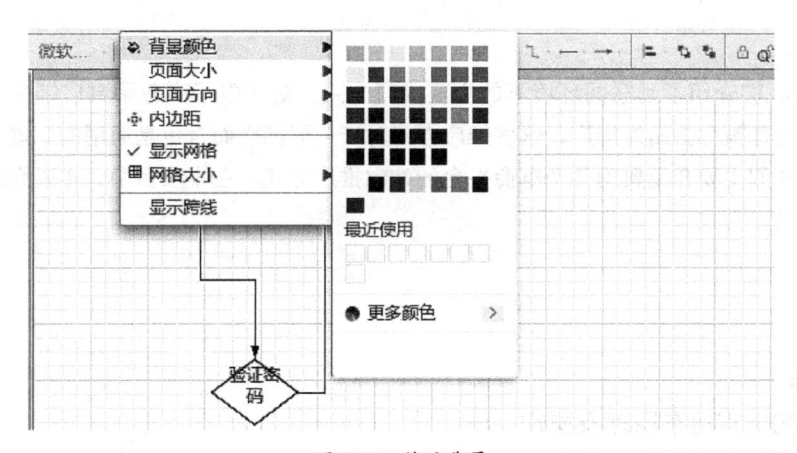

图 7-42　修改背景

本项目介绍了目前营销过程中经常会用到的一些互联网工具。这里介绍的只是这些工具的一些基本功能。每个工具都有很多其他功能。读者可以自己继续研究开发好的工具，也可以在互联网中找找其他有用的工具。

技能训练

（1）利用 MailChimp 为三只松鼠做一个"双 11"促销电子邮件。
（2）利用初页制作三只松鼠"双 11"H5 页面。
（3）利用创客贴制作三只松鼠"双 11"海报。
（4）利用麦客 CRM 制作三只松鼠"双 11"消费者回馈调查表。
（5）利用 XMind 制作三只松鼠"双 11"活动策划思维导图。
（6）利用 ProcessOn 制作三只松鼠"双 11"活动流程图。

项目8

淘宝网站内推广

前面我们介绍了互联网环境下的主要推广方式，对于电子商务平台店铺来说，这些推广方式往往被称为站外推广，这些推广方式对于一般网店而言也是通用的。接下来的几个项目，我们主要介绍典型几个电商平台的站内推广方式。在本项目中，主要介绍淘宝网站内主要推广方式。

技能目标
※ 掌握淘宝直通车原理及操作
※ 掌握钻石展位原理及操作
※ 掌握淘宝客原理及操作
※ 掌握淘宝活动策划

教学建议
※ 引用案例，引起学生兴趣
※ 利用问题讨论，与学生多互动
※ 让学生自己找案例，进行讨论分析

知识要点
※ 淘宝网流量来源
※ 淘宝直通车原理及操作
※ 钻石展位原理及操作
※ 淘宝客原理及操作
※ 淘宝活动类型
※ 淘宝活动策划

阅读参考
※ 张发凌，姜楠，韦余靖. 淘宝网店运营、管理一本就够 [M]. 北京：人民邮电

出版社，2017.

※ 夕阳．淘宝直通车推广全攻略[M]．北京：电子工业出版社，2017.

※ 淘宝大学．淘宝大学电子商务人才能力实训（CETC系列）：网店运营[M]．北京：电子工业出版社，2018.

8.1 淘宝网流量

8.1.1 流量来源分析

经营淘宝店铺，最重要的就是引流了。店铺流量增加不仅可以提高店铺权重，还可以增加店铺销售额。淘宝网流量按照流量来源可以分为淘宝网站内流量和淘宝网站外流量。淘宝网站外流量的获取与本书前面所述内容相似，在此不做赘述。淘宝网站内流量主要包括自然流量、活动流量等。下面介绍几种典型的淘宝网站内流量。

1. 自然流量

自然流量也即用户主动搜索后产生点击行为的流量。而淘宝宝贝的标题，就是流量通道，一方面要写好商品的标题，更重要的是要研究淘宝排行榜的规则。淘宝排行榜的当前排序主要有综合排序、销量排序、信用排序。影响综合排序的因素有以下几个。

1）相关性

（1）类目相关性。如果商品被放错了类目，那么直接搜索该商品词条是搜索不到的。

（2）关键属性相关性。商品的关键属性信息被设置得越准确，该商品词条被搜索到的概率越大。

（3）标题相关性。淘宝开始全网检索时，首先检索商品的类目，之后检索商品的属性，最后检索商品的标题。

2）作弊、降权

靠炒作提升商品销量和信誉、发广告、商品外链引流、套餐超低价等都属于作弊行为。作弊行为被查到后，淘宝店铺会被降权，严重的还会被屏蔽，从而使其综合排序下的排名下降。

3）下架时间

越靠近下架时间的商品排名越靠前，这样就保证每个商品都有可能被展现在淘宝排行榜的前面位置。

4）DSR评分

DSR（Detail Seller Rating）评分是一个动态评分，是通过商品与描述相符、卖家的服务态度、物流服务的质量而进行的综合评分。这个评分会直接影响淘宝店铺及商品的综合排序。

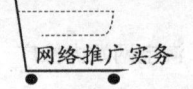

2. 活动流量

经常逛淘宝网的人会发现，淘宝网经常搞活动，要么是淘宝网官方举办的活动，要么就是一些大品牌周年庆活动，总之活动不断。正因为活动可以带来巨大的流量，所以各大商家都乐此不疲。在此主要介绍淘宝官方活动。无论对于金冠店铺还是对于刚开的新手店铺，淘宝网的活动免费流量都是商家必争之地。

淘宝网的活动分为以下 3 个类型。

- 平台型活动：如聚划算、天天特价、淘金币等活动。
- 类目型活动：淘宝网根据不同类目会组织不同的活动。
- 全站型活动：淘宝网举办的全网活动，如双 11、年终大促等活动。

在众多的活动中，商家根据自己店铺的需要及活动的要求寻找适合自己的活动。一般情况下，级别低的活动更容易报名成功。

3. 直接点击流量

直接点击流量指的是通过店铺收藏、宝贝收藏等进入店铺产生的流量。获取这部分流量的重点是做好店铺收藏。店铺的客服人员可以建议买家进行店铺收藏。

4. 淘宝直通车流量

淘宝直通车是为专职淘宝和天猫卖家量身定制的并按点击量付费的效果营销工具。淘宝直通车可以帮助卖家实现宝贝的精准推广。卖家可以通过竞价方式购买相关关键词，而且出价越高，相关关键词在搜索结果中的排名越靠前。通过点击淘宝直通车进入店铺的流量是目前大部分店铺流量的主要来源，而且购买淘宝直通车的店铺在自然搜索中也能获得流量权重。

5. 钻石展位流量

钻石展位是淘宝网图片类广告位竞价投放平台，是为卖家提供的一种营销工具。钻石展位依靠图片创意吸引买家的点击，从而获取巨大流量。

6. 淘宝客流量

淘宝客是那些帮助淘宝店铺推广商品并按照成交效果获得佣金的"人"（可以是个人或者网站）。淘宝客之前叫淘客，自 2009 年 1 月 12 日起，正式更名为淘宝客。淘宝店铺可以引导淘宝客推广店铺的主推商品（主推商品佣金高）。通过与淘宝客合作，可以获得店铺流量。

8.1.2　其他淘宝网站内流量

其他淘宝网站内流量指的是通过淘宝网内的任何一个板块或链接进入店铺的流量。除了前面介绍的几种主要的淘宝网站内流量，还有以下一些其他淘宝网站内流量。

- 淘宝类目流量：从淘宝网官方分类页面进入店铺的流量。
- 淘宝专题流量：参加淘宝网专题促销活动引来的流量。

- 淘宝频道流量：就是通过淘宝网的类目频道引来的流量。
- 淘宝空间流量：来自淘宝空间的流量。
- 淘宝看图购流量：从淘宝看图购进入店铺的流量。
- 淘宝画报流量：从淘宝画报进入店铺的流量。
- 淘江湖流量：从淘江湖进入店铺的流量。
- 淘宝其他店铺流量：从其他店铺引来的流量。
- 淘宝信用评价流量：是从淘宝信用评价页面进入店铺的流量。
- 阿里旺旺非广告流量：访客通过旺旺聊天窗口进入店铺访问相应"宝贝"所带来的流量。
- 淘宝店铺搜索流量：进入在淘宝网搜索的店铺的流量。
- 富媒体广告流量：访问店主投放的富媒体广告所带来的流量。
- 淘女郎流量：从淘女郎进入店铺的流量。

8.2 淘宝直通车

8.2.1 淘宝直通车介绍

1. 什么是淘宝直通车

淘宝直通车是由阿里巴巴集团下的中国雅虎网和淘宝网进行资源整合而推出的一种全新的搜索竞价模式。通过淘宝直通车让买家进入店铺，产生一次甚至多次的店铺内跳转流量，这种以点带面的关联效应可以降低整体推广的成本和提高店铺的关联营销效果。

2. 淘宝直通车作用

- 被淘宝直通车推广了的宝贝，只要通过淘宝网搜索这个宝贝关键词就能被看到，大大提高了宝贝的曝光率，从而带来更多的潜在用户。
- 只有想买这种宝贝的人才能看到淘宝直通车的广告。淘宝直通车带来的点击都是有购买意向的点击，带来的用户都是有购买意向的买家。
- 淘宝直通车能给整个店铺带来人气，虽然推广的是单个的宝贝，但很多买家都会进入店铺里去看。一个点击可能带来的是几个成交，这种整体连锁反应是直通车推广的最大优势，久而久之店铺的人气自然高起来了。
- 加入淘宝直通车后，可以报名参加各种促销活动。
- 淘宝直通车能给店铺带来很高的流量。

3. 淘宝直通车种类

为了能更好地贴合买家购买需求，把推广覆盖到更多潜在买家，淘宝直通车除了进行

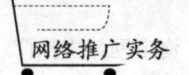

宝贝推广，还推出了店铺推广、明星店铺推广、活动推广和定向推广等。

1）宝贝推广

宝贝是淘宝直通车最基础的营销产品。卖家给宝贝设置相关的关键词并出价。当买家搜索该关键词时，宝贝就会得到展现。这种推广方式能够明确买家的搜索意图，精准锁定潜在目标用户。

2）店铺推广

店铺推广是基于宝贝推广的一种新的通用推广方式，可以对店铺进行精准推广。卖家设置与店铺推广页面相关的关键词和出价，当买家搜索该关键词时，店铺就会获得展现与流量。推广店铺的同时，可以推广店铺中多个同类型宝贝，以传递店铺独特品牌形象。

3）明星店铺推广

明星店铺推广是基于搜索营销的又一种新的推广方式。开通了明星店铺的卖家设置相应关键词和出价。当买家搜索该关键词时，其对应推广信息将在搜索结果的首页最上方的黄金位置获得展现。明星店铺推广具有销售转化率高、有利于塑造店铺品牌形象的特点。

4）活动推广

活动推广采取淘宝直通车用户自主报名的方式，将一部分符合淘宝网特别运营要求的宝贝在某一段时间、特定位置上进行集中展现。目前，活动推广主要可分为长期活动推广和主题活动推广两种形式。

（1）长期活动：例如，"淘宝热卖单品"活动是在淘宝网的首页直接被展现的，可以受到千万用户的关注，并可以将商品推向网购狂潮的风口浪尖。

（2）主题活动：主题活动是被不定期举行的，并在最合适的时间、最显眼的位置在淘宝网上被展现，从而给店铺宝贝带来目标用户。

5）定向推广

定向推广依靠淘宝网庞大的数据库，构建出买家的兴趣模型。从细分类目中抓取与买家兴趣点匹配的宝贝，并将宝贝展现到旺旺焦点图，从而锁定潜在买家，实现精准营销。

8.2.2 淘宝直通车的开通与操作

目前，如果要申请开通淘宝直通车账户，必须符合以下基本条件。

- 淘宝网卖家信用达二星级（11 笔交易好评）及以上（天猫网卖家无此项要求）。
- 店铺动态评分各项分值均在 4.4 分及以上。
- 若是淘宝网卖家，并且店铺的主营类目为保健品/滋补品/古董/邮币/字画/收藏/母婴用品/奶粉/孕妇装/品牌手表/流行手表/女装/女士精品/食品/茶叶/零食/特产中一个，必须签署《淘宝网消费者保障服务》协议并缴纳消费保障服务保证金。

1. 淘宝直通车的开通

第一步,进入淘宝直通车后台管理系统,其步骤如图8-1所示。淘宝直通车后台管理系统如图8-2所示。

登录淘宝网账号 ⇒ 单击"卖家中心"选项 ⇒ 单击"营销中心"选项 ⇒ 单击"我要推广"选项 ⇒ 单击"淘宝直通车"选项

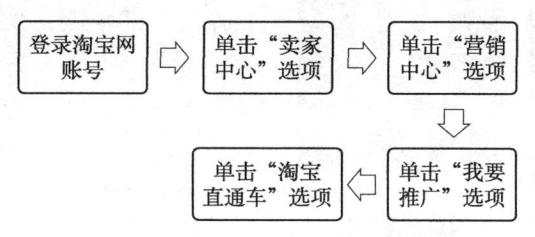

图8-1 进入淘宝直通车后台管理系统步骤

店铺基础报⋏	首页 > 计划报表				① 转化周期释义 □ 数据报表解读
账户报表	计划报表			▽ 筛选计划 ▽	转化周期: 1... ▽ 过去7天
计划报表	数据汇总				⚙
单元报表	展现量 ②	点击量 ②	点击率 ②	点击转化率 ②	投入产出比 ②
关键词报表	1,706	28	1.64%	10.71%	0.65
人群报表	总成交金额 ②	花费 ②	总成交笔数 ②	收藏宝贝数 ②	平均点击花费 ②
创意报表					
地域报表					查看详情 ⌄
店铺实时报表					
智能推广报告	计划排行榜				

图8-2 淘宝直通车后台管理系统

第二步,预存推广费用。

进入淘宝直通车后台管理系统后,首次预存推广费用要500元起。当预存推广费用成功后,就开通了淘宝直通车服务,正式拥有了自己的淘宝直通车账户了。

> **提醒:**
> 对淘宝直通车账户充值,可以通过支付宝余额付款,也可以通过网上银行付款。如果在付款过程中提示安装数字证书,要根据提示进行安装。对于绑定支付宝而没有余额支付功能的天猫会员,建议通过关联账户充值,即以公司名义重新申请一个支付宝,与主支付宝进行绑定,形成关联账户,并通过这个关联账户充值。

2. 淘宝直通车的操作

第一步,在网页端登录淘宝网账号,单击"卖家中心"→"营销中心"→"我要推广"选项,如图8-3所示,再单击第二个"淘宝天猫直通车"选项,就进入淘宝直通车后台管理系统。下面以某淘宝店铺为例介绍淘宝直通车后台管理系统。

若是第一次进入淘宝直通车后台操作系统,其数据都是0。

网络推广实务

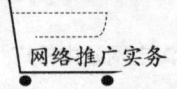

图 8-3　卖家中心

第二步，单击"推广"→"标准推广"选项，就会看到右边的板块，再单击"新建推广计划"按钮如图 8-4 所示。在打开的新建标准推广计划界面中输入推广计划名称，如图 8-5 所示。这里将新建的推广计划取名为"12月28号示范"，如图 8-6 所示，单击"提交"按钮就可以了。

图 8-4　新建标准推广计划界面

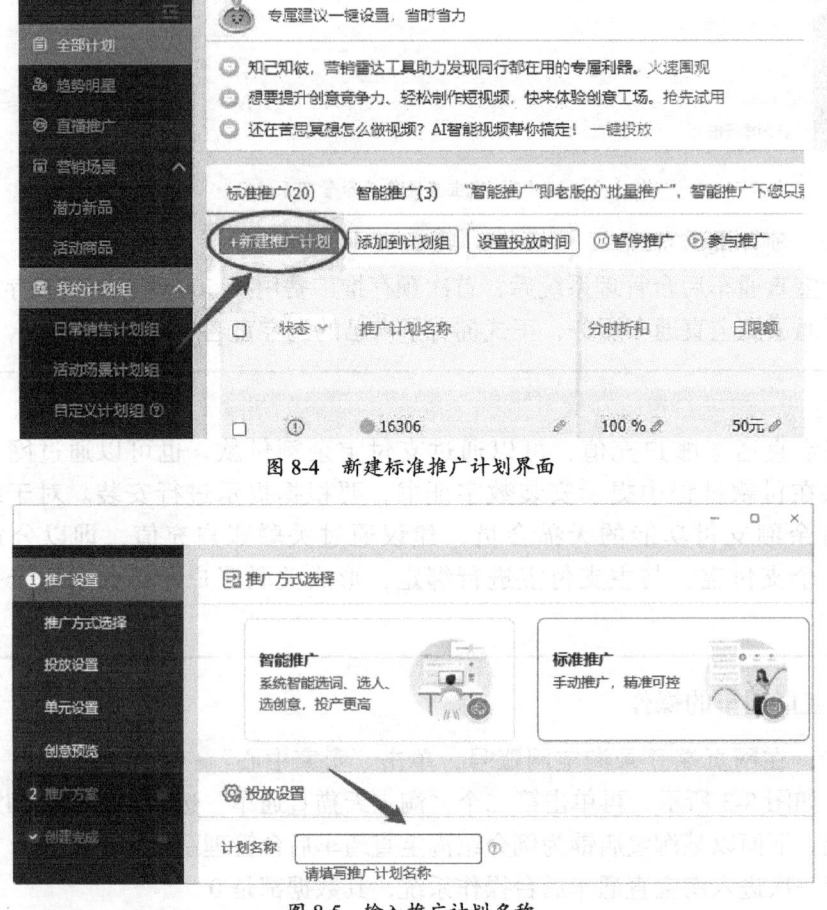

图 8-5　输入推广计划名称

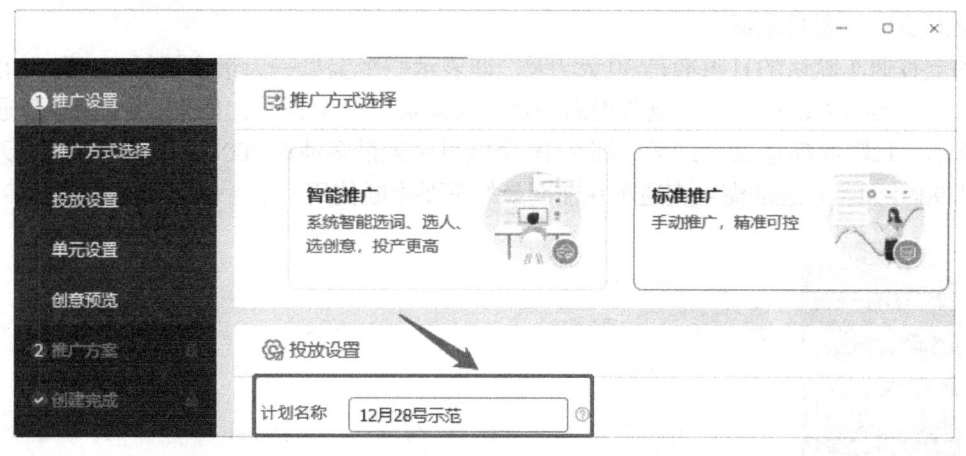

图 8-6　新建的推广计划

第三步，再单击"标准推广"选项就能看到刚刚新建了的推广计划了。

接下来添加宝贝关键词。单击"12月28号示范"标题，就可以添加宝贝了。此处，可以添加多个宝贝。如图8-7所示，此时会跳转出一个新网页，然后选择你要推广的宝贝就可以了，如挑选一款女童打底裤作为推广的宝贝。系统默认选择宝贝主图的第一张图为淘宝直通车主图，当然卖家也可以选其他主图为淘宝直通车主图。然后，修改淘宝直通车的标题。这个标题只能输入40个字符。新建流程中，目前默认使用主图，可以在新建完成后在创意板块进行更换设置。单击"下一步"按钮后要求添加关键词和人群。

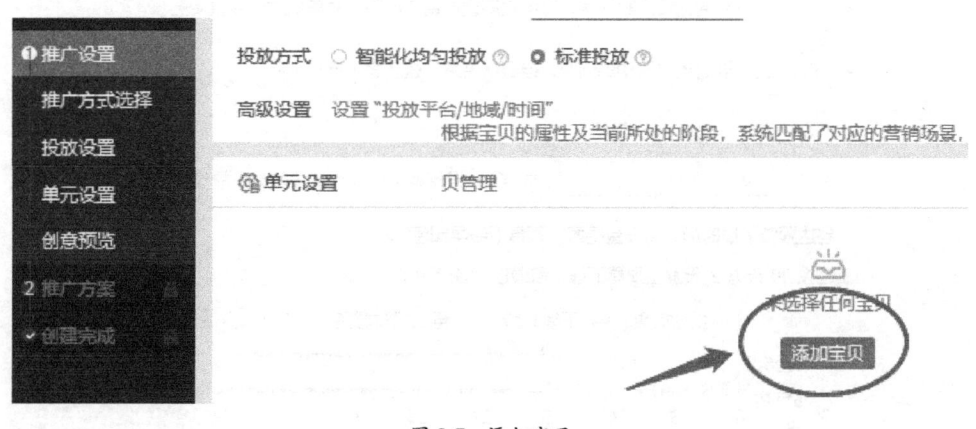

图 8-7　添加宝贝

第四步，添加关键词。

添加关键词是个技术活，卖家可以在热搜词、潜力词等中选择看中的关键词，现在直通车可以智能推荐关键词。

不同宝贝所设置的出价是不一样的，要通过数据分析来确定。若宝贝第一次开通淘宝直通车，建议宝贝出价设置得低一点；否则，若宝贝出价设置得太高了，淘宝直通车的预存金几天就会被用完。在这里就用系统默认的出价。然后进行精选人群及溢价设置，如图8-8所示。

第五步，设置日限额。

淘宝直通车默认的日限额是 30 元/天，即表示一个宝贝一天最多消耗 30 元，如图 8-9 所示。当然卖家可以将日限额设置得高一点。卖家需要做个预算，如果 10 个宝贝开通了淘宝直通车，日限额都是 30 元/天，那么 10 个宝贝一天最多消耗 300 元，一个月（30 天）最多消耗 9000 元。开通的淘宝直通车在前期最好不要中断使用。

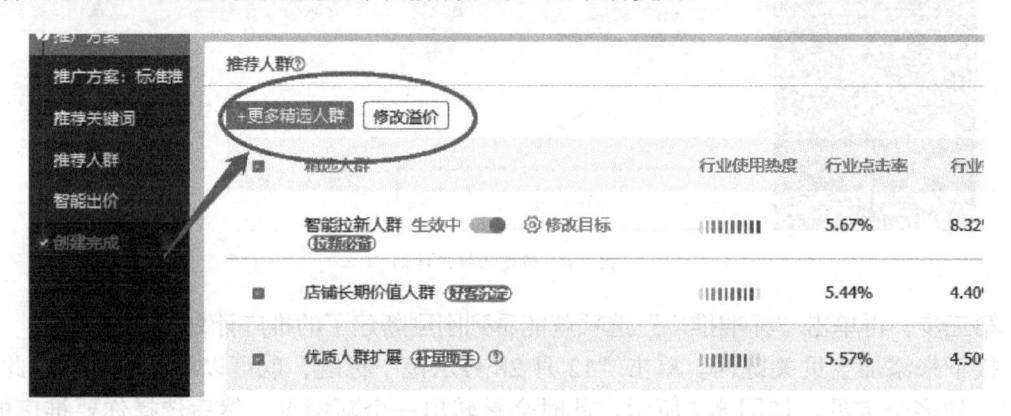

图 8-8　设置关键词和溢价

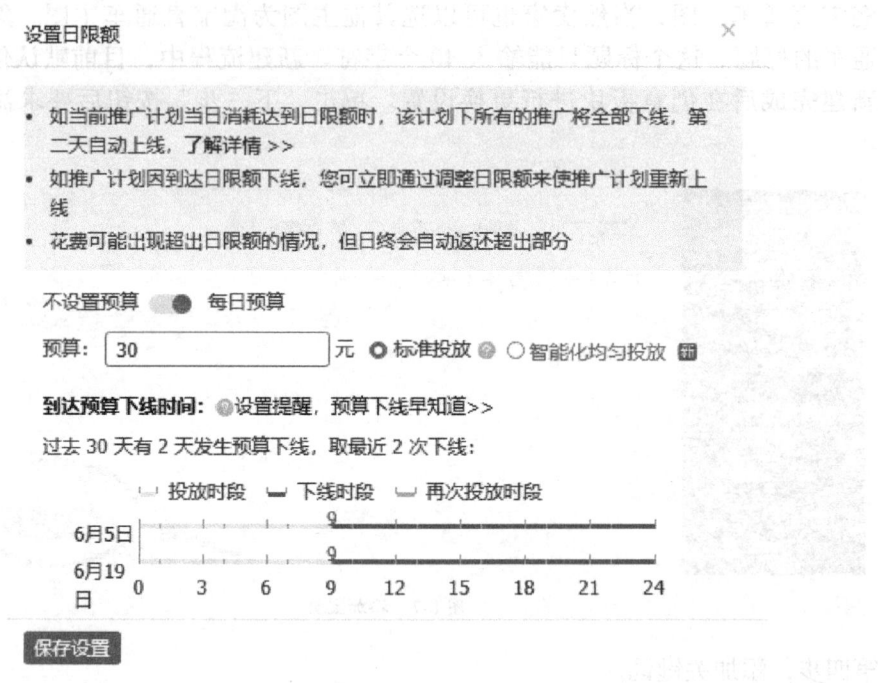

图 8-9　设置日限额

第六步，设置投放平台。

可以将淘宝直通车投放到计算机设备和移动设备，如图 8-10 所示。

第七步，设置投放时间。

建议全天投放淘宝直通车，特别是在淘宝直通车初级运营阶段，更应全天投放淘宝直通车，如图 8-11 所示。

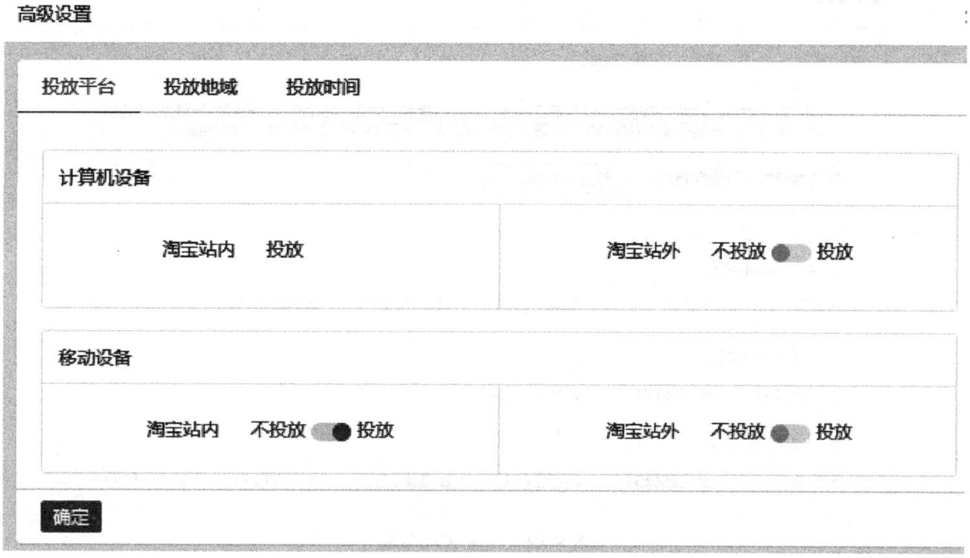

图 8-10　设置投放平台

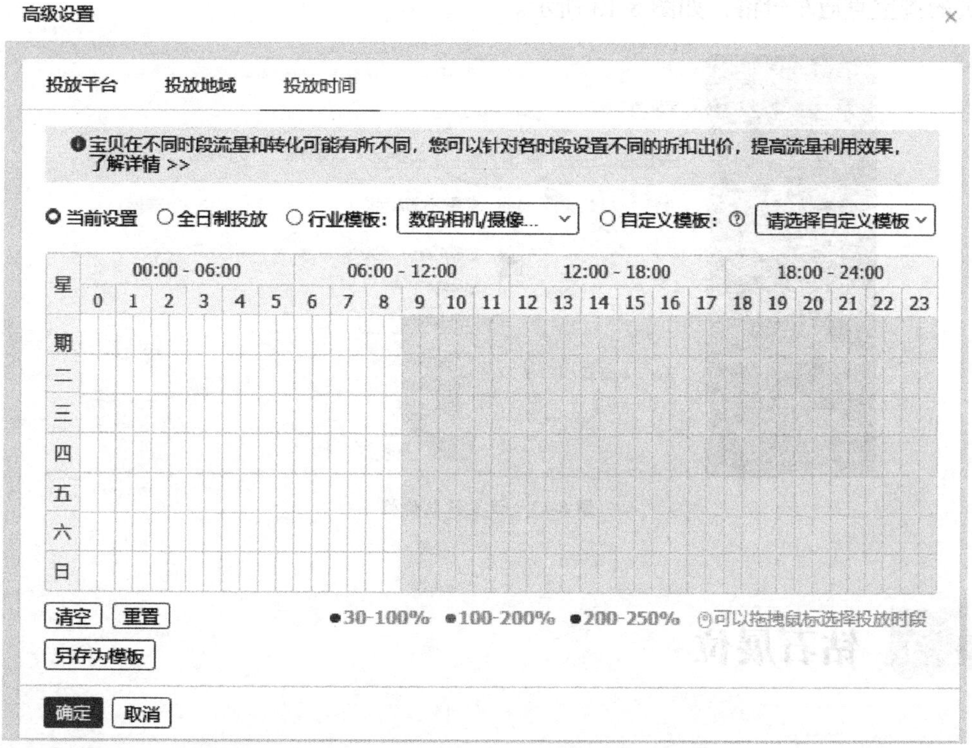

图 8-11　设置投放时间

第八步，设置投放地域。

可以通过查看"生意参谋"获悉你的流量、访客，成交客户主要来自哪里，就将淘宝直通车投放到哪里，如图 8-12 所示。

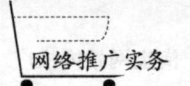

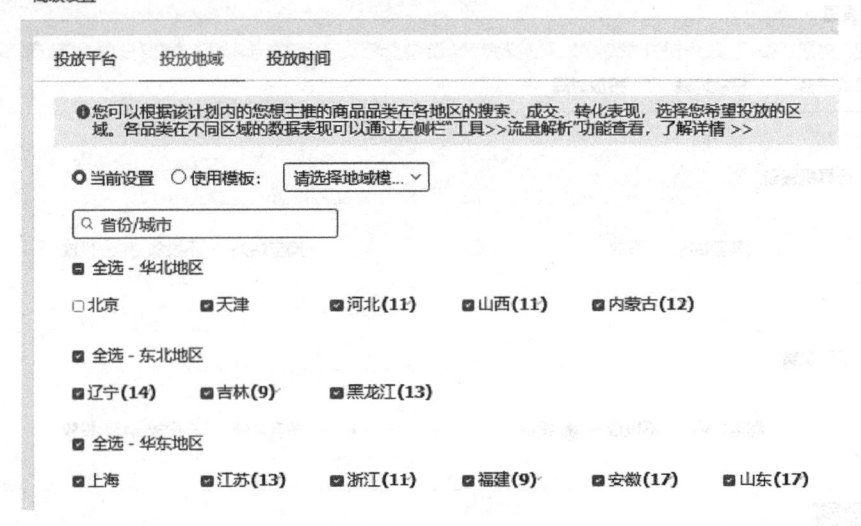

图 8-12 设置投放区域

第九步，设置投放价格。

对质量得分高的、展现量高的、点击量高的、点击率高的宝贝，可以适当提高投放该宝贝的淘宝直通车价格，如图 8-13 所示。

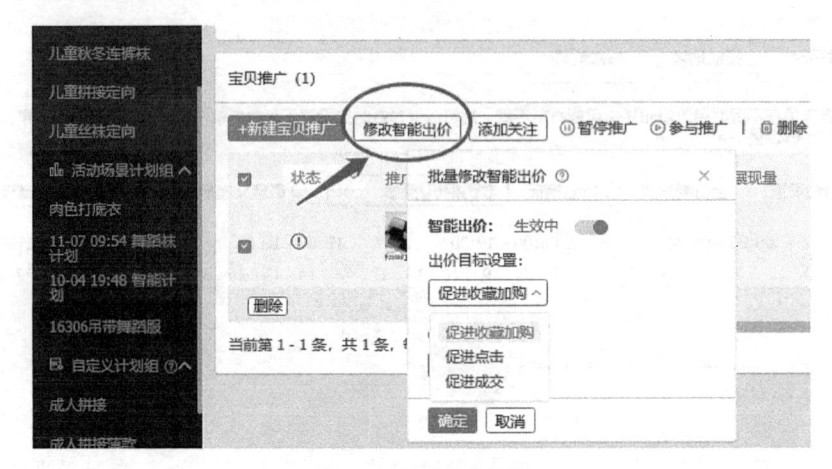

图 8-13 设置投放价格

8.3 钻石展位

8.3.1 钻石展位介绍

1. 什么是钻石展位

钻石展位是由淘宝网通过资源整合，推出的一种全新的、以定向能力为核心的展示广告的产品。钻石展位是面向全网精准流量实时竞价的展示推广平台，能提供精准定向、创意策略、效果监测、数据分析等一站式全网推广投放解决方案，帮助卖家实现更高效、更精准的全网数字营销。

2. 钻石展位的展示位置

钻石展位的展示位置有淘宝、天猫首页，各个频道大尺寸展位，淘宝无线 App 端，以及淘宝网站外如新浪微博、腾讯、优酷等各大优势媒体。可以在钻石展位后台管理的"资源位"中查看钻石展位，如图 8-14 所示。

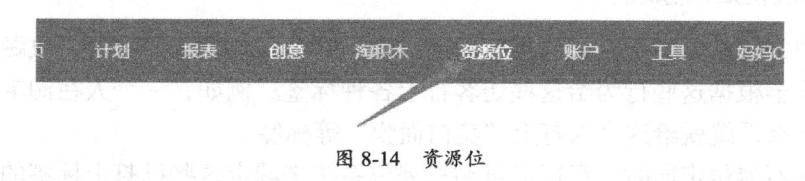

图 8-14 资源位

3. 钻石展位收费

钻石展位支持按每千次展现出价（Cost Per mille，CPM）和每次点击出价（Cost Per Click，CPC）的收费模式。

1）按 CPM 收费

如果按 CPM 收费，那么广告被点击是不收费的。广告按照 CPM 的高低排名，CPM 高的广告被优先展现。例如，CPM 为 6 元的广告被人看 1000 次，就收取 6 元。

钻石展位系统会自动统计广告的展现次数，并在钻石展位系统后台报表中给予反馈。如果广告的展现次数不满 1000 次，则钻石展位系统会自动折算收费。

钻石展位实际收费 = 按照下一名 CPM 结算价格 +0.1

2）按 CPC 收费

如果按 CPC 收费，那么广告被展现是不收费的。折算后的 CPM 参与竞价，CPM 高的广告被优先展现。将 CPC 折算成 CPM：

$$CPM = CPC \times CTR \times 1000$$

式中，CPC 是卖家在后台设置的出价；CTR 是一个系统预估值，受多种因素影响，主要影响的因素有资源位、定向、创意。

4. 钻石展位的展现原理

广告按照 CPM 的高低顺序被展现。系统将各时间段的广告，按照 CPM 的高低进行排名，CPM 高的广告被优先展现，CPM 最高的广告预算金被消耗完后，轮到下一名 CPM 或 CPC 的广告被展现，以此类推，直到该时间段的流量被全部消耗完。买到的钻石展位浏览量（Page View，PV）为

$$PV = 预算金 \div CPM \times 1000$$

在同样的预算金下，CPM 越高，获得的 PV 反而越少，如图 8-15 所示。

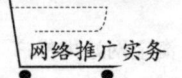

客户	CPM/元	预算金/元	PV	展示顺序
A	5	500	100000	2
B	3	1000	330000	3
C	7	800	110000	1
D	2	3000	1500000	4

C客户预估购买的PV：800÷7×1000≈110000
A客户预估购买的PV：500÷5×1000≈100000

图 8-15 浏览量的计算

5. 钻石展位定向原理

钻石展位定向就是指每个访问淘宝网的访客，都会形成搜索、浏览、收藏、购买等各种行为，系统会根据这些行为给这些访客打上各种标签。例如，一个人在淘宝上经常购买美白面膜，那么系统就给这个人打上"美白面膜"等标签。

在设置钻石展位定向时，可以通过钻石展位系统来圈定这些已打上标签的人群，从而实现只把广告展现给这部分访客。因此每个行为不同的人，在同一时间打开钻石展位，看到的广告都是不一样的。通过钻石展位定向，把广告展现给你想要的人群，获得精准流量和好的广告效果。通过钻石展位定向获取的流量称为"定向流量"，而没有通过钻石展位定向获取的流量称为"通投流量"。

8.3.2 钻石展位的操作

1. 登录

登录"我的淘宝"，单击"卖家中心"→"营销中心"选项，这时候就出现如图 8-16 所示的界面，单击"钻石展位"选项即可登录钻石展位界面。

图 8-16 登录钻石展位界面

2. 新增计划

进入钻石展位界面之后，就要进行计划的创建，如图 8-17 所示，按照箭头的指向，单击"计划"→"自定义计划"选项，并给未设置的计划命名。

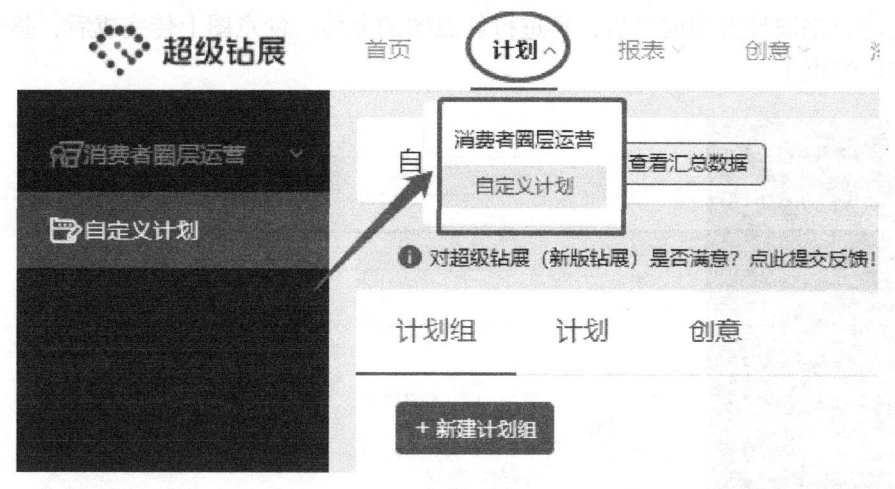

图 8-17　计划的创建

3. 计划设置

计划一般被命名为广告位置。例如，将钻石展位投放在首焦（首页焦点资源位），就将计划命名为首焦1或首焦2等，如图8-18所示。根据自己的推广成本预算确定钻石展位投放预算费用。钻石展位投放预算费用最好是钻石展位可以被完整地进行一天投放的预算费用。

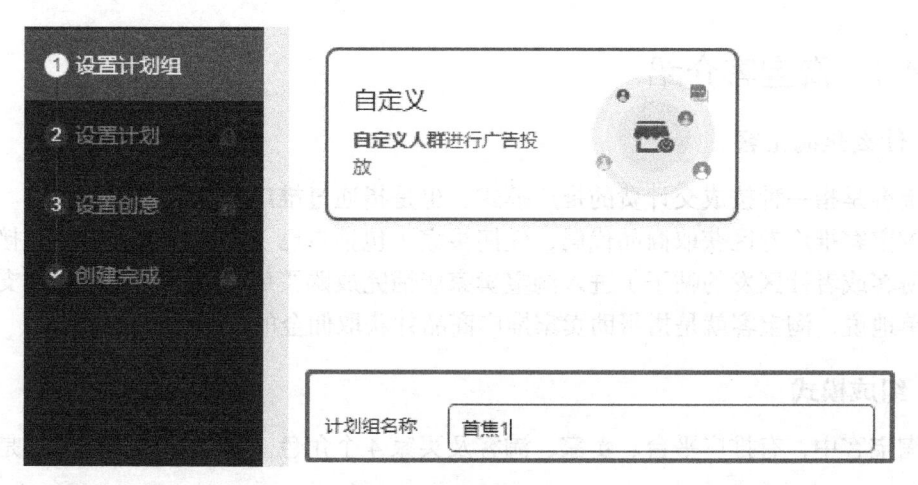

图 8-18　命名计划组

4. 高级设置

在图8-19中，"高级设置"是指进行钻石展位"投放地域"和"投放时段"的选择。单击"高级设置"按钮，可以直接进行相应设置。

在"投放地域"和"投放时段"的选择上，可以根据"生意参谋"里面的数据分析结果确定。例如，将近一个月内成交的订单主要来自哪些地域、成交高峰期分别为哪几个时段等数据作为钻石展位"投放时段"和"投放地域"选择的依据。也可以选择在数据显示之外的时段和地域进行钻石展位投放测试。

以上内容都被设置完成之后，再进行创意图的上传。创意图上传完成后，整个钻石展位的操作就结束了。

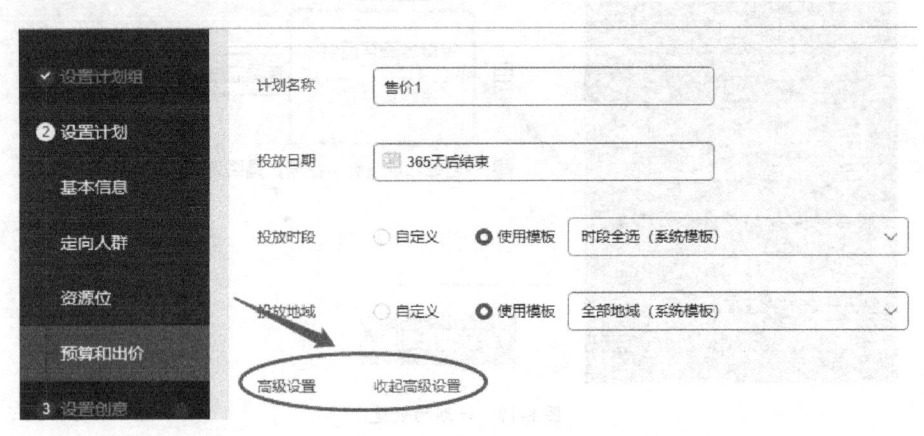

图 8-19　高级设置界面

8.4 淘宝客

8.4.1 淘宝客介绍

1. 什么是淘宝客

淘宝客是指一种按成交计费的推广模式，也是指通过推广赚取收益的一类人。淘宝客只要从淘宝客推广专区获取商品代码，任何买家（包括自己）经过推广平台（链接、个人网站、博客或者社区发的帖子）进入淘宝卖家店铺完成购买后，就可得到由卖家支付的佣金。简单地说，淘宝客就是指帮助卖家推广商品并获取佣金的人。

2. 组成模式

在淘宝客中，有推广平台、卖家、淘客及买家 4 个角色。其中，每个环节都是不可缺失的。

（1）推广平台：帮助卖家推广产品，帮助淘宝客赚取利润，在每笔成功的交易中抽取相应的服务费用。

（2）卖家：是佣金支出者，提供自己需要推广的商品到淘宝联盟，并设置每卖出一个商品愿意支付的佣金。

（3）淘宝客：是佣金赚取者，在淘宝联盟中找到卖家发布的商品，并且将其推广出去，当有买家通过自己的推广平台成交后，就能够赚到卖家所提供的佣金（其中一部分要作为推广平台的服务费）。

8.4.2 淘宝客的操作

1. 登录淘宝网账号

登录淘宝网账号，进入"营销中心"，在左侧下方单击"我要推广"选项，再单击"开始拓展"按钮，如图8-20所示。

图8-20 我要推广界面

2. 进入淘宝客推广后台

初次进入淘宝客推广后台，系统会有相关通知提醒，认真阅读即可。淘宝客推广后台界面如图8-21所示，当设置好计划后，每天都可以在此查看相关数据。

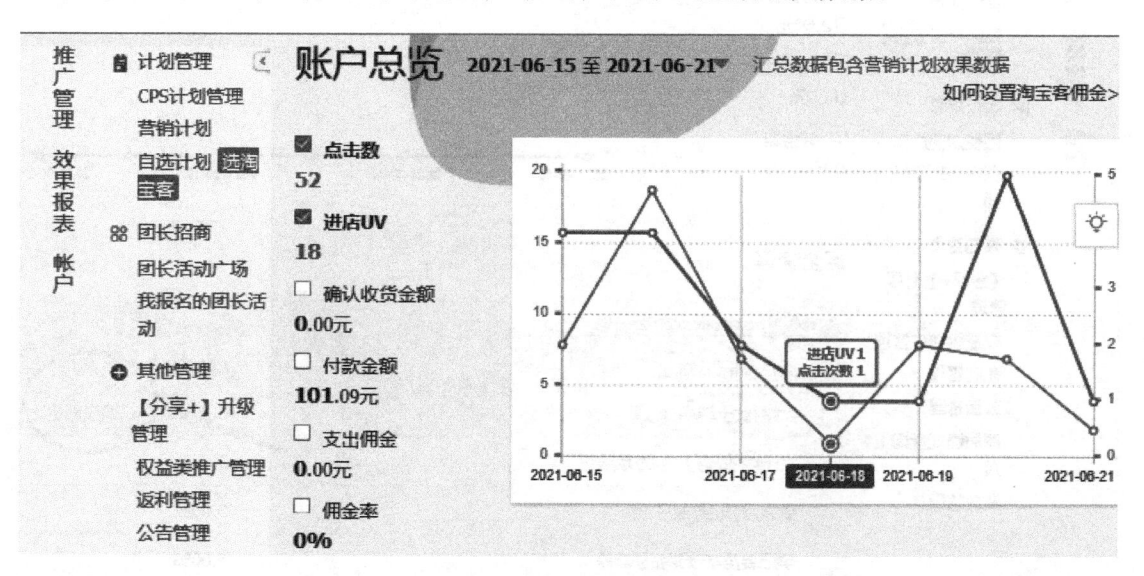

图8-21 淘宝客推广后台界面

在此界面下方，有"通用计划"选项。

单击"通用计划"选项，进入通用计划界面，可以对你现有店铺商品分类设置佣金比率，如图8-22所示。

网络推广实务

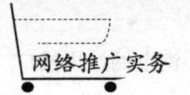

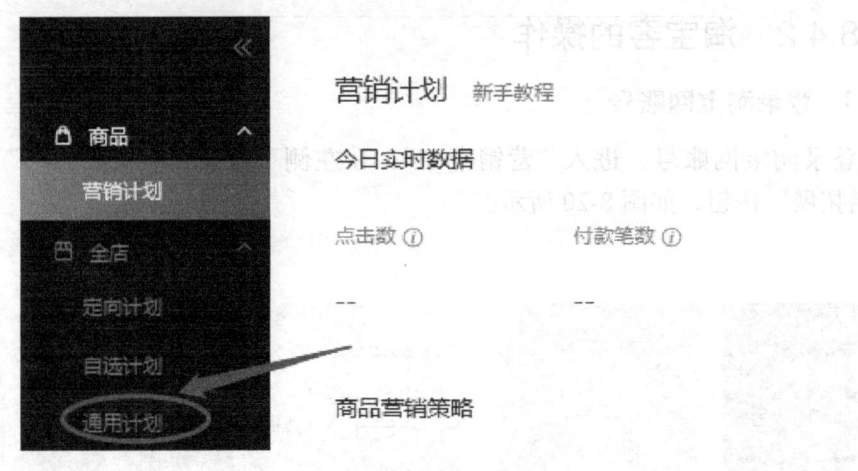

图 8-22 通用计划界面

3. 设置单个商品佣金比率

单击"编辑佣金比",设置单个商品佣金比率,如图 8-23 所示。

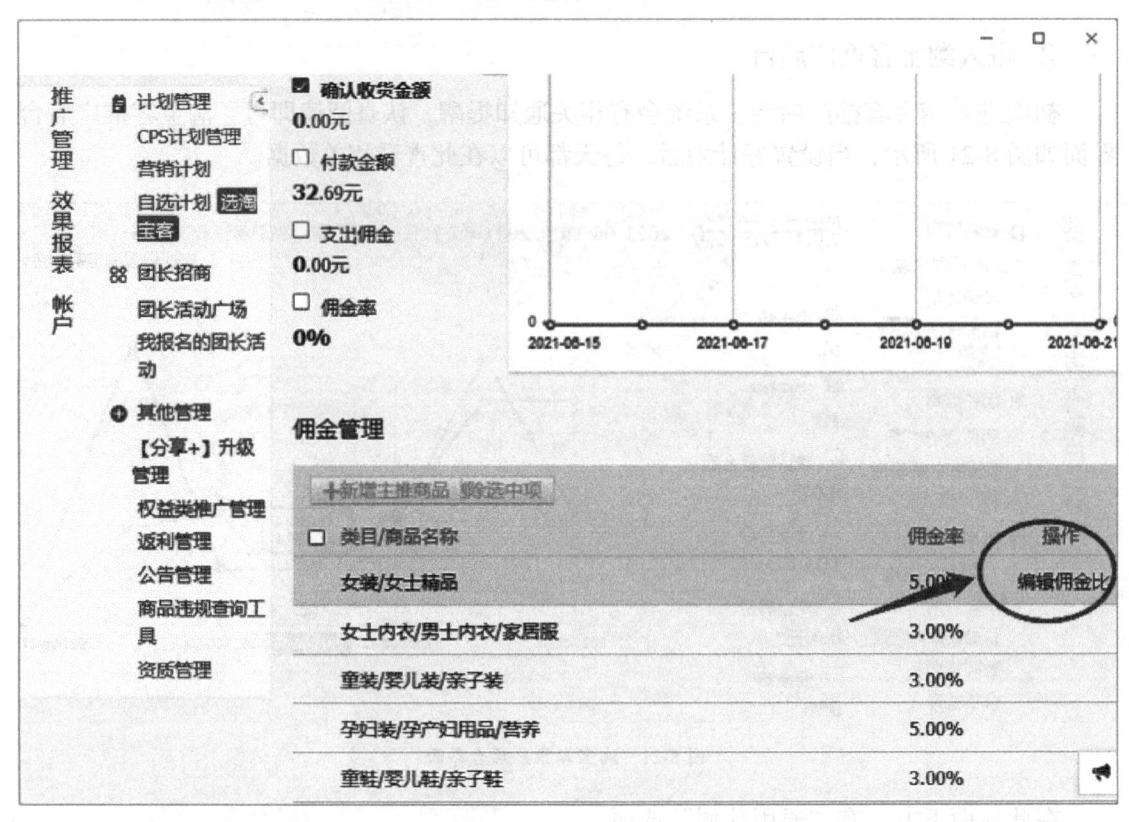

图 8-23 营销计划界面

进入营销计划界面后,即可单击"添加主推商品"按钮,如图 8-24 所示。

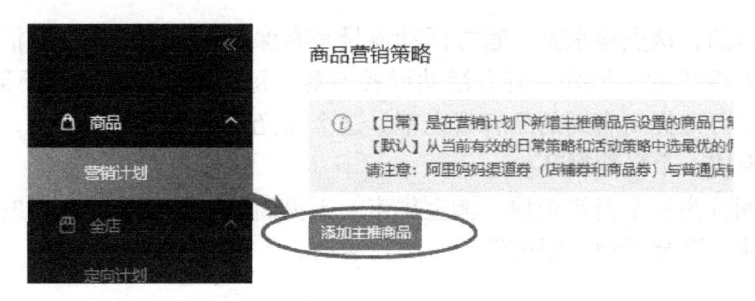

图 8-24 单击"添加主推商品"按钮

在打开的界面中，选择主推商品，并设置好主推商品的推广时间、佣金比率等。当然，主推商品的佣金比率要高于分类佣金比率。最后，单击"确定"按钮，如图 8-25 所示。

图 8-25 主推商品设置

这样一个通用计划就被设置完成了，接下来只要每天关注点击情况或调整佣金比率即可。

8.5 淘宝网活动

8.5.1 淘宝网活动介绍

淘宝网活动包括官方活动、店铺活动、第三方活动及其他付费活动等。其中，官方活动是店铺获取流量的一个重要来源，非常受欢迎。所以，下面主要介绍官方活动。大多数官方活动是免费的，这点很重要。官方活动流量是有保障的，不像第三方活动或其他付费活动流量是没有保障的。另外，官方活动形式丰富，每年会根据节日做不同形式的活动。还有，官方活动可以提高店铺的品牌曝光率。这个曝光是得到官方认可的，从而使店铺获取更多资源，形成一个良性循环。

整个淘宝网分为三个营销板块：淘宝集市、天猫商城、聚划算。它们的无线端官方活动可分为三大块：平台活动、渠道活动、类目活动。

1. 平台活动

淘宝网上最重要的平台活动是"两新一促一节"，四大活动为：3月或4月春上新、6月年中大促、8月新风尚、"双11"狂欢购物节。除了这些平台活动之外，还有一些大的平台活动，如淘宝周年庆、腊八年货节、新势力周、开学季、十月保暖季、99大聚惠等。"99大聚惠"这个活动也挺重要，这个活动中的表现很大程度上决定"双11"狂欢购物节能获得多少资源。另外，还有传统节日促销活动，如元旦、圣诞节、春节、情人节、38妇女节、中秋节、国庆节等。

2. 渠道活动

渠道活动主要有天天特价、淘金币、淘抢购、免费试用、清仓、周末淘宝、淘宝众筹、最淘宝、全民抢拍、每日首发、有好货、范儿、B格、聚划算、淘特莱斯等活动。在PC端首页，都能找到这些活动。现在，淘抢购活动的流量可以和聚划算活动的流量媲美。如果能参加淘抢购活动，那么对商品的推广效果会很不错。

3. 类目活动

类目活动主要是类目频道和类目主题的活动。每个一级类目都有属于自己的类目频道，频道内会有固定频道活动，以及不定期的主题活动。如果想要知道不定期的活动，就可以提前与负责"小二"沟通，以便知道一些季度或年度规划。例如，内衣抢新为淘宝内衣类目频道的固定活动，每周一、周四更新。在天猫平台的"精选市场"中，就可以找到类目活动。另外，在淘宝网上也可以找到类目活动，如潮流女装、腔调女装等活动。

8.5.2 淘宝网活动策划

1. 参加淘宝网活动的注意事项

1）淘宝网活动准备工作

无论是做官方活动还是店铺活动，都不能缺少的就是准备工作了。如果打算参加官方活动，首先就要悉知活动的报名规则及相关的公告，这样就能知道自己是否能够报名，以提高审核通过率。其次要确定活动主题、以什么形式开展等，这样就能让活动有条不紊地进行，并带来更好的活动效果。

2）参与活动的宝贝的选择

参与淘宝网活动的宝贝，除了要是店铺内人气高的，还应是应季的、性价比高的、好评多的。宝贝的质量一定要有保障，否则你会发现一次活动过后店铺 DSR 评分就被拉低了，差评也多了，店铺口碑也就被砸了。

3）营造好活动氛围

活动开始前的氛围营造不可少，这就要从店铺装修开始了。试想一下买家进入你的店铺没能感受到一点活动的气氛，这样就会产生疑虑，让活动的效果大打折扣。所以，要优化活动海报、短信通知、宝贝主图等，将活动信息传递给买家，让他们融入其中。

4）不要局限于一种活动形式

淘宝网活动形式不要仅局限于打折。如果你的店铺之前是不包邮的，那么本次活动就实行包邮，或者是满减、满送、加 1 元换购等多种活动形式相结合，这样能够吸引更多的买家参与到活动当中，使淘宝网活动效果最大化。

需要注意的是，在宝贝详情页中加入活动的相关售后说明；发货之后要及时通知买家；遇到售后问题要及时处理。这样才能维护好店铺的 DSR 评分。

淘宝网活动的几大报名入口是：淘宝营销导航区、卖家后台报名、类目帮派报名、类目旺旺群报名。

2. 淘宝活动策划

1）平台评估

平台评估属于前期准备工作，包括活动调研、情报收集等。

卖家应掌握的活动相关信息有很多，如明确报名入口、及时掌握活动报名信息、报名周期、跟进报名进度、知道一审和二审的时间节点、知道报名条件等。卖家对细小的条件也要充分注意。知道这些信息之后，才能对自己店铺能不能参加活动有一个正确的预判。

2）资源申请

卖家需要把握官方活动的侧重点，结合自己实际情况来决定报名参加活动的商品。一定要严格按照活动要求填写报名资料。如果有的活动需要保证金，则不能随意填写这个保证金金额。报什么商品参加活动要结合"什么商品容易被报上"和"报什么商品最划算"两方面来决定。

（1）什么商品容易被报上。

首先，应选择品牌知名度高、符合平台要求的商品参加活动。从 2014 年开始，淘宝网强调商品的品质感、品牌性。如果选择的商品符合品质感和品牌性的要求，就比较容易被报上。

其次，对于折扣力度大的商品，能产生良好的销售预期，更容易被平台接受。

最后，商品具有热卖好评、应季美观这两点附加值，更容易被报上。

（2）报什么商品最划算。

参加活动的商品应当符合公司运营整体规划。另外，报什么商品参加活动要考虑店铺成本，并核算盈亏平衡点。

3）活动推进

当商品被报名参加活动之后，就要做好活动记录和跟进，及时关注审核进度。

①保持在线状态，以便与负责此活动的"小二"随时沟通。活动期间，负责此活动的

"小二"会比较忙,不知道什么时候发通知。为了节省时间,保持在线状态,第一时间接收通知,节约双方的时间。

②熟悉活动上线前卖家要做的准备工作,如店铺装修、图片优化、价格设置、库存调整等,以便提前做好准备。

③规划好活动开始后该做些什么,如活动推广、关联营销、客服引导。活动开始之后,很多人不愿意去看页面上的展示,如果由客服去引导销售,就会产生很好的活动效果。

4)效果评估

在做完活动之后,不要只是去统计销售额,还要做其他后续工作,如记录店铺数据等。同时,将活动时期的店铺数据与平时不做活动时期的数据进行对比。看此次活动给我们带来了什么。不能只看某一个商品的活动效果,而要看店铺整体的活动效果。总结活动期间做得好的地方和不好的地方,以便坚持和改进。

3. 几个重要淘宝网活动

1)淘抢购活动

招商对象:C店、B店全类目(以报名入口说明为准)。

主要模块:日常抢购、抢洋货(进口商品)、品牌抢购等。

目前的活动形式是以时间为维度的,所有商品限时限量售卖。每天共有12个场次来进行商品展示,分别为0点场、6点场、8点场、10点场、12点场、13点场、15点场、17点场、19点场、21点场、22点场、23点场。卖家可以报名对应时间的场次来进行商品展示。例如,如果卖家报了8点场,那么在这一场次中,商品肯定被放在商品展示页界的前面,而等到10点场时,系统根据活动销售情况,将商品自动放到商品展示页界的后面。

在报名参加淘抢购活动时,要注意以下几点。

第一,卖家在报名时要用主账号登录,按照正常程序填写。卖家要慎重填报货值。货值会影响到商品的保底费用。如果随便填写货值可能会导致商品的保底费用非常高。

第二,一审被通过以后,必须在24小时内通过余额宝支付商品的保底费用。交了商品的保底费用之后就等待二审。如果二审没有被通过,系统释放(退还)商品的保底费用;二审被通过之后,不能改动商品的报名货值了。

第三,报名参加活动的商品要有历史销量记录(新品除外)要求:价格在500元以下的商品,一个月销量至少有20笔;价格在500~3000元之间的商品,一个月销量至少有10笔;价格在3000元的商品,一个月销量至少有5笔。

第四,报名参加活动的商品,必须是全场包邮的,一些特殊类目的商品(如家具)除外。对报名参加活动的商品图片的要求:分辨率为640像素×640像素,白底,不拼接,无水印,无LOGO,无文字信息,支持JPG、JPEG、PNG格式。

淘抢购有以下几个收费公式:

保底费用 = 报名货值 × 20% × 类目收费费率

报名货值 = 抢购价 × 库存数量

实时技术服务费用 = 确认收货累计金额 × 类目收费费率

在活动期间内,当实时技术服务费用大于或等于保底费用,系统将保底费用退还给卖家。报名货值不可小于 5 万元（以类目要求为准）。

2）淘金币活动

淘金币是淘宝网的虚拟积分。在淘金币平台上，买家能够兑换、竞拍到全网品牌折扣商品，也可以兑换、抽奖得到免费的商品或现金红包。淘金币活动分为品牌汇活动和主题购活动。这两个活动各有侧重点，且活动时免坑位费和佣金，只收淘金币或兑换商品，每场活动至少要上架 10 款商品，其中至少 5 款商品是店铺销量冠军。

下面介绍参加淘金币活动的技巧。如果商品的标价是 50 元，为了推广这种商品，将其淘宝币抵扣额度设置为 99%（最高的）。也就是说，买家几乎全部用淘金币购买该商品，即相当于不花钱就能获得该商品，这样商品就很快被卖出去了。这个时候卖家要密切关注商品的销售情况，如果买的人太多，亏得就会太严重。

如果商品成本是 100 元，打算不赚钱以成本价卖，将商品标价为 300 元，打完折的价格为 100 元。这个时候大家会觉得标价标高了，而不是实际价格低。如果换一种思路，可以结合淘金币，例如，商品打完折的价格为 150 元，将其淘金币抵扣额度设置为 50%，那么，买家只要花 75 元就可以买到价值 150 元的东西，这样对于买家来说，吸引力度更大。

3）聚划算活动

聚划算平台承诺全场包邮、30 天最低价、7 天无理由退换货服务，为买家提供性价比高的商品，打造效率最高的限时特惠营销平台。聚划算活动分为品牌团、今日团、非常大牌、聚名品、全球精选、量贩团、旅游团、俪人购等活动。

退款纠纷率是一个非常重要的指标。如果这个指标不合格，就绝对报不上聚划算活动了。所以，8、9、10 这 3 个月，一定要重视退款纠纷率的维护。

技能训练

小 A 新开了一家淘宝店铺。由于这家店铺是新开的，所以其销量评价都为 0，也没什么知名度、信誉权重和流量。作为新开的淘宝店铺，前期流量都比较少，所以要想方设法地给店铺引流。那么，怎么给这家店铺引流呢？请为小 A 出谋划策。

项目9

速卖通店铺自主营销与平台活动

本项目主要介绍速卖通店铺自主营销与平台活动的含义、不同平台店铺自主营销的特点及店铺自主营销工具、平台活动的类型。通过项目及相关实操任务,让学生熟悉和掌握店铺营销工具应用的方法和营销手段,并了解和掌握平台活动开展的方式。

技能目标
※ 能够熟练在速卖通平台开展全店铺打折、限时限量折扣、满立减、店铺优惠券等店铺营销设置及店铺自主营销活动
※ 能够熟练在速卖通平台设置和开展联盟营销、关联营销、橱窗推荐、直通车推广等营销活动
※ 能够熟练在速卖通平台设置和开展 Flash Deals、俄罗斯团购、"双11"大促等平台活动

教学建议
※ 使用案例引入法,使学生更好理解和掌握店铺活动的设置和开展过程
※ 指定相关工作任务,让学生练习操作相关技能

知识要点
※ 店铺自主营销的概念、特点及工具类型
※ 平台活动的概念、特点及类型
※ 关联营销、橱窗推荐、联盟营销的概念及特点
※ 直通车引流与推广

阅读参考
※ 易传识网络科技,丁晖. 跨境电商多平台运营实战基础 [M]. 北京:电子工业出版社,2017.
※ 金毓,陈旭华. 跨境电商实务 [M]. 北京:中国商务出版社,2017.
※ 叶杨翔,吴奇帆. 跨境电子商务多平台运营 [M]. 北京:电子工业出版社,2017.

9.1 店铺自主营销

9.1.1 店铺自主营销概念、特点及工具

1. 什么是店铺自主营销

店铺自主营销是卖家不通过任何代理、自己开展营销活动的方式。由于该营销方式是卖家选择最适合的营销方式将自身经营的商品推送给用户的，因而有较高的针对性与销售转化率。

2. 店铺自主营销的特点

1) 成本和风险易控制

借助平台的店铺自主营销工具，卖家可以根据商品的不同特色、销售区域和销售时间在允许的预算范围内设计不同的店铺营销手段和促销方式。这种营销方式的工作量少，其成本和风险容易被控制。

2) 营销手段丰富，促销效果明显

一般而言，店铺自主营销工具包括免费店铺自主营销工具和付费店铺自主营销工具。这些工具既可以在店铺自主营销中被单独使用，也可以被组合使用。各种店铺自主营销工具能够帮助店铺有效提高店铺点击量和销售转化率。

3) 能够增加用户黏性

用户黏性指的是用户对于品牌或产品的忠诚、信任与良性体验等结合起来形成的依赖感和再消费期望值。这种依赖感越强，用户黏性越高；再消费期望值越高，用户黏性越高。通过跨境电子商务平台提供的营销方式和营销服务，卖家可以根据自己经营的商品情况，选择不同的促销手段，提高店铺销售额和增加经营业绩，从而达到增加用户黏性的目的。

3. 店铺自主营销工具

速卖通平台为卖家提供了两种类型的店铺自主营销工具：免费店铺自主营销工具和付费店铺自主营销工具。

1) 免费店铺自主营销工具

（1）限时限量折扣。限时限量折扣是由卖家自主选择活动商品和活动时间，设置促销折扣及库存量的营销工具。使用该工具可以通过不同的折扣力度推新品、造爆品、清库存。在设置限时限量折扣时要注意以下几点。

- 活动时间设置有限制，库存量设置有限额。活动时间不宜被设置得过长（如活动时间可以被设置为 48 小时），可以分时段针对不同商品进行限时限量折扣活动。对于打造爆款的商品，可以设置相对较长的活动时间；建议设置库存量的限量，让用户感觉如果不买某商品，该商品就会迅速被卖完。
- 折扣力度设置有门道。限时限量折扣活动的目的是帮助店铺吸引最大流量。以每年 10 月圣诞节黄金采购季为例，速卖通平台的各行业经理都会针对限时限量折扣

活动给出折扣建议,并制作出较为详细的建议折扣表。
- 让用户不仅仅购买活动商品。在限时限量折扣活动期间,建议店铺设置全店铺满立减或者全店铺打折,促使用户购买店铺其他商品,从而提高店铺利润。

(2)全店铺打折。全店铺打折是速卖通平台最受用户欢迎的营销工具,对卖家提升销售额有明显的帮助。卖家可以设置整个店铺的商品折扣,也可以根据商品分组设置不同折扣。全店铺打折可以快速积累销量和信用。速卖通平台对设置全店铺打折的卖家提供流量扶持,从而使店铺借助平台大量引流的力量,极大地提升自身竞争力。除此之外,在多款新品上市及换季时节,全店铺打折活动既可以提升新品销量,又可以对"过季"商品进行清仓。设置全店铺打折要注意以下几点。

- 全店铺打折活动时间不宜过长,一般7天之内结束活动较为合适。
- 全店铺打折可以根据商品分组设置不同的折扣。对于经营多类目商品的卖家,因为不同类目商品的利润率不尽相同,如果对不同类目商品使用同一折扣,则容易顾此失彼,影响店铺销售额,降低用户购买率。
- 当全店铺打折活动和限时限量折扣活动在时间上有重叠时,应在速卖通平台优先展示限时限量折扣活动。

(3)满立减。满立减是卖家在客单价基础上设置订单满多少金额系统自动减多少金额的促销方式,是提升客单价的营销工具。满立减通常是针对全店铺的商品的。具体来说,在买家的一个订单中,若订单金额超过了设置的优惠条件(满X元),在支付时系统会自动减去优惠金额(减Y元)。满立减活动既能让买家感觉到实惠,又能刺激买家为了达到优惠条件而多买商品,买卖双方互利双赢,优惠规则(满X元减Y元)由卖家根据自身交易情况设置。正确使用满立减工具可以刺激买家多买商品,从而提升店铺销售额,并提高平均订单金额和客单价。

(4)优惠券。店铺优惠券是卖家自主设置优惠金额和使用条件,用户在有效期内使用的内部优惠券。优惠券可以刺激新用户下单和老用户回头购买,提高购买率及客单价。店铺优惠券分为领取型和定向发放型。定向发放型优惠券的发放方式又分为选择用户发放和二维码发放。卖家可以将二维码发送给用户,也可以将二维码打印出来后随包裹一起寄给用户。店铺优惠券营销具有以下一些优点。

- 促进潜在用户消费。让用户先领取店铺优惠券再下单,是一种非常直接的消费刺激方式。对于新用户,优惠券就是一剂强心针,帮助其下定决心购买。
- 巩固老用户黏度。众所周知,老用户的维护是极其重要的。将店铺优惠券发给老用户以作为奖励和回馈,可以提高店铺的回头购买率。
- 为店铺引流。在用户眼中,拿到手的优惠券就是一种财产,不用就亏了。为了使用这一"财产",用户会在发放优惠券的店铺中寻找合适商品,从而大大增加店铺中商品的曝光率和浏览量,提高店铺出单概率。

2)付费店铺自主营销工具

付费店铺自主营销工具是跨境电商平台推出的直接针对用户的宣传营销工具。通过关键字搜索、媒体竞价等方法,付费店铺自主营销工具可以实现精准营销。它通常是平台专业人员深入研究市场数据后有针对性推出的营销策略。目前,付费店铺自主营销工具主要有两种:联盟营销和直通车。

（1）联盟营销又称联属网络营销或网络联盟营销，是一种按营销效果付费的网络营销方式，即卖家利用专业联盟营销机构提供的网站联盟服务拓展其线上业务，扩大销售空间，并按照营销实际效果支付费用的网络营销方式。联盟营销涉及广告主、联盟会员和联盟营销平台三大要素。根据卖家网站给联盟会员的回报支付方式，联盟营销可以分为以下 3 种形式。

- 按点击数付费（Cost Per Cick，CPC）。联盟营销管理系统记录每个用户在联盟会员网站上点击到卖家网站上的文字或者图片的链接（或者 Email 链接）的次数，卖家按每个点击多少金额的方式支付广告费。
- 按引导数付费（Cost Per Lead，CPL）。用户通过联盟会员链接进入卖家网站后，如果填写并提交了某个表单，联盟营销管理系统就会产生一个对应给这个联盟会员的引导（Lead）记录，卖家按引导记录数给联盟会员付费。
- 按销售额付费（Cost Per Sale，CPS）。只有联盟会员链接介绍的用户在卖家网站上产生了实际的购买行为后才给联盟会员付费，一般设定的佣金比例为销售额的 10% 到 50% 不等。

（2）直通车。直通车是速卖通平台为卖家量身定制的，能够实现快速提升店铺流量，按点击效果付费的营销工具。由于它可以让广告主在推广和成交之间畅通无阻，迅速获得切实的推广效果，所以被人们形象地称为"直通车"。它最基本功能和最大价值就是为卖家引流。通过关键词推广和商品推荐投放，直通车给予卖家一个快捷展示产品的途径，以获取用户的浏览行为、点击甚至订单。使用速卖通直通车必须掌握直通车排序规则、关键词扣费规则、选品策略、商品投放及直通车推广运营技巧等。

9.1.2 店铺自主营销工具的使用

速卖通平台为卖家提供了 4 种店铺自主营销工具，分别是：限时限量折扣、全店铺打折、满立减和店铺优惠券。在店铺运营过程中，卖家要有策略地使用这些营销工具，并对这些店铺自主营销工具的设置、展示规则与优惠生效规则进行了解。

速卖通店铺营销与平台活动（二）微课视频

1．限时限量折扣

1）设置和展示规则

- 限时限量折扣活动的设置有两种形式：一种是要提前 12 小时创建的；另一种是要实时发布的，无须选择限时限量折扣活动的开始时间，限时限量折扣活动被创建后再添加商品，点击发布后 5 分钟内限时限量折扣活动即可生效。
- 限时限量折扣活动可以被跨月创建，并可控制商品的供应量。
- 限时限量折扣活动在开始前 6 小时内都处于"等待展示"状态。若限时限量折扣活动处于"等待展示"和"展示中"状态，则无法再修改活动信息。

2）优惠生效规则

- 限时限量折扣活动与平台常规活动的优先级相同。商品只能参加一个活动。
- 限时限量折扣活动和平台活动的优先级高于全店铺打折活动。如果某商品同时参加平台活动和全店铺打折活动，那么该商品在速卖通平台只出现平台活动的

网络推广实务

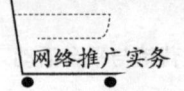

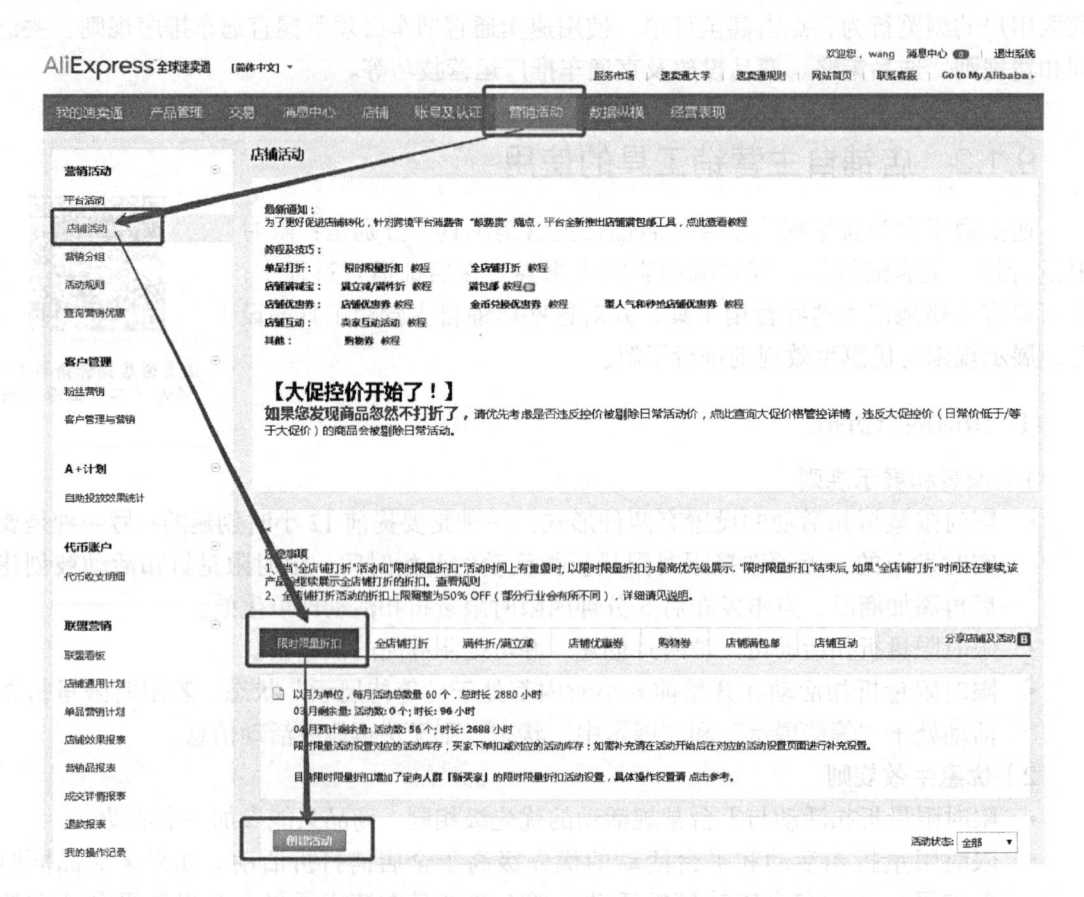

相关信息。

3）限时限量折扣的使用

限时限量折扣活动可以增加店铺人气，调动用户购买的欲望。此活动适合推新款、打造爆款、清库存和优化搜索引擎排名。限时限量折扣的使用特点如下。

- 每月可创建 60 个限时限量折扣活动，共 2880 小时。
- 全店铺打折活动折扣和限时限量活动折扣在时间与力度上均以限时限量活动折扣为优先。
- 同一款商品可同时报名参加时间不冲突的限时限量折扣活动或者平台其他活动（除了团购活动和秒杀活动）。当限时限量折扣活动和全店铺打折活动发生时间冲突时，在速卖通平台上优先展示限时限量折扣活动信息。

实操案例 1：
卖家小明针对热销的连裤袜产品，创建和开展限时限量折扣活动。

1）活动创建

登录速卖通平台，进入"营销活动"选项卡，展开"营销活动"下拉菜单，从中选择"店铺活动"选项，再进入"限时限量折扣"选项卡，然后单击"创建活动"按钮，如图 9-1 所示。

图 9-1 创建限时限量折扣活动

2）填写活动信息

进入"限时限量折扣"选项卡，填写限时限量折扣活动基本信息，如图 9-2 所示。然后，单击"确定"按钮即可。限时限量折扣活动的基本信息由活动名称、活动开始时间、活动结束时间组成。

图 9-2　填写限时限量折扣活动基本信息

3）添加参加活动的商品

接着，开始添加要参加活动的商品，单击"添加商品"按钮，如图 9-3 所示。在打开的页面中，选择参加活动的商品，如图 9-4 所示。每组活动可以添加 40 款商品。然后，单击"确定"按钮即可。

4）设置促销规则

进入"限时限量折扣"选项卡，根据前期商品的设置折扣，设置参与活动的商品折扣率和限购数量，并可以批量设置活动库存，也可单独设置活动库存，如图 9-5 所示。

图 9-3　单击"添加商品"按钮

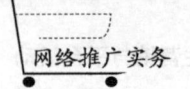

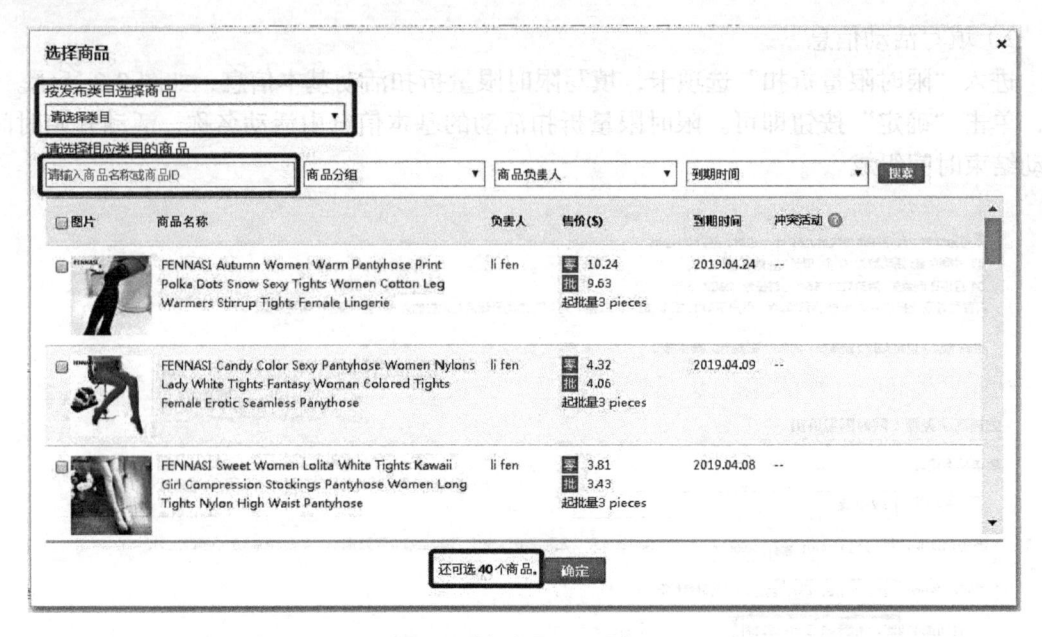

图 9-4　选择参加活动的商品

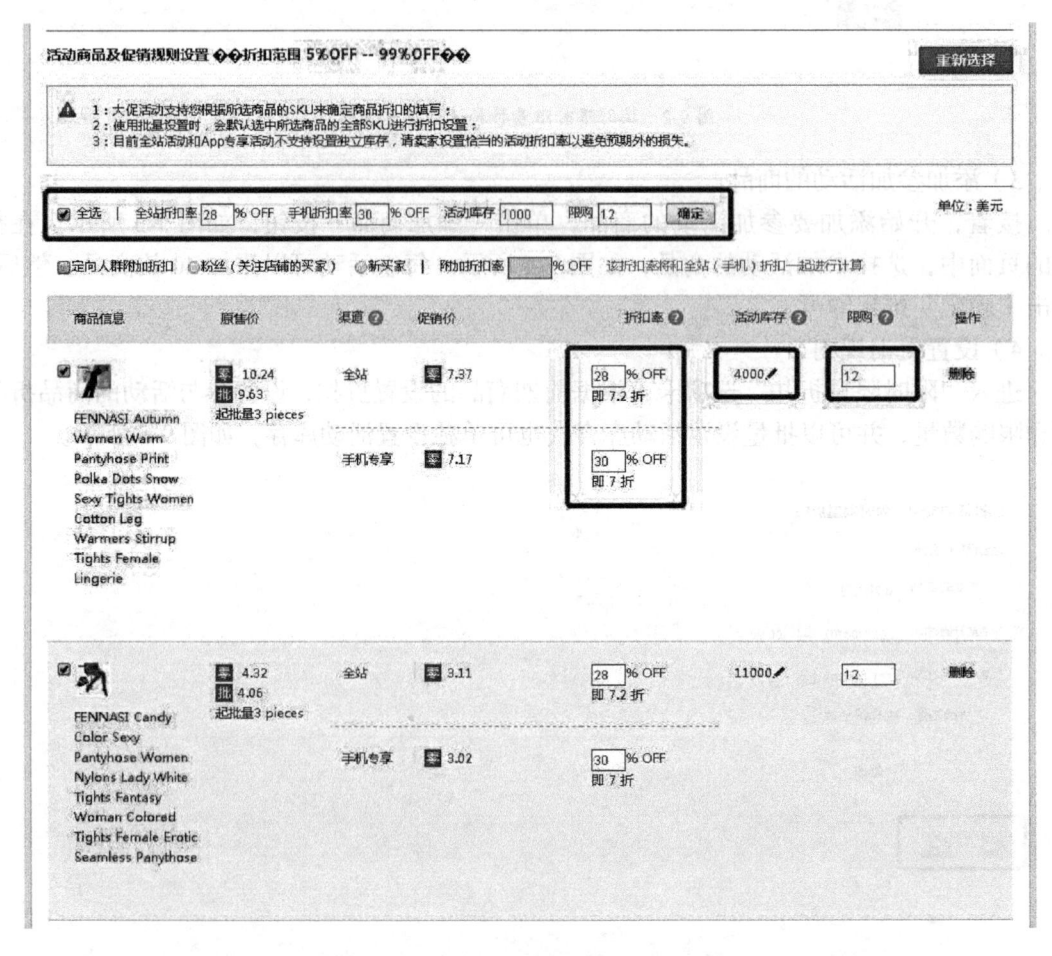

图 9-5　设置限时限量折扣活动商品促销规则

单击“确定”按钮完成促销规则设置，这时活动将处于“未开始”状态，此时可以进行修改活动时间、增加和减少活动商品等操作。活动开始前 6 小时将进入审核状态，活动状态将变成“等待展示”，活动开始后将处于“展示中”状态。在“等待展示”和“展示中”状态下，就不可以编辑活动信息了，也不可以停止活动。限时限量折扣活动状态，如图 9-6 所示。

创建活动　　活动状态：全部

活动名称	活动开始时间	活动结束时间	当前状态	商品数	操作
4.1-4.2-1688	2019/04/01 00:00	2019/04/02 23:59	未开始	40	编辑 复制
4.1-4.2-fenli02	2019/04/01 00:00	2019/04/02 23:59	未开始	40	编辑 复制
4.1-4.2-fenli01	2019/04/01 00:00	2019/04/02 23:59	未开始	40	编辑 复制
4.1-4.2	2019/04/01 00:00	2019/04/02 23:59	未开始	40	编辑 复制
3.30-3.31	2019/03/29 19:05	2019/03/31 23:59	展示中	40	查看活动详情 可补充活动库存 复制
3.30-3.31	2019/03/29 19:11	2019/03/31 23:59	展示中	40	查看活动详情 可补充活动库存 复制
3.30-3.31	2019/03/30 07:00	2019/03/31 23:59	未开始	40	编辑 复制
3.271688	2019/03/27 00:00	2019/03/27 23:59	已结束	40	复制
3.27fenli02	2019/03/27 00:00	2019/03/27 23:59	已结束	40	复制

图 9-6　限时限量折扣活动状态

设置限时限量折扣的注意事项如下。

- 准确核对库存，如果商品存在多个 SKU（Stock Keeping Unit），那么库存量非 0 且处于“正在销售”状态的所有 SKU 商品均会参加到活动中。
- 在前期商品定价时，要考虑折扣空间。如果计划某款商品以 5 折的折扣参加活动，那么在初次上传商品定价时要预先留好折扣空间。
- 要对商品进行分组。在上传商品时把所有准备参加活动的商品放到一个组里，方便以后按组设置营销活动。

2. 全店铺打折

全店铺打折是店铺自主营销“四大利器”之首，对于新店铺效果特别明显，能快速提高店铺销量和信用，提高店铺综合曝光率。

全店铺打折的使用特点如下。

- 每月可创建 20 个全店铺打折活动，共 720 小时，可以跨月设置全店铺打折活动。
- 全店铺打折活动被创建后 24 小时生效。
- 全店铺打折活动开始前的 12 小时不可编辑商品信息。
- 可根据不同折扣力度设置营销分组。

设置全店铺打折要注意以下几点。

- 全店铺打折活动的开始时间为美国太平洋时间。
- 参加全店铺打折活动前，要对店铺所有商品的利润进行把控，避免出现某款商品亏本销售。
- 当全店铺打折活动处于"等待展示"状态时，不能再修改活动信息，所以要提前做好活动计划。

实操案例2：
卖家小明针对热销的连裤袜产品，创建和开展全店铺打折活动。

1）设置营销分组

在设置全店铺打折活动之前，首先要建立商品的营销分组。营销分组可以帮助卖家有效地控制店铺所有商品的折扣力度。建议卖家设置营销分组时把可以承受相同折扣率的商品放在同一组里。在进行营销分组设置时，先对每个商品的利润进行整体核算，清楚每个商品最高能打多少折扣、利润有多少。如图9-7所示，这是一个已经做好了营销分组的店铺，可以看到折扣相同的商品被统一归在一个组里。

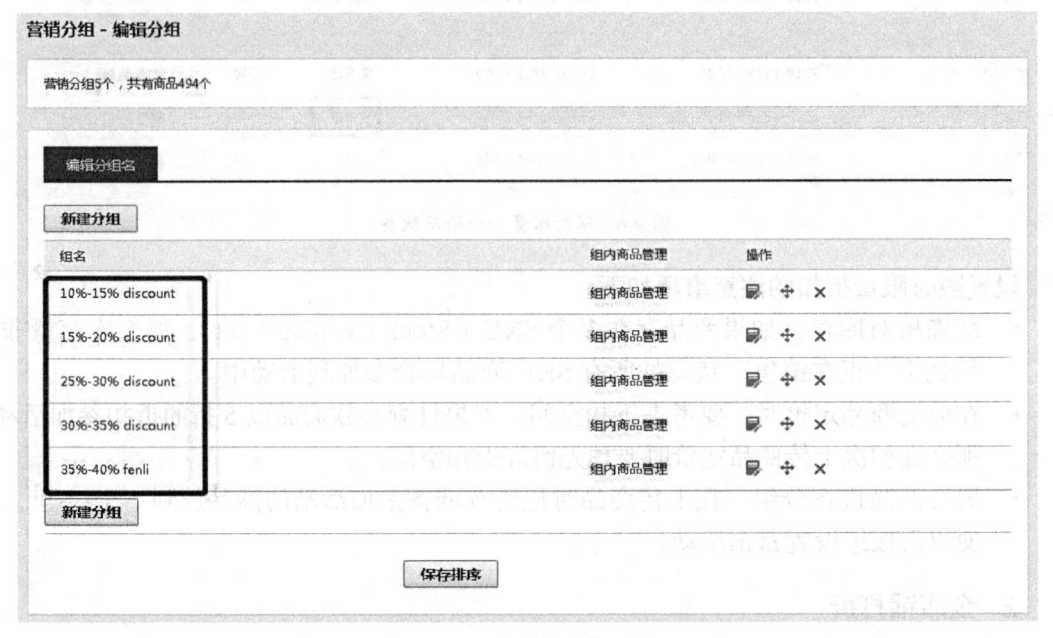

图9-7 做好了营销分组的店铺

2）活动创建

登录速卖通平台，进入"营销活动"选项卡，展开"营销活动"下拉菜单，从中选择"店铺活动"选项，再进入"全店铺打折"选项卡，单击"创建活动"按钮，如图9-8所示。

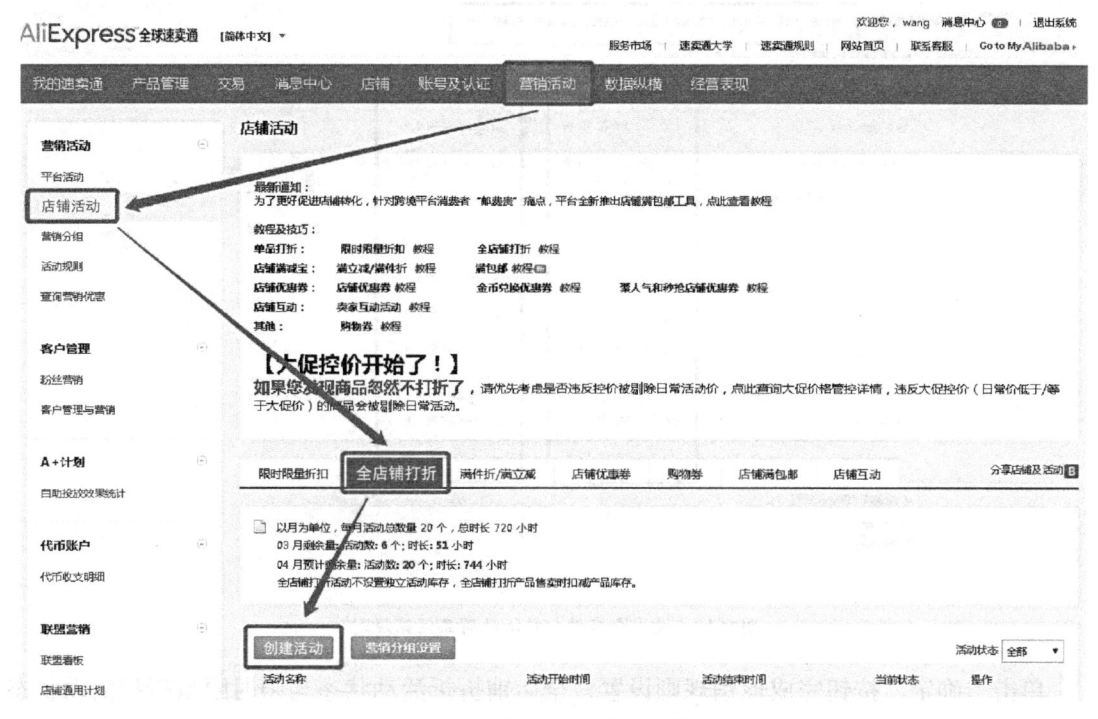

图 9-8 创建全店铺打折活动

3）填写活动信息

进入"全店铺打折"选项卡，填写全店铺打折活动基本信息，包括活动名称、活动开始时间、活动结束时间，如图 9-9 所示。设置的活动名称要清晰明确。要提前 48 小时创建活动。活动开始时间和活动结束时间必须在同一个月内，但是可以提前创建下一个月的全店铺打折活动。

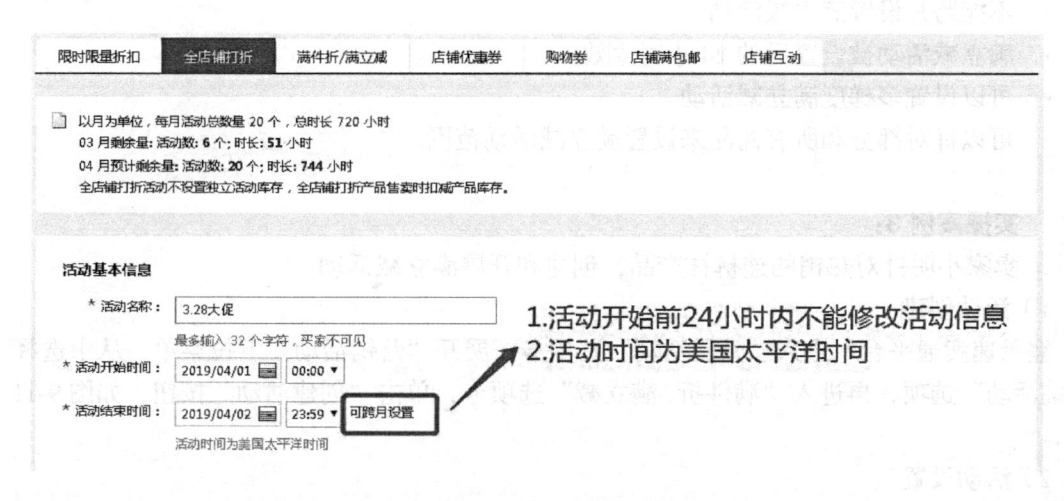

图 9-9 填写全店铺打折活动基本信息

4）设置促销规则

进入"全店铺打折"选项卡，设置全店铺打折活动商品促销规则，如图 9-10 所示。

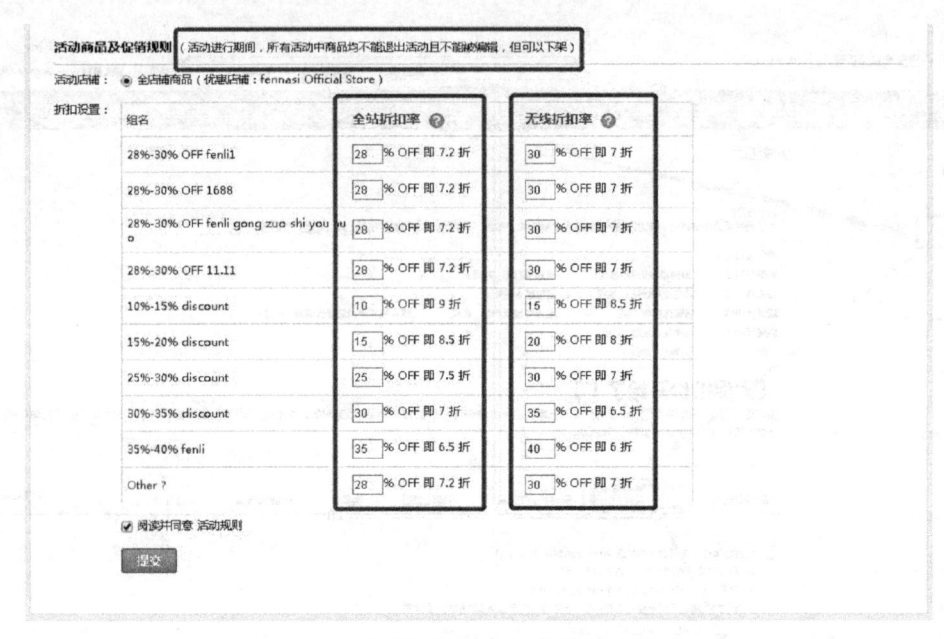

图 9-10　设置全店铺打折活动商品促销规则

单击"确定"按钮完成促销规则设置，全店铺折折活动状态与限时限量折扣活动状态类似。

3. 满立减

满立减活动的主要作用是提高客单价和关联商品的销售转化率。满立减的使用特点如下。

- 满立减活动不限次数和时长。
- 不能跨月设置满立减活动。
- 满立减活动被设置后的 24 小时生效。
- 可以设置多梯度满立减活动。
- 可以针对部分和所有商品来设置满立减活动范围。

实操案例 3：

卖家小明针对热销的连裤袜产品，创建和开展满立减活动。

1）活动创建

登录速卖通平台，进入"营销活动"选项卡，展开"营销活动"下拉菜单，从中选择"店铺活动"选项，再进入"满件折/满立减"选项卡，单击"创建活动"按钮，如图 9-11 所示。

2）活动设置

进入"满件折/满立减"选项卡，填写满立减活动基本信息，并设置满立减活动商品促销规则，如图 9-12 所示。

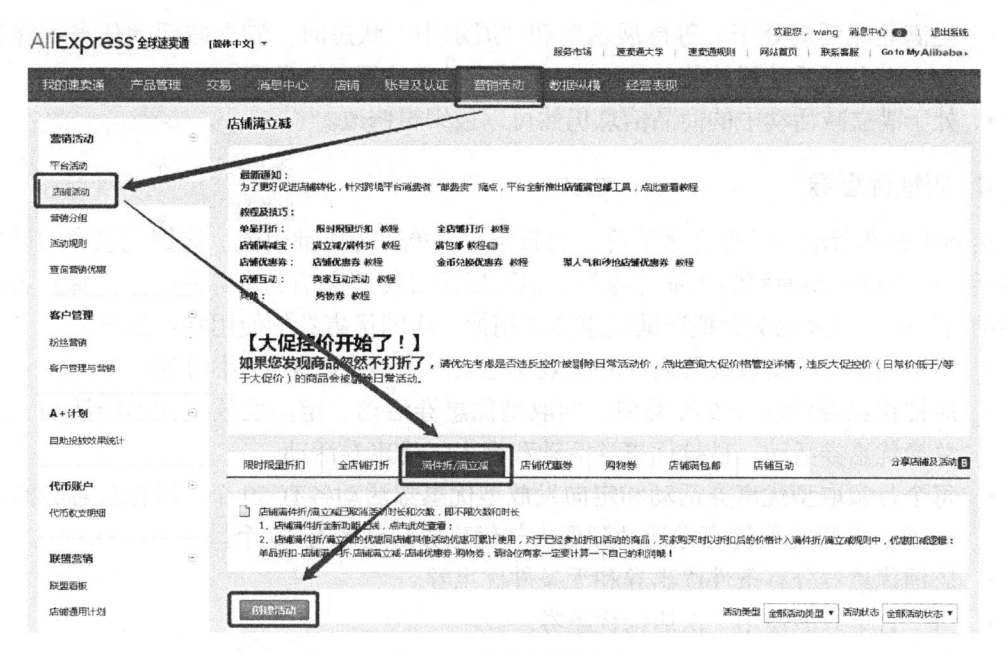

项目 9　速卖通店铺自主营销与平台活动

图 9-11　创建满立减活动

图 9-12　满立减活动设置

选择活动类型为全店铺满立减或商品满立减或全店铺满件折或商品满件折。对于全店铺满立减活动，系统默认选择全店铺商品；对于商品满立减活动，需要卖家选择参加活动的商品，每次最多可以添加 200 个商品。对于满立减活动的设置，需要注意的事项如下。

- 满立减活动的开始时间和结束时间只能在同一个月内。
- 由于系统同步原因，得至少提前 24 小时创建满立减活动。
- 满立减活动最好整个月都要存在，所以月初就应该规划好整个月的满立减活动安排。
- 由于折扣和满立减优惠是可以叠加使用的，所以设置满立减活动时一定要考虑商品在这两种优惠被同时使用时的利润。

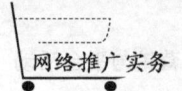

- 当满立减活动处于"等待展示"和"展示中"状态时,满立减活动信息不能被修改。满立减活动开始前的 24 小时将处于"等待展示"阶段。
- 处于满立减活动中的商品信息仍然可以被编辑修改。

4. 店铺优惠券

店铺优惠券活动可以提高客单价,刺激用户下单,为店铺引流。店铺优惠券的设置比较灵活,可以设置小面额的店铺优惠券,也可以设置使用店铺优惠券的门槛。拿到店铺优惠券的用户中有很大比例会把店铺优惠券使用掉。店铺优惠券的使用特点如下。

- 店铺优惠券活动被设置后即时生效(但实际可能会有 1~2 小时延时)。
- 店铺优惠券活动分 5 种类型:领取型优惠券活动、定向发放型优惠券活动、金币兑换优惠券活动、秒抢优惠券活动和聚人气优惠券活动。
- 每个月领取型优惠券活动和定向发放型优惠券活动各有 50 个,秒抢优惠券活动有 30 个,金币兑换优惠券活动和聚人气优惠券活动各有 10 个。
- 店铺优惠券分有条件优惠券和无条件优惠券。
- 每个订单只能使用一次店铺优惠券。

实操案例 4:

卖家小明针对热销的连裤袜产品,创建和开展领取型优惠券活动。

1)活动创建

登录速卖通平台,进入"营销活动"选项卡,展开"营销活动"下拉菜单,从中选择"店铺活动"选项,再进入"店铺优惠券"→"领取型优惠券活动"选项卡,单击"添加优惠券"按钮,如图 9-13 所示。

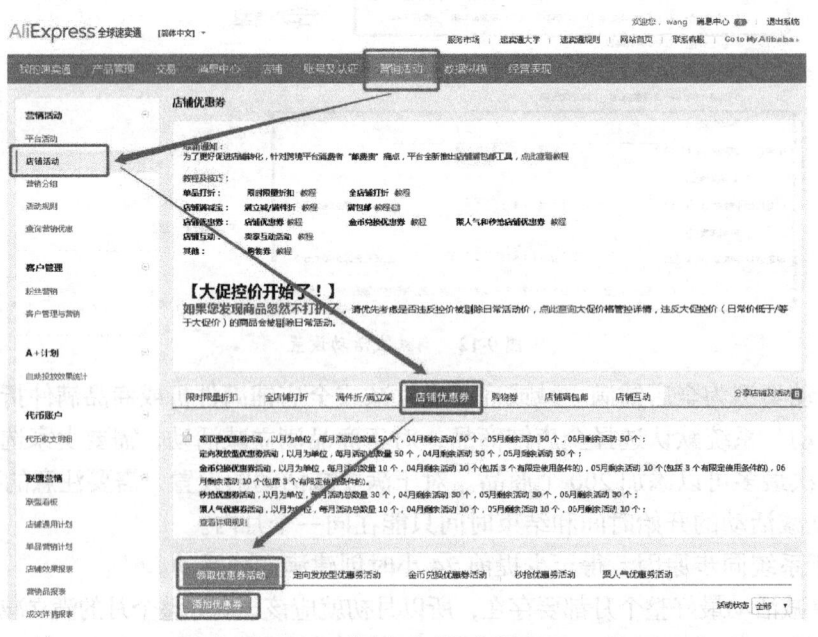

图 9-13 创建领取型优惠券活动

2）活动设置

在设置领取型优惠券活动时，要填写"活动基本信息"、"优惠券领取规则设置"和"优惠券使用规则设置"栏目，如图 9-14 所示。

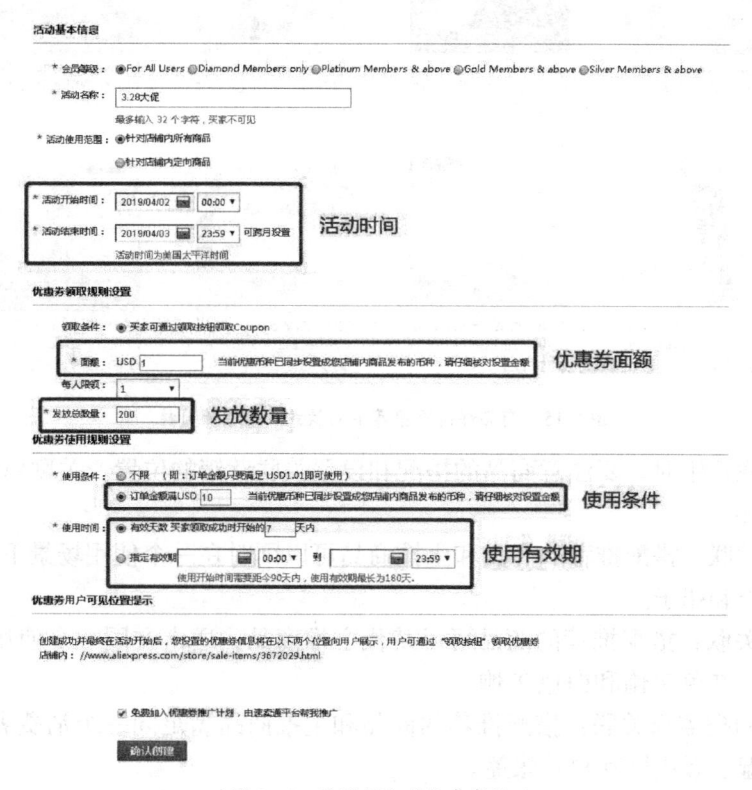

图 9-14　设置领取型优惠券活动

店铺优惠券面额的设置：例如，店铺的客单价为 8.99 美元，为了提高客单价，可以设置满 10 美元就能使用 1 美元的店铺优惠券。当然，如果卖家对店铺的利润度可以承受的话，建议多做一些不限条件的店铺优惠券。

店铺优惠券活动时间的设置：如果时间充足的话，建议设置店铺优惠券活动的周期为 7～10 天。

店铺优惠券使用规则的设置：对于不限条件的店铺优惠券，就直接选择"不限"单选按钮；对于要满足一定条件才能使用的店铺优惠券，则填写使用该优惠券需要满足的订单金额。

9.1.3　关联营销

所谓的关联营销就是我们在一个商品详情页同时放了其他同类、同品牌、可搭配等有关联的商品。我们做关联营销的主要的目的就是让用户能看到我们更多的商品，从而可以提升销售转化率，提高店铺的客单价。如图 9-15 所示，就是一个商品页里面做了关联营销的例子。

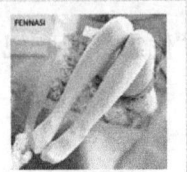

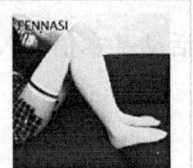

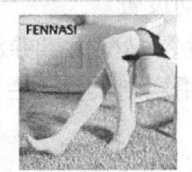

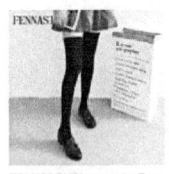

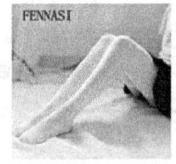

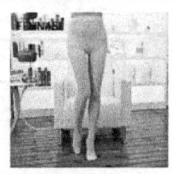

图 9-15 商品详情页推荐不同款式的白色长筒袜

在设置关联营销时,要注意商品的搭配和设置关联营销的位置。关联营销的商品搭配方法有以下几种。

(1)搭配关联:搭配推荐的商品和主推商品可以同时在一个使用场景下使用,如长筒袜和鞋子、上衣和裙子。

(2)替代关联:搭配推荐的商品可以替代主推商品,通常在同一个使用场景下使用,如长裙和短裙、红色 T 恤和白色 T 恤。

(3)满足同类需求关联:搭配推荐的商品和主推商品满足同一个消费者的相似需求,如奶瓶和尿不湿、登山鞋和户外帐篷。

关联营销的位置可以设置在商品详情页的顶部和尾部。其中,在顶部通常会设置主力推荐的关联营销,为了提高关联营销的销售转化率,还可以设置购买套餐的优惠政策;在尾部通常会设置替代关联的商品用来挽留看完详情商品页后未产生购买行为的用户。为了使关联营销效果更优,在设置时应突出主推商品,搭配推荐的商品可以满足用户的某种特定需求,例如,套餐购买更优惠。可以多测试几款搭配推荐的商品,从数据中判断如何搭配可以最大化地提高销售转化率。

关联营销对于整个速卖通营销来说,是非常重要的。关联营销做得好,能增加其他商品的曝光率,提高店铺的订单销售转化率;反之,关联营销只会影响商品的推广效果,让用户产生厌恶感。所以,在做关联营销时,一定要站在用户的角度去做,不要硬邦邦地插入广告。

9.1.4 橱窗推荐

通过橱窗推荐可以增加商品的搜索排序分值,从而提高商品的曝光率。在同等条件下,橱窗推荐的商品比非橱窗推荐的商品搜索排名靠前(设置为橱窗推荐的商品曝光率比普通商品的要高 8~10 倍)。也就是说,我们通过橱窗推荐增加商品的曝光率,从而达到营销的目的。速卖通平台的橱窗和阿里巴巴国际站平台的橱窗是不一样的。速卖通的橱窗

项目 9　速卖通店铺自主营销与平台活动

没有特定的展示位置，只是根据店铺的等级奖励给店铺的一个增加产品曝光度的资源，即卖家等级表现越好，店铺获得的橱窗推荐数就越多，从而得到的曝光机会也就越多。店铺等级和橱窗推荐数的关系，如图 9-16 所示。

图 9-16　店铺等级和橱窗推荐数的关系

从图 9-16 中可以看出，要增加橱窗推荐数，首先就要提高卖家服务等级，而想要提高卖家服务等级，就要减少店铺的不良体验订单和增加店铺的好评率。所以，如果我们想做好橱窗推荐营销，就要提高我们的店铺等级，增加我们的橱窗推荐数，从而更好地推动橱窗推荐营销。因此，我们可以把其总结为：提高卖家服务等级→增加店铺橱窗推荐数→增加店铺曝光率→做好店铺营销。

实操案例 5：
假设卖家小明店铺的服务等级为优秀，针对热销的连裤袜产品，创建和开展橱窗推荐营销活动。

1. 找到橱窗推荐

登录速卖通平台，进入"我的速卖通"选项卡，在"店铺动态中心"选区中选择"橱窗推荐"选项，如图 9-17 所示。

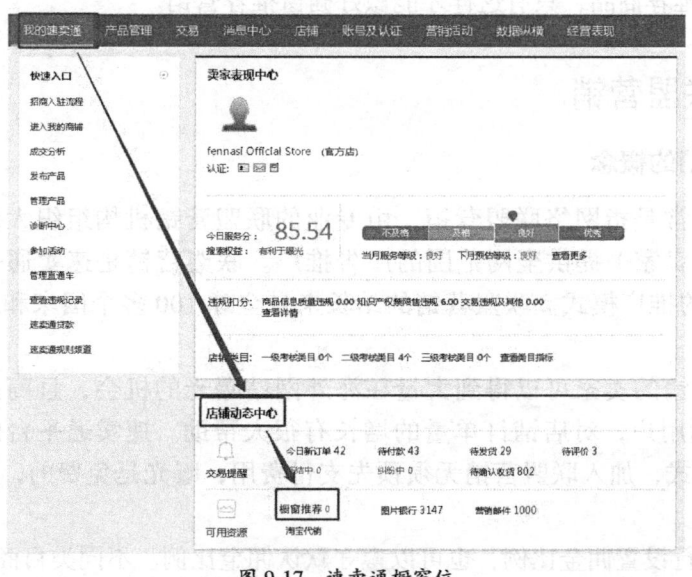

图 9-17　速卖通橱窗位

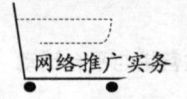

2. 为商品设置橱窗推荐

在有橱窗推荐可使用的情况下，可以进入"商品管理"选项卡，展开"商品信息"下拉菜单，从中选择"管理产品"选项，展开"更多操作"下拉菜单，从中选择"橱窗推荐"选项，如图9-18所示。

图9-18　为商品设置橱窗推荐

在选择商品做橱窗推荐的时候，一定要选好商品，有目的地去做橱窗推荐营销。通常情况下，我们可以通过橱窗推荐推新款、打造爆款和活动款，这样才能充分利用好橱窗推荐的功能。当然，我们所选的新款、爆款、活动款并不是固定的，可以通过数据观察，不定期地更换橱窗推荐商品，只有这样才能做好橱窗推荐营销。

9.1.5　联盟营销

1. 联盟营销的概念

联盟营销通常是指网络联盟营销，由专业的联盟营销机构组织大量网站的广告资源，为广告主（卖家）提供全网范围的广告推广。联盟营销是速卖通平台推出的一种"按效果付费"的推广模式。联盟营销的站长来自全球100多个国家和地区，用户群体庞大。

参与联盟营销的卖家可以得到大量在海外网站曝光的机会，且商品信息从更多渠道被展示给目标用户，对店铺订单量的增长有很大帮助。速卖通平台的联盟营销采用按销售额付费模式，加入联盟营销无须预先支付费用，曝光是免费的，只有成交才支付佣金。

卖家可以自行设置佣金比例，也可以遵守默认佣金比例。不同类目商品的默认最低佣金比例在 3%～8% 之间；所有类目商品可设置的最高佣金比例为 50%。

2. 联盟营销佣金比例设置类型

联盟营销佣金比例设置类型可以分为以下 3 类。

（1）店铺默认佣金比例。在加入联盟营销时，必须设置店铺默认佣金比例，店铺内所有商品在未进行特殊设置的情况下均按照店铺默认佣金比例计算。

（2）类目佣金比例。卖家可以针对类目进行佣金比例设置，在该类目下所有商品在未进行特殊设置的情况下按照类目佣金比例计算。

（3）主推商品佣金比例。卖家可以有针对性地设置主推商品，并为主推商品设置特殊佣金比例。

这三类佣金比例设置在计算佣金时的优先级是：首先是主推商品佣金比例，其次是类目佣金比例，最后是店铺默认佣金比例。设置主推商品可以提升其曝光机会。修改主推商品或主推商品的佣金比例，会在操作 3 日后生效。

3. 联盟营销佣金计算方法

用户从联盟网站通过特定格式的推广链接进入卖家的店铺，在 15 天之内，如果用户在该店铺下单，并且这笔订单最终交易完成，则此订单算为有效计算佣金的订单。15 天的期限是从最近一次用户从联盟网站通过特定格式的推广链接进入卖家的店铺时间开始计算的。如果在这 15 天之内用户又从联盟网站通过特定格式的推广链接进入卖家的店铺，这时就会重新开始计算 15 天。

在交易期内，用户进行退款的订单佣金会退给卖家；交易结束后，用户正常退货的订单佣金不会退还给卖家，因为联盟网站已经起到了导购的作用。折扣商品按照实际销售价格计算佣金，运费不计算佣金。

4. 联盟营销的操作

实操案例 6：
卖家小明针对热销的连裤袜产品，创建和开展联盟营销活动。

1）创建联盟营销活动

登录速卖通平台，进入"营销活动"选项卡，展开"联盟营销"下拉菜单，从中选择"单品营销计划"选项，如图 9-19 所示。

2）设置主推商品

最多可以设置 60 个商品作为卖家主推商品进行推广，如图 9-20 所示。只有主推商品才能参加联盟专属推广活动，没有设置为主推商品的商品则没有参加联盟专属推广活动的权限。所以设置主推商品时应选择市场接受度高的热销商品，这样有利于提升推广效果。

图 9-19 创建联盟营销活动

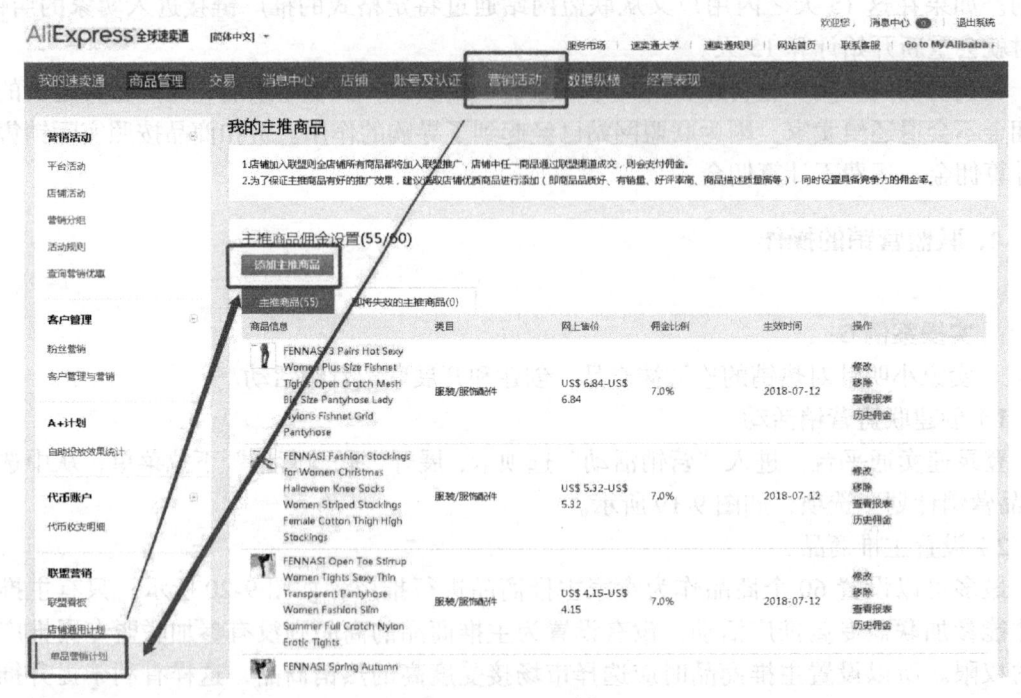

图 9-20 设置主推商品

3）联盟营销佣金比例设置

联盟营销佣金比例设置如图 9-21 所示。每个类目商品所要求的最低佣金比例不一样，一旦加入联盟营销，必须考虑所有商品利润率是否可以被接受。

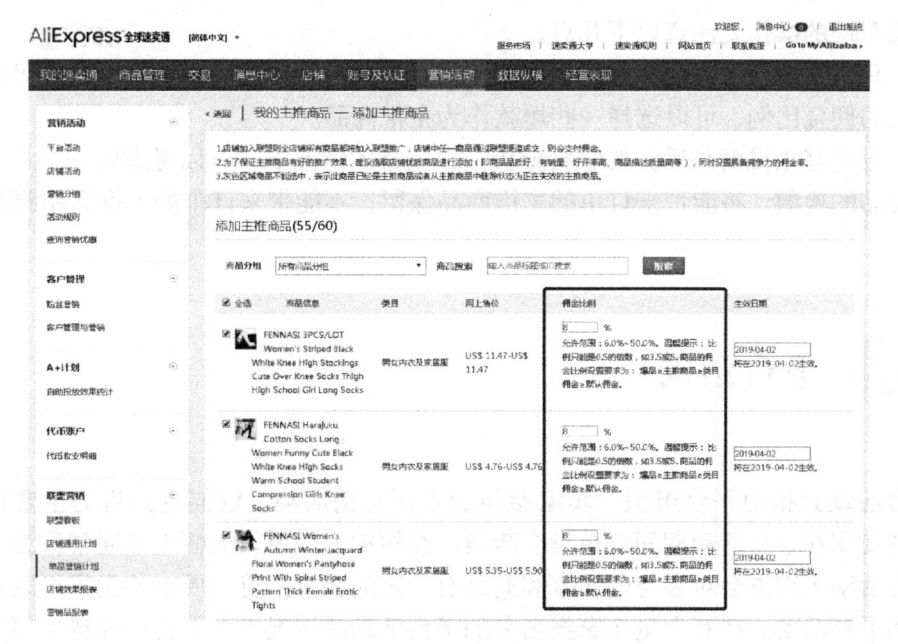

图 9-21 联盟营销佣金比例设置

建议设置主推商品佣金比例比其他商品佣金比例略高些，如店铺佣金比例为 5% 时，主推产品佣金比例可设置为 6%～8%。主推产品佣金比例设置完毕后，卖家应以固定周期（建议 1～2 个月）对主推产品的销售数据进行总结，淘汰销售转化率低的主推商品，替换成其他商品。经过几个月的调整后，使联盟营销销售转化率达到最佳状态。

4）店铺效果报表

通过店铺效果报表，可以清楚地知道联盟营销效果，了解某个时间段联盟营销带来的投入产出比和订单来源网站，如图 9-22 所示。

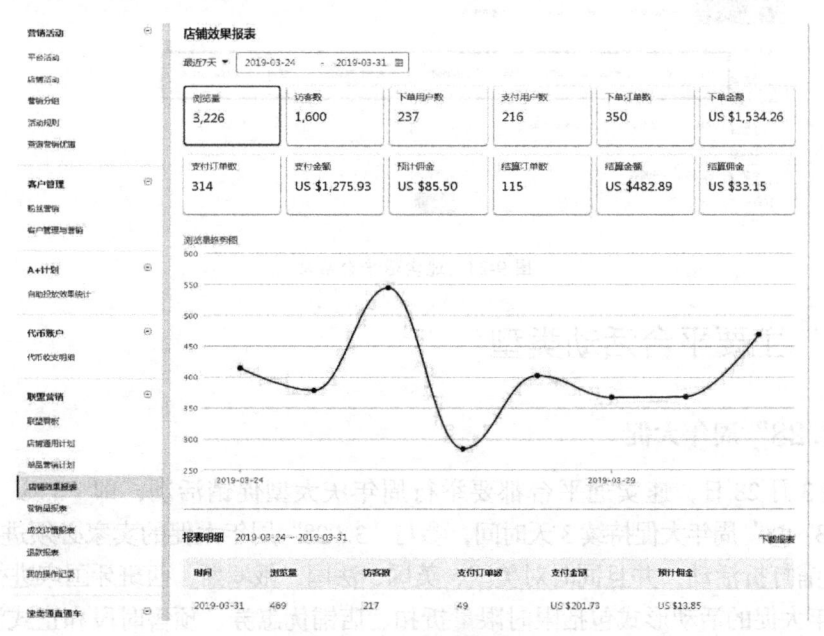

图 9-22 店铺效果报表

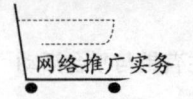

联盟营销的操作要注意以下几点。

（1）只有主推商品才能参加联盟营销专属推广活动。主推商品的佣金比例可以略高于其他商品的佣金比例，可以选择一些爆款作为主推商品。

（2）设置好主推商品后，要学会分析。在正常的情况下，可以考虑以一个月为周期进行主推商品的检测，将能带来订单的主推商品保留，不能带来订单的主推商品删除。

9.2 平台活动

平台活动是指由平台组织、卖家参与的主题营销活动，以促进销售为主要目的。参加活动的卖家在平台活动期间订单量会激增。在短期内订单量大幅上涨通常称为"爆单"。平台作为活动组织方会对参与的卖家和商品有一定的要求，符合要求的卖家可以自主选择报名参加平台活动。在有大量卖家报名参加平台活动的情况下，平台会筛选出部分卖家参与。速卖通平台活动包括了 Flash Deals、品牌闪购、拼团等，如图 9-23 所示。

图 9-23 速卖通平台活动

9.2.1 主要平台活动类型

1."3.28"周年大促

每年的 3 月 28 日，速卖通平台都要举行周年庆大型促销活动，即"3.28"周年大促。2019 年的"3·28"周年大促持续 3 天时间，参与"3·28"周年大促的卖家必须进行持续 3 天时间的全店铺打折活动，并且同时对美国、英国、法国、俄罗斯、西班牙国家进行包邮服务。"3·28"周年大促的活动形式包括限时限量折扣、店铺优惠券、预售时段和正式活动时段。

2. "双11"大促

"双11"大促已经从中国网购狂欢节走向世界网购狂欢节。在"双11"大促期间，速卖通平台面向全球用户进行大型促销活动。速卖通平台的"双11"大促从美国西部时间 11 月 11 日 0 点开始（北京时间 11 月 11 日 16 点），交易覆盖 230 个国家和地区。在"双11"大促正式开始前期的预热阶段，速卖通平台邀请了俄罗斯、美国、西班牙等国家的网络名人进行直播导购，与粉丝互动，为各大品牌和商品进行前期预热。

3. Flash Deals

Flash Deals 又称 Today Deals，是一个天天特价的促销活动，在速卖通首页有明显的入口。

4. 俄罗斯团购

俄罗斯团购是针对俄罗斯市场的营销活动。参加该活动的商品必须对俄罗斯、乌克兰、白俄罗斯国家设置包邮服务。

9.2.2 卖家的平台活动计划

平台活动期间对卖家来说是最佳销售期。卖家要抓住平台活动机会，实现店铺跨越式增长。卖家要从以下 4 个方面做好平台活动计划。

1. 对全店商品清晰分层

在平台活动中，对店铺引流商品和主推商品的选择很重要。引流商品多为店铺内有竞争力的爆款商品。以此爆款商品的超低价格去吸引用户进店。通常将这个爆款商品报名参加秒杀活动或者主会场 5 折精品活动。

主推商品是店铺主推的应季商品，折扣在 7 折左右，并且有竞争力、差异性且价格吸引人，还能够使引流商品引来的用户更多地消费，如图 9-24 所示。

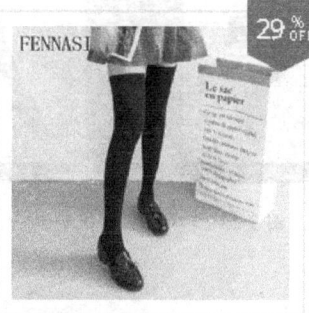

图 9-24 主推商品示例

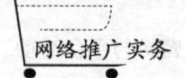

引流商品和主推商品数量有限，仍有部分未消费的用户在店铺内浏览其他商品。所以，除了引流商品和主推商品，店铺整体也要传递给用户强烈的促销感受，通过店铺内其他商品的促销来刺激用户消费。例如，卖家可以对店铺内其他商品都做一个小折扣，如8.5折，还可以通过全店铺打折来实现促销。

2. 商品信息优化很重要

促销信息、商品卖点等要体现在商品标题中，且商品关键属性要填写完整。有很多平台活动是通过系统抓取的方式提取全店铺商品的，并将其展示到相关页面上。所以，完善标题信息和属性信息是非常重要的。对店铺内的商品必须做好关联销售和交叉推荐，将访问商品详情页面的流量尽可能转化成订单。

3. 挖掘老客户，提升交易额

维护老客户的成本远低于开发新客户的成本，每个店铺都应该做好老客户的维护工作。每次平台活动都是唤回老客户的最好时机。将店铺优惠信息发给老客户，结合平台的优惠政策提前通知老客户，甚至给老客户提供额外的优惠，这些都可以有效地挖掘老客户价值。

4. 配合平台活动信息，做好店铺装修

将平台活动的设计元素结合店铺的优惠政策和商品信息是常用的店铺装修方法，并且简单、有效。"双11"海报示例如图9-25所示。

图9-25 "双11"海报示例

9.2.3 平台活动报名要求

不同的平台活动，要求卖家达到的报名要求也有所不同。俄罗斯团购报名要求如图9-26所示。

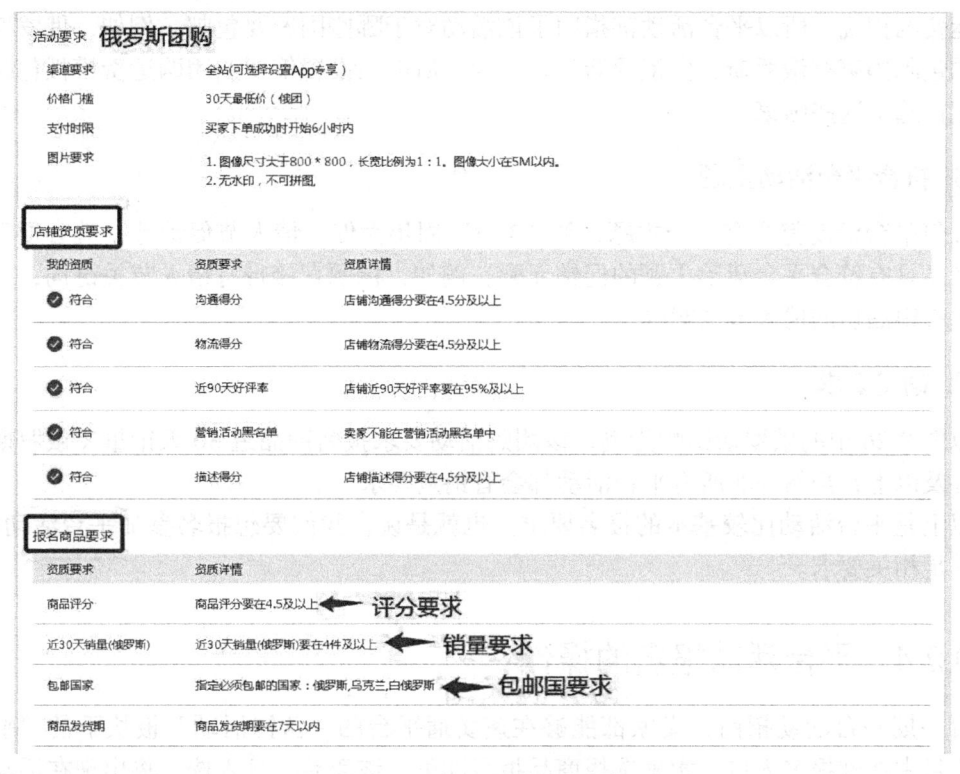

图 9-26　俄罗斯团购报名要求

通过观察和整理各类平台活动的报名要求，我们可以提炼出以下一些基本的要求。

1. 严禁提价打折

提价打折，即在商品上线之后将其价格调高再打折的行为。这种操作表面上能够很容易实现加大商品折扣力度的目的，但是买家最终享受不到真正的折扣，购物体验非常不好。

2. 满足最低折扣力度

例如，大多数俄罗斯团购的折扣范围大都为 40%~99%。

3. 达到要求的店铺等级

大多数平台活动对店铺等级会有一定的要求，例如，要求店铺最低为二勋店铺，如果店铺没达到这个等级，就无法报名参加平台活动。当然也有一些平台活动是没有等级要求的，具体参见每个平台活动的"活动要求"。

4. 达到好评率要求

如图 9-26 所示，要求店铺近 90 天好评率要在 95% 及以上。

5. 对基本活动对象国包邮（如俄罗斯团购）

速卖通平台主打的是 Free Shipping 的商品，即对买家包邮，这样就免除了大多数买家对于运费的担忧。所以平台活动都指明了该活动对于哪些国家要包邮。例如，俄罗斯团购要求的包邮国家有俄罗斯、白俄罗斯和乌克兰，所以在设置俄罗斯团购运费模板包邮国家时要记得选上这些国家。

6. 符合平台活动主题

任何平台活动都会有一个主题，如"3.28"周年大促、情人节促销等，就必须要求报名的商品具有符合平台活动主题的促销元素，例如，标题直接带有情人节关键词，或者在描述里有很贴切的情人节文案等。

7. 销量要求

以图9-26中的俄罗斯团购为例，该团购活动要求报名商品近30天销量（俄罗斯）要在4件及以上，当然并非所有平台活动都会有销量要求。

以上是平台活动比较基本的报名要求。也就是说，我们要想报名参加平台活动成功，必须满足相关要求。

9.2.4 平台活动报名的操作

每一期平台活动招商，卖家都能够在速卖通平台的"营销活动"板块下的"平台活动"栏目中找到报名入口；卖家选择商品报名即可。该商品一旦入选，将出现在活动的指定推广板块中。平台活动报名的操作如图9-27所示。

平台活动报名的操作如下。

（1）登录速卖通平台，进入"营销活动"选项卡。

（2）展开"营销活动"下拉菜单，从中选择"平台活动"选项。

（3）默认会选择"可参加的活动"选项，这里圈出来是想告诉大家，还可以选择"所有活动"选项，看看自己有哪些活动是目前不能参加但是可以通过提高自身的条件来参加的。

（4）单击"我要报名"按钮即可。

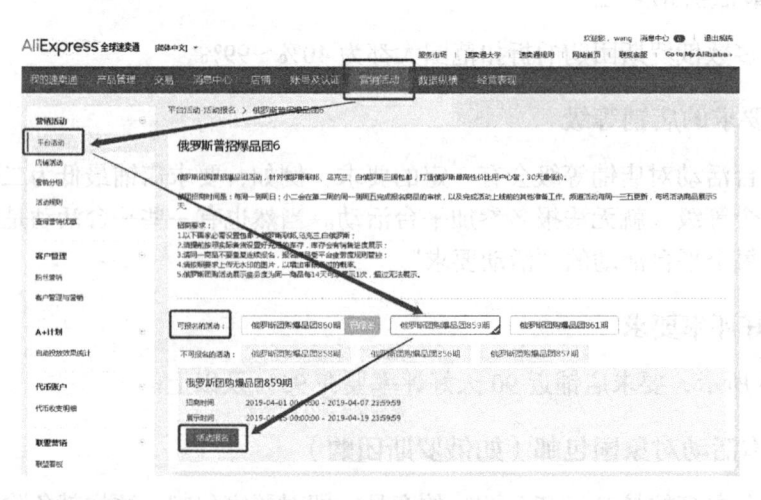

图9-27 平台活动报名的操作

实操案例 7：

为了提高速卖通店铺的订单量，卖家小明针对热销的连裤袜产品，创建和开展 Flash Deals 平台活动。

1. 平台活动报名

登录速卖通平台，进入"营销活动"选项卡，展开"营销活动"下拉菜单，从中选择"平台活动"选项，仔细阅读平台活动描述、平台活动要求和平台活动其他信息后，选择可参加的活动，单击"我要报名"按钮，参加平台活动，如图 9-28 所示。

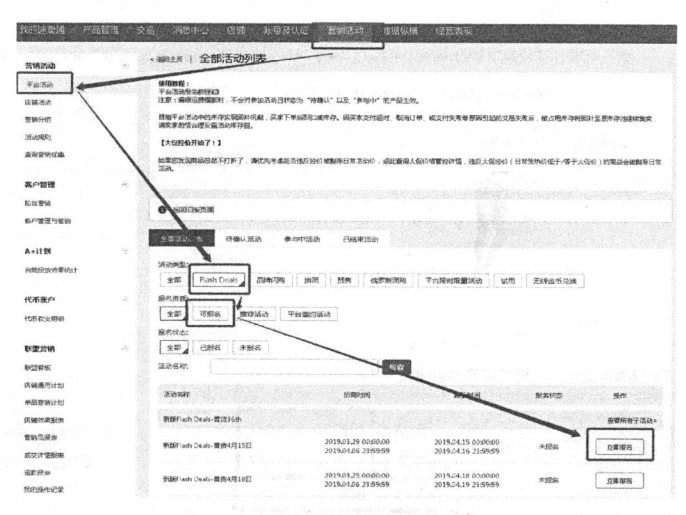

图 9-28 报名 Flash Deals 平台活动

2. 添加要报名的商品

阅读好平台活动信息后，选择要参加该活动的商品，即在商品列表右侧的小方框中打钩，以实现商品的选择。选择好商品后，单击"确定"按钮，如图 9-29 所示。

图 9-29 选择商品参加平台活动

特别提示：

（1）商品选择好之后，要不断提升商品的信息质量。例如，针对商品进行全面的商品属性优化和商品详情页再优化，进一步提高商品评分，以提升商品入选概率。

（2）确认商品的货源稳定，供应链完善，不会出现断货风险，同时确保所选商品的质量是优质的。平台活动一旦报名成功，订单量巨大。如果商品质量存在问题，平台活动结束后卖家就很有可能面对的是庞大的纠纷订单数量和差评数；如果供应链出问题，卖家将面对的是大量的成交不卖订单。所以确保供应链没有问题和产品质量是非常重要的一环。

3. 报名完成

针对报名参加活动的商品，填写折扣率和库存信息，如图9-30所示，完成报名。

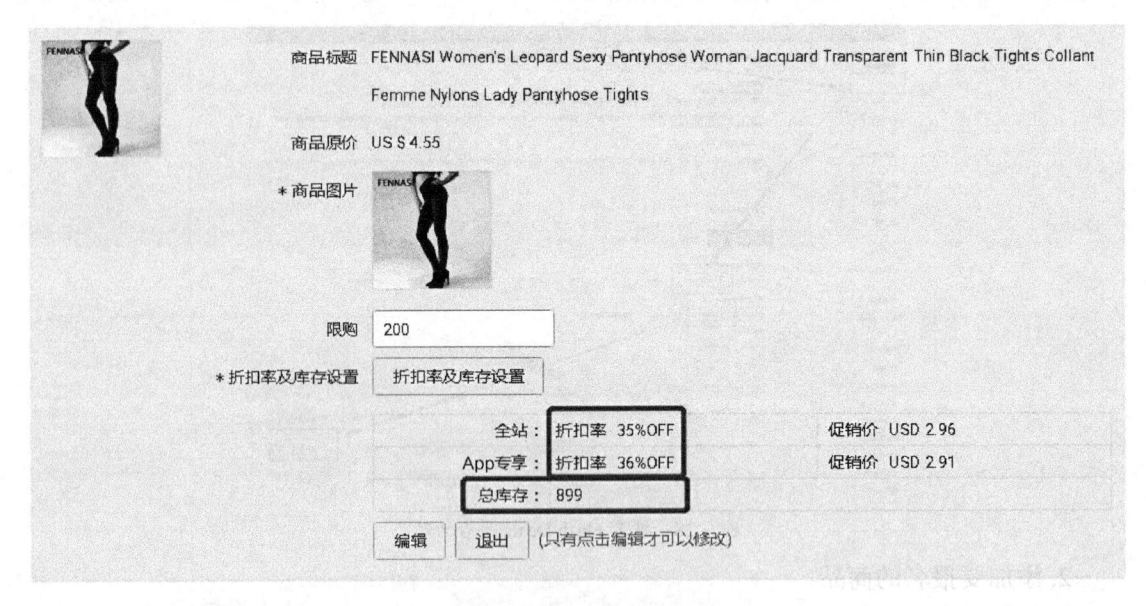

图9-30 完成平台活动报名

4. 查看商品报名状态

单击"平台活动"选项，在当前状态栏查看商品报名状态，如图9-31所示。如果当前状态为"待确认"，说明此商品报名成功，正在等待审核；如果当前状态为"待展示"，说明商品已经被审核通过，正在等待被展示；如果当前状态为"招商进行中"，说明商品正处于页面展示中。

图9-31 查看商品报名状态

9.3 直通车推广与引流

9.3.1 直通车介绍

1. 什么是直通车

直通车是一种按效果付费的广告，简称 P4P（Pay For Performance）。直通车的付费方式是按点击率付费，简称 CPC（Cost Per Click）。速卖通平台的买家购买模式是：搜索关键词→浏览搜索结果→点击感兴趣的商品进行浏览，所以说商品是否能被展示在搜索结果靠前的位置直接影响商品的点击率。直通车通过竞价排名让卖家商品可以展示在搜索结果靠前的位置。卖家通过有竞争力的出价使自己的商品展示在搜索结果靠前的位置。商品展示是不用付费的。当买家点击该商品时，卖家就要支付广告费。

竞价排名即通过竞争出价的方式获得在网站上的有利排名位置，达到高曝光率、高流量的目的。

竞价排名的基本原理：卖家选择一批和商品相关的关键词，并对这些关键词进行出价；买家搜索该关键词时，出价高的卖家商品即被展现在搜索结果靠前的位置。但是，在竞价排名的基本原理的基础上，系统还会根据多种因素加权计算商品排名顺序，最终呈现在搜索结果上的商品排名顺序会和单纯按商品出价高低的商品排名顺序是有所区别的。

2. 直通车规则

1）直通车推广方式

直通车推广分为关键词投放和商品推荐投放两种方式。其中，关键词投放的商品会被展示在搜索结果页的右侧和底部两个特殊展示区域内（直通车改版后，其右侧的特殊展示区域被取消）。

2）排序规则

直通车的商品排名顺序主要受两大因素的影响，分别是推广评分和出价。其中，推广评分对排名顺序起关键作用。推广评分主要通过商品信息质量、商品与关键词匹配性、商品评分和店铺评分4个因素来考量。商品评分指的是买家对商品的认可度及评分和评价。店铺评分指的是买家对店铺的 DSR 评分及对卖家商品描述、卖家服务和物流服务的评价。速卖通平台的关键词评分如图 9-32 所示。

在图 9-32 中，左边显示的推广评分一共分为两种情况：优和良。卖家商品只有推广评分为"优"，再加上具有竞争力的出价，才有可能排在搜索结果首页的右侧。如果卖家商品推广评分为"良"，那么即使出价再高，也不能排在搜索结果首页的右侧。因为一个商品的属性和关键词数量有限，无法让很多关键词成为优词，这里的商品排名顺序会根据推广评分和出价进行实时调整，所以要多关注后台的数据。

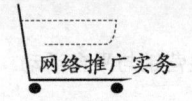

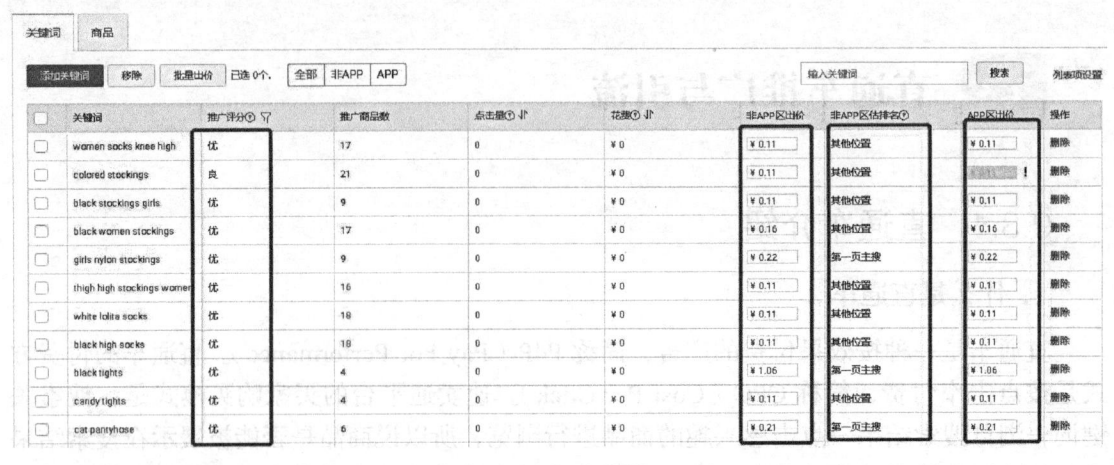

图9-32 速卖通平台的关键词评分

3）收费规则

直通车商品被展示是不收费的，只有发生海外用户有效点击后才对卖家收费。收费与卖家的推广评分及出价相关。但实际的收费肯定不会超过卖家的出价，这些数据在后台可以被查看。

4）推广计划

目前，直通车的推广计划有两种，如图9-33所示。一种是专门用于打造爆款商品的重点推广计划；另一种是方便测评的快捷推广计划。这两种推广计划各有优点并都带有自动选择商品（简称选品）的功能，系统会根据近期数据向卖家展示最近表现不错的商品，方便卖家选品。

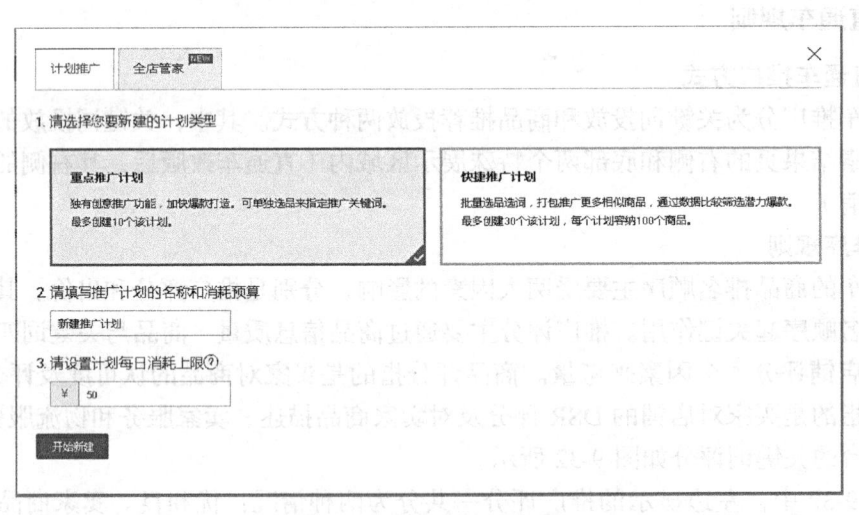

图9-33 直通车的推广计划

在设置重点推广计划时，每个推广商品下都有其独立的推广关键词库。可以针对每个重点商品单独设置商品推荐投放计划，所有商品共用一个每日消耗上限。

重点推广计划独有创意主图和创意标题的功能，即卖家可以为每个重点推广商品设置专门用于直通车推广的图片和标题。重点推广计划最多允许创建10个，建议每个重点推广计划推广同类目的商品，以便于后期管理，并且选择想要重点推广的商品，以便集中精力做商品推广。

3. 直通车推广的优点

1）新品可快速曝光

对于新上线的商品，由于没有很好的销售记录，很难有机会被展示在搜索结果靠前的位置，但通过直通车可以快速获取大量的曝光机会，为以后的营销打好基础。

2）精准流量，合理付费

直通车引入的流量精准，无效流量少。只有产生有效的点击才会被系统计费，恶意点击和重复性人工点击，在计费时会被系统除去。

3）预算可控，自主选择

卖家可以为每个关键词的单个点击出价，也可以针对直通车广告投放时间、投放区域、每日投放预算进行出价，并对直通车广告的投入费用和投放地区可以进行定位设置。

9.3.2 直通车推广步骤

实操案例 8：

为了提高速卖通店铺的订单量，卖家小明针对热销的连裤袜产品，创建和开展直通推广计划。

1. 开通直通车并对其充值

登录速卖通平台，进入"营销活动"选项卡，展开"速卖通直通车"下拉按钮，从中选择"直通车概况"选项，在接受开通条款和简单培训后，单击"立即充值"按钮，或者在速卖通直通车账户信息处，单击"充值"按钮，如图9-34所示。

图 9-34 对直通车充值

2. 直通车推广操作

（1）登录速卖通平台，进入"营销活动"选项卡，展开"速卖通直通车"下拉按钮，

215

从中选择"推广管理"选项,如图9-35所示,进入直通车操作后台。

图9-35 选择"推广管理"选项

(2)新建推广计划,选择推广计划方式,如图9-36所示。

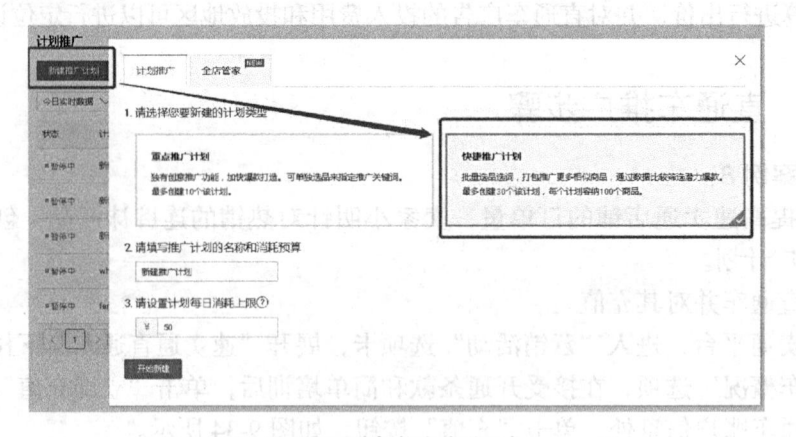

图9-36 选择推广计划方式

(3)选择推广商品,如图9-37所示。

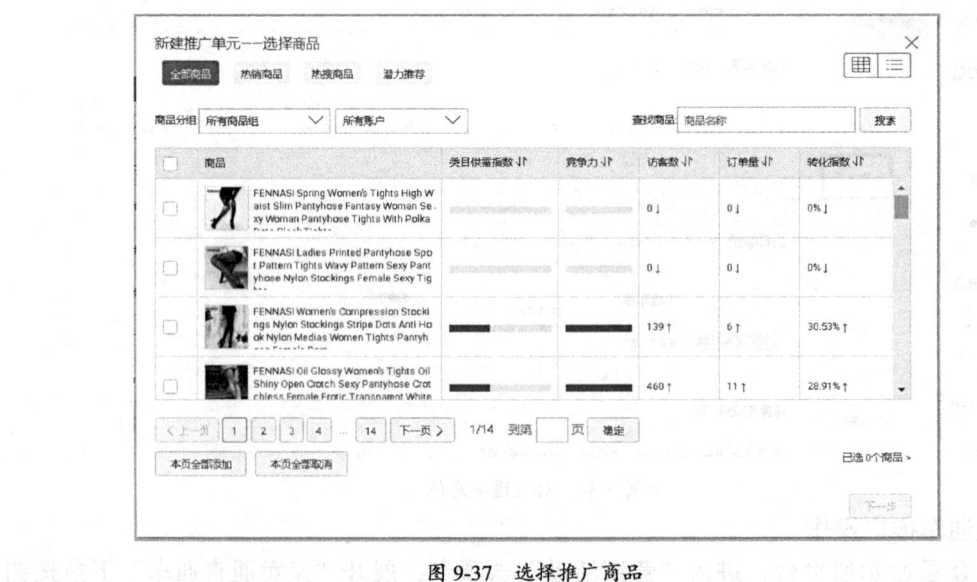

图9-37 选择推广商品

（4）选择推广关键词。选择好商品后，单击"下一步"按钮，选择关键词，如图9-38所示。

图9-38 选择关键词

添加关键词方法：系统自动匹配推荐词；卖家手动添加词和批量加词。此外，批量加词功能可以最多一次添加100个关键词，是最高效添加关键词的工具之一。

添加关键词后，就要对关键词出价。在关键词出价页面，对已选择的关键词出价，文本框中会显示关键词在搜索结果第一页前5名的参考价格，在"App区出价"数值框中可以进行关键词的出价调整，如图9-38所示。

除了设置单个词的出价，卖家也可以采用批量出价：每个关键词的出价为"底价加上加价幅度"，加价幅度的最小数额为0.01元，单击"确定"按钮，就对所有的关键词出价了。

（5）最后单击"完成"按钮，新建的推广计划就做好了，新建快捷推广计划完成界面如图9-39所示。

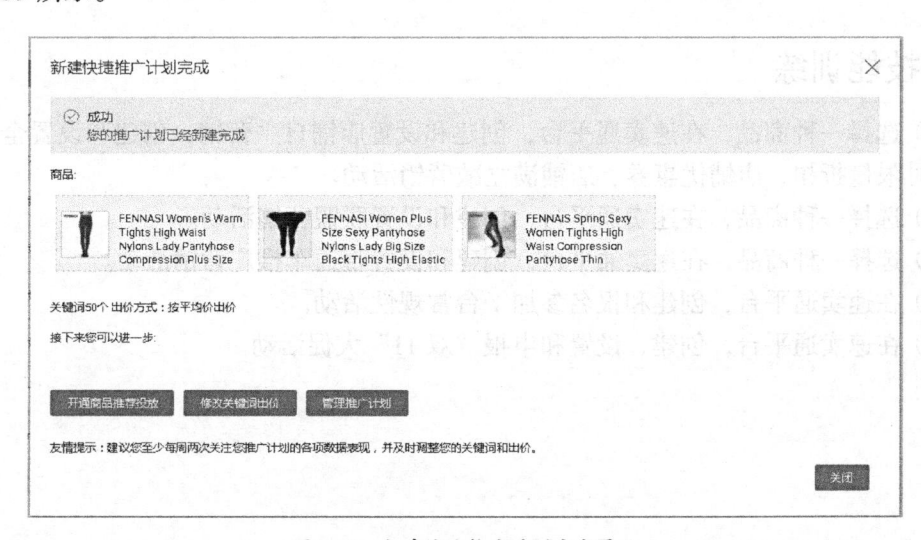

图9-39 新建快捷推广计划完成界面

3. 优化调整

之后，打开直通车数据报告页面，可以查看推广商品和关键词的数据报告分析。关键词报告如图 9-40 所示。通过跟踪观察关键词的曝光、点击情况及用户的行为优化调整关键词。

（1）曝光率高，点击率低——搜索量大但相关度一般，建议不动。

（2）曝光率低，点击率高——相关性高，这种关键词出价便宜，保留并可考虑提高出价。

（3）曝光率低，无点击——废词，可以将其更换。

（4）点击率高，价格高——保留，降低关键词出价。

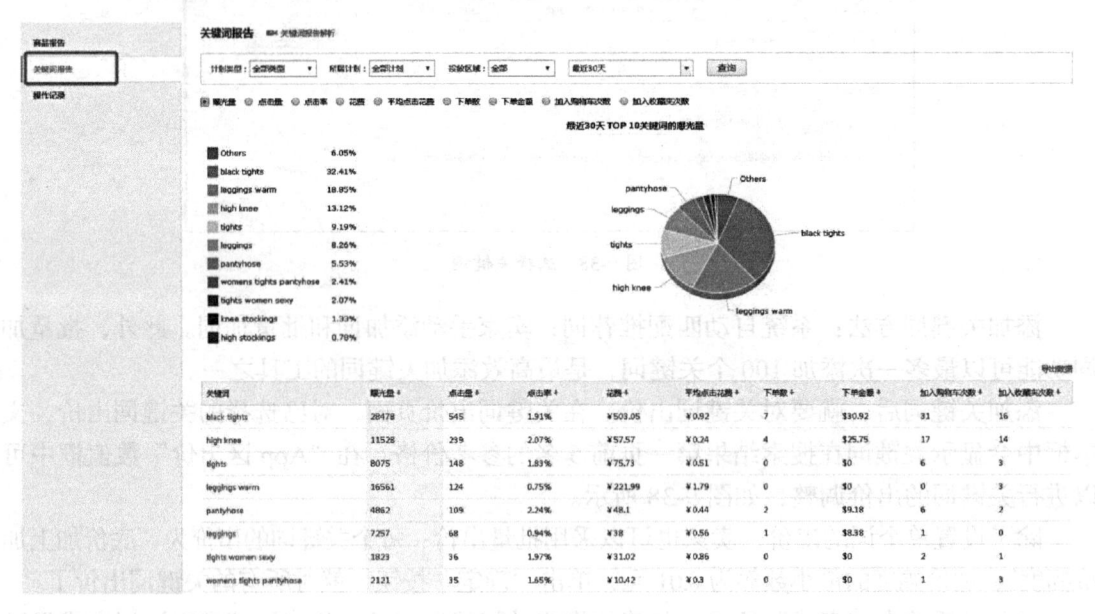

图 9-40　关键词报告

技能训练

（1）选择一种商品，在速卖通平台，创建和设置店铺自主营销，创建和设置全店铺打折、限时限量折扣、店铺优惠券、店铺满立减营销活动。

（2）选择一种商品，在速卖通平台，创建和设置联盟营销活动。

（3）选择一种商品，在速卖通平台，创建和设置直通车推广营销活动。

（4）在速卖通平台，创建和报名参加平台常规性活动。

（5）在速卖通平台，创建、设置和申报"双 11"大促活动。

项目10

网络直播推广

> 当你还在认真研究微信营销时，营销的风向已经转到直播上了。直播到底火到什么程度？一个大学生主播月收入能达10万元到20万元；一位网络红人两个小时左右的直播收入能达到30万元；明星开通几分钟就被百万人关注。这些都在证明着直播的火爆程度。越来越多的人群加入网络直播行业，几乎所有的社交、电商、App媒体都做起了直播的生意。"全民直播"时代到来了。最重要的一点是越来越多的企业已经跻身直播行列。本项目主要介绍了直播推广，从直播平台的分类，到直播运营，为未来从事相关专业打下基础。

技能目标

※ 理解直播的内涵
※ 能结合行业的实际情况，建成相应的直播团队
※ 能帮助企业进行直播培训

教学建议

※ 使用案例法，引起学生的兴趣
※ 引导学生讨论相关问题

知识要点

※ 直播的发展
※ 直播的作用
※ 直播的主流平台及特点
※ 直播的分类
※ 直播内容的选取
※ 直播在各大行业中的应用

延伸阅读：

※ 刘兵. 直播营销[M]. 广州：广东人民出版社，2018.

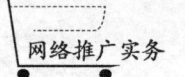

※ 孙爱凤. 直播技巧 实力圈粉就这么简单 [M]. 北京：机械工业出版社，2019.
※ 林超. 引爆流量 [M]. 北京：中国宇航出版社，2017.

案例1-1　直播带货，疫情之下的新经济生产力

2020年，受疫情影响，宅在家成为许多人的常态，通过短视频平台消遣娱乐成为大部分人的选择，这也直接导致：在不容乐观的国内外经济形势下，电商直播销量却与日俱增，迎来了巨大的红利市场。

就在4月1日晚上，罗永浩刚刚完成抖音直播带货首秀，据抖音官方披露的数据，短短三个小时之内，罗永浩抖音首场直播交易总额高达1.1亿元，累计观看人数超4800万人次，创下了抖音平台目前已知的最高带货"神话"，成为继淘宝李佳琦和薇娅，快手辛巴和散打后的抖音超级主播。

此次疫情让原本逐步趋于稳定的网红经济，再一次被线上流量所激活，其中最火爆的就是直播带货。随着直播带货的购物方式越来越被大众所接受，及随着5G时代的到来，可以预见直播电商会在未来几年一定迎来新一轮的爆发。

1　疫情期间是直播带货爆发的一个窗口期

据艾媒咨询《2019上半年中国在线直播行业研究报告》介绍，2019年中国在线直播用户规模超5亿，四成受访的直播用户会选择购买明星或网红直播电商推荐的产品。直播带来的不仅仅是高转化率，更带来了"两升一降"，即销售额、满意度提升，咨询量下降，客服压力小了。

从直播电商的发展历程来看，尽管是近几年才出现的新兴业态，但是发展速度和市场规模已经是十足意义上的风口。2020年在线直播的用户规模增至5.26亿人，直播电商销售规模达到9160亿元，约占中国网络零售规模8.7%。可以说，"直播带货"这一模式有着万亿元的市场。

目前，直播业态覆盖了包括美妆、服饰、食品、家居、数码家电、汽车等在内的几乎所有行业。而主播群体中，一种是品牌、商家自己开设直播间，另一种是专业主播。专业主播来自不同行业，使用专业知识为消费者挑选、推荐商品，由此形成在消费领域的权威声音，影响消费者。

短视频全行业对于"直播带货"的集体发力，并不是一个巧合。从某种程度上来说，谁能够掌握"直播带货"的主动权，谁就能够在接下来的赛道竞争中取得主动权。

2020年，疫情的突如其来让这个趋势在今年又出现了一个不确定因素，网民的线上总时长增长，而短视频则分流了大部分的新增注意力。在这种情况下，一个注意力高度集中的用户环境，以及一个陡然增加的新用户增量，在拓宽赛道的同时，也让这一挑战的紧迫感提前到来。

如果能抓住这个窗口期，不仅能够快速抹平起步晚的劣势，甚至能进一步拉开并巩固竞争优势，从此在直播带货的赛道上建立护城河。

2　直播带货就是新零售对人、货、场的重构

3月26日，罗永浩正式官宣入驻抖音，并于4月1日开启直播带货生涯。在公布抖

音账号后不久,罗永浩的粉丝数呈指数级增长,仅发布 24 小时内粉丝数就达到 160 多万。这是继淘宝、快手之后,抖音追赶直播的跨步。考虑到抖音和罗永浩这两个标签及背后各自代表的体量,再考虑到直播带货这个短视频大框架下的独特定位,3 月 26 日的官宣大概率仅仅是一个信号,推动这个信号形成的是影响整个行业格局的趋势。

历经近 20 年的快速发展,中国电商行业已日趋成熟,2018 年中国网络购物交易规模达 8 万亿元,一年后的 2019 年更是被普遍地称为直播电商元年,不管是淘宝还是抖音、快手,直播都给平台带来了巨大的流量和成交额,流量带货时代已悄然来临。随着电商直播行业的兴起,直播带货产业链正逐步形成。

从坐商到行商,再到电商、微商,以及到今天的直播电商,这已经是不可逆转的时代趋势。虽然人还是那些人、货还是那些货,但是"场"却已发生了翻天覆地的改变。

"人"——消费者从主动消费变被动消费。主动消费中搜索选择需要一个长时间的品牌导入过程,但被动消费、流量的传播及两者的交互会大大减少用户的购物决策时间。人+货+场的转变,如图 10-1 所示。

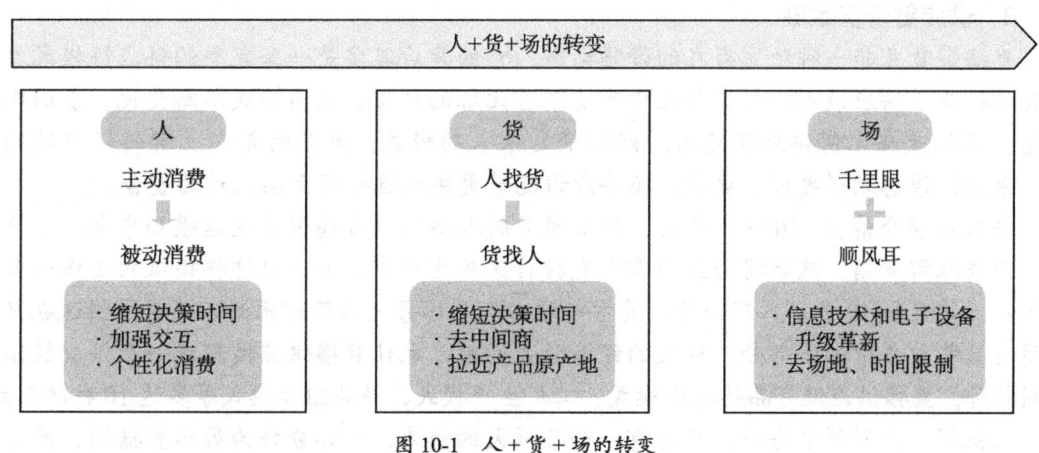

图 10-1 人+货+场的转变

直播带货将传统的人找货模式变成了货找人,让"人"重新回到了主角的位置。人,才是直播的精粹,也是直播的意义之所在。直播带货让主播和消费者之间的关系进一步亲密,一个明显的特征就是:去品牌化、去平台化在直播带货中越发突出。用户只认人,不认品牌,这一点跟微商有些类似,人给货赋予了信任背书。用户放心且愉快地购买主播推荐的商品,而不管是不是名牌,是不是自己熟悉的品牌,甚至不管有没有实际需求,只要"人"对了,看客们的第一反应就是买买买!

"货"——直播实现了去中间商,拉近了产品原产地目标。直播电商里的货,价格具有很大的竞争力,网红主播会尽力强调最低价或者工厂价,最大限度地缩短了产品流通的中间环节,大大节约了渠道成本。这样才能将销量提高到一定量级,而且靠谱的品质、良好的售后,也为主播和品牌方带来了更高的复购率。网红主播与生产厂家的完美互补:工厂品牌为主播们提供了具有市场竞争力的品质和价格;直播带货则满足了工厂品牌对流量的诉求,让工厂品牌有了更高的曝光度,主播们也因此突破了靠广告或打赏变现的局面,供和销之间可谓是实实在在的双赢。

货可以称为直播间的中枢。直播带货一般都要靠引爆单品的方式来实现,这也就十分

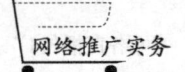

考验供应链的承接能力了。由于直播带货大多是主播直接对应厂家，厂家不仅要保证库存，物流、售后也得跟上。直播带货一个爆品的成功，对倒逼商家拥有强大的供应链能力起到了很好的推动作用。

"场"——信息技术和电子设备的革新，使商家通过手机直播就可以在任何时间、任何场地来展示产品，具有很强的直观性、时效性。

各种零售形式的变革无不是为了给用户更新的、更能够满足他们需求的场景。超市的兴起满足了用户边逛边随意购物的需求；电商的兴起满足了消费者足不出户、便捷购物的需求；社交电商的兴起满足了用户随时随地购物、分享，所见即所购的即时性需求。

如今的直播带货，给了消费者全新的购物场景，不但结合了线上线下所有的优势，还能在购物的同时带给消费者美好的视觉体验和精神层面的满足！

直播+电商在线上获客成本高于线下获客成本的时代突破线上获客转化瓶颈，省去了拉新、促活、留存的步骤。通过主播的话术和场景氛围的渲染，把稀缺性和饥饿营销玩到了极致，这对于产品初期实现低成本的品牌营造还是很有意义的。

3 供应链价值致胜

直播带货并非一种独立存在的带货渠道，它的背后其实是一套完整的供应链模式。放眼其他行业，供应链也同样在行业中有着不可比拟的作用。电商形式不断变化，表面比拼流量，实际是在比拼供应链能力。网红带货未来的模式，更多的是向上游的供应链的整合。未来，谁想做得更好、更快，还要看谁能够更快地进行线上供应链的整合。

供应链整合能力：2019年开始，越来越多的人参与到直播带货这盘棋局中来。主播与粉丝形成社群营销，然后将粉丝的需求直接传递给生产商。如薇娅这样顶级的主播有自己的工厂，并且和40多家工厂合作，其中一些工厂平均每天为薇娅出两万单货，但这也只是她所有服装订单中的一部分。巨大的经济效益面前，也让直播供应链形成一个供应链体系的新物种，直播供应链有品牌集合模式、工厂生产模式、精品组合模式等多达10种的模式。

在杭州、广州等沿海地，只要有一个足够大的仓库，一部分作为展示直播间，然后依次分隔出选货区、陈列区，就这样满足了零售的"人，货，场"三要素。这样的"供应链基地"正在主播中得到快速的复制。离货更近，离主播更近，也就是离消费者的需求更近。和传统的供应链模式相比，网红作为需求（导购）端，直接和产品的生产端相连，去掉了零售商这个载体。原本的服装批发生意，被这些由主播们带起来的"供应链基地"打乱了节奏。

网络主播们以巨大的流量节点支撑，通过直播的驱动，将消费者-电商平台-供应商-工厂-品牌方-网红机构（MCN）整合到了一起，形成一个庞大的供应链网络体系，互相协同，快速迭代。

高效的供应链管理带动厂家去库存化：截至2018年年末，海澜之家存货94.7亿元，相当于年利润的3倍，较上年末增加9.8亿元，同比上升11.55%。事实上，这种状况不是海澜之家独有的。统计数据显示，截至2018年9月30日，A股85家纺织服装企业中，存货超过1亿元的有81家，存货超过10亿元的有20家，85家纺织服装企业的总存货量高达985.64亿元，高出它们的净利润总和172.51亿元，而且几乎所有企业的存货量都大大高于它们的净利润。高库存就如高悬的达摩克利斯之剑，随时会掉下来将企业置于死地。在这种情况下，可以说谁解决了高库存的问题，将企业的存货量降下来，就是在给企业创造巨大的利润。

从营销角度来看，一些没有品牌力的新产品在做营销活动的时候可能并不容易，而此时借助直播这一形式，就有可能同时解决"传播需求"和"卖货需求"，这就是直播带货下的供应链给电商带来的价值。

4 直播带货将成为未来新经济生产力

淘榜单发布的《2020淘宝直播新经济报告》显示，截至2019年年末，消费者每天观看的直播内容超35万小时，相当于70000场"春晚"。直播时代，一块六英寸手机屏幕创造的产值，也许不低于一座6万平米的商场，这就是新经济的生产力。除此之外，直播带货也正进一步拓展生态，并不断孵化出新的职业。

直播助农，整合优质线下资源：2020年3月30日，作为中国最大的农产品电商平台，淘宝正式发布村播计划2.0，联合山东、河南、浙江、江苏、湖北、广西、海南、重庆、陕西、江西、河北、云南、广东、山西、辽宁、福建等16个省区市的商务和农业部门，共同孵化20万新农人，通过直播带货农产品销售额，达到150亿元。据统计，一线电商主播的孵化公司已逾600家，其中不少都位于杭州。开个直播间，农民就可以面向全国销售自家农产品。阿里巴巴数据显示，2019年天猫"双11"期间共有2万场村播，还有40多位县长直播吆喝当地农货。

淘宝直播带来的巨大商机，让工厂、农村、市场中的优质线下资源，加速进入电商体系。数据显示，2018年淘宝直播的渗透率正在迅速提升，直播已经成为商家越来越重要的销货通路。

直播行业拉动内需、稳定就业：多位专家认为，直播电商创造消费增量，成为拉动内需的重要驱动力，成为新国货品牌成长的快速通道，一些新职业、新就业应运而生。直播也催生了不少新职业。从主播、网红，到他们背后的经纪人、场景包装师、直播助理、直播讲师等，因电商直播而兴起的职业已有数十种。这些丰富多彩的新职业，正在成为中国数字经济带动新就业的重要组成。分析人士认为，新职业本质上诞生于对新消费需求的满足，在中国这个超大规模市场，随着越来越多的美好生活需求得到满足，越来越多的新职业将会诞生。

促动传统行业变革：多个传统行业，都因"嫁接"直播而发生变革。浙商创投行业高级分析师骆航宇举例说，图文时代翡翠玉石很难在网上销售，但直播可以满足独特的销售需求，用手电筒在背后打光，看到透光度，销量猛增。

得益于5G技术，直播可以进行放大和缩小产品图像，看到商品更细节的部分，这有利于商品展示。淘宝内容电商事业部负责人俞峰认为，直播所能覆盖的领域将越来越广，并能增强用户和直播之间的互动性，甚至会出现AR、VR直播、互动直播等新型直播方式。

内容化的营销全方位提升交易效率：后电商时代，电商研究从互联网思维向零售思维转变。平台电商变现方式从流量变现转向效率提升。而直播便是提升电商人货场效率匹配的最佳方式之一。

在2020新营销巅峰的大会上，阿里提出商家营销的新方向，其中直播与内容生产力的结合成为了2020年营销的焦点。当下全域营销的时代，不是一个人孤军奋战的时代，真正考验的是团队作战的能力。内容生产力在当今的营销环节中占据着独特的舞台力，店铺的营销方式也会随时变化和更迭。在内容生产中，数据后台定位与获取技术是考验营销能力的最重要的根基。

结语 | 现在进场并不晚

2020 年，疫情的加速作用将直播带货又推上了一个高峰。以前说淘宝万能，从现在起，我们可以说直播万能。从春游、招聘、拍卖到健身——直播越来越包罗万象，我们通过直播间链接无数商品、职业和生活方式。而对于千万电商企业和想要参与其中的个人来说，不论行业最终将会走向何方，当下选择"直播带货"这个方向并不算晚。只要顺应这个时代的趋势，一定可以从中找到一席之地，并有机会跑到这个赛道的前面，走得更远。

无论面对何种境况，希望我们都能成为这个漫漫长路里挣扎着活下去的罗永浩，敢于尝试，结果也许狼狈，但至少令人尊敬。

（案例来源：知乎）

10.1 网络直播介绍

10.1.1 网络直播历史

1. 直播的诞生

随着全球一体化步伐的加快，大数据、云计算让数字营销在世界范围内掀起一股狂热的浪潮。而随着互联网的飞速发展，手机营销、微博营销等数字营销模式逐渐成为过去式。直播借着移动互联网的东风，以一匹黑马的姿态快速站到了数字营销的浪潮顶端。

2019 年，李佳琦、薇娅以两位头部的主播地位与实力将"直播电商"这一概念在推向大众，直播电商成为新的风口。在"双 11"前一晚的直播中，薇娅和李佳琦直播间的观看人次均超过 3000 万，据阿里高管保守估计，2019 年"双 11"，以"OMG！""买它买它！"等口头禅出名的"口红一哥"李佳琦单人的引导销售额超 10 亿元。而他也早在"双 11"之前创造了诸多销售纪录。据天猫数据，2019 年"双 11"期间，全天淘宝直播带动成交近 200 亿元，其中，亿元直播间超过 10 个，千万元直播间超过 100 个。据阿里 2020 财年 Q2 财报，目前已经有超过 50% 的天猫商家正在通过淘宝直播卖货。

从 2018 年起，直播带货呈现爆发式增长，从供给端的直播带货内容及货品到需求端的 GMV 表现，都表明了直播带货蓬勃的生命力，未来直播电商将发挥越来越大的影响力和价值。2018 年年底，淘宝直播 GMV 带货同比增速约 400%。2019 年 11 月，快手有赞直播购物狂欢节同样实现同比增长 400%。GMV 爆发的背后，淘宝直播内容供应、日均直播商品数的不断增长，2018 年年底，消费者在淘宝每天可观看直播内容超 15 万小时，可购买商品数超过 60 万款。

直播是对电商生态的再次重构。消费者通过直播、观看主播对于货品的推荐并通过相关链接完成购买决策，而主播与背后的 MCN 对接供应链和品牌资源，形成以主播为中心、平台为支撑的新供应链体系。整个产业链来看，由主播、MCN、直播平台实现内容的生产、汇聚用户、吸引流量、营销和销售的转化；而电商平台和商家则提供供应链支持、销售过程、售后服务等功能。整个产业链通过直播这一新消费购物场景，触达连接用户群体，并重构供应链资源。

2. 直播发展历程

我国网络直播始于2005年，9158最先开创视频聊天业务，呱呱、YY直播、六间房等跟进者涌现，形成直播模式的雏形。2014—2016年进入爆发期，主流视频网站纷纷布局直播业务；2017年以后，政策与资本双重压力下行业迎来洗牌，老牌PC端直播逐渐没落。直播行业发展历程如图10-2所示。

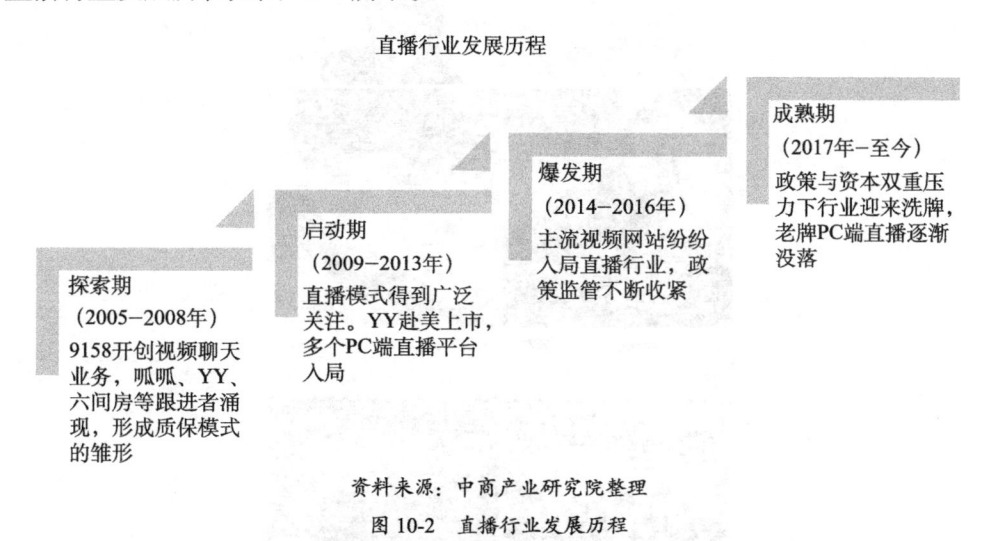

直播行业发展历程

探索期（2005—2008年） 9158开创视频聊天业务，呱呱、YY、六间房等跟进者涌现，形成质保模式的雏形

启动期（2009—2013年） 直播模式得到广泛关注。YY赴美上市，多个PC端直播平台入局

爆发期（2014—2016年） 主流视频网站纷纷入局直播行业，政策监管不断收紧

成熟期（2017年—至今） 政策与资本双重压力下行业迎来洗牌，老牌PC端直播逐渐没落

资料来源：中商产业研究院整理

图10-2 直播行业发展历程

10.1.2 直播的主流平台及特点

现阶段在线直播类软件已成为软件市场最火爆的类目之一。根据平台主打内容划分，直播平台可以分为综合类、游戏类、秀场类、商务类、教育类等（见表10-1）。需要强调的是，此分类仅表示该平台的主打内容，实际上绝大多数平台并非单一属性，会出现"既有游戏直播，又有教育直播，还有秀场直播"的多维度定位。

表10-1 直播平台的分类

综合类	游戏类	秀场类	商务类	教育类
一直播	熊猫直播	六间房	脉脉直播	网易云课堂
映客直播	斗鱼直播	YY直播	微吼直播	沪江cctalk
花椒直播	虎牙直播	新浪秀场	京东直播	千聊
QQ空间	龙珠直播	腾讯视频	天猫直播	荔枝微课
…	…	…	…	…

1. 综合类直播平台

综合类直播平台通常包含较多的直播类目，网友进入平台后的可选择余地较多，包括游戏直播、户外直播、校园直播、秀场直播等。

目前属于综合类的直播平台有一直播、映客直播、花椒直播、QQ空间等。其中较典型的是一直播，如图10-3所示。

图10-3 一直播平台（截图）

一直播是属于一下科技旗下的一款娱乐直播互动App，而一下科技已经与新浪微博达成战略合作伙伴关系，因此一直播约等于新浪微博直播，新浪微博用户可以通过一直播在微博内直接发起直播，也可以通过微博直接实现观看、互动和送礼。一直播之所以包含丰富的直播类目，也是基于新浪微博用户本身的多样化属性。

2. 游戏类直播平台

游戏类直播平台主要是针对游戏的实时直播平台。与体育爱好者痴迷于某项体育比赛甚至某位体育明星相似，游戏爱好者通常会较为规律地登录游戏直播平台，甚至追随某位游戏主播。目前属于游戏类的直播平台有斗鱼直播、虎牙直播、熊猫直播等。其中较典型的是熊猫直播。

熊猫直播是上海熊猫互娱文化有限公司旗下的一款弹幕式视频直播网站，其内容主要为计算机端游戏战况，平台包含英雄联盟、守望先锋、炉石传说等一系列游戏。

3. 秀场类直播平台

秀场类直播从 2005 年开始便在国内兴起，是直播行业起步较早的模式之一。秀场类直播是主播展示自我才艺的最佳形式，观众在秀场类直播平台浏览不同的直播间，类似于走入不同的演唱会或才艺表演现场。

目前属于秀场类直播的平台有六间房、YY 直播、新浪秀场、腾讯视频等。其中较典型的是六间房直播。

作为较早进入中国直播领域的企业，六房间直播曾一度引领互联网视频娱乐消费新方式。六房间直播早期以视频为主，随后转型为秀场类直播，表演内容包括歌曲、舞蹈、相声、朗诵、戏曲等。

4. 商务类直播平台

与游戏类、秀场类等平台不同，商务类直播平台具有更多的商业属性，因此在商务类直播平台进行直播的企业中，通常带有一定的营销目的。利用商务类直播平台，企业可以尝试以更低的成本吸引观众，并产生交易。

商务类直播平台又可以分为两大类，即常规商务直播平台和电子商务直播平台。其中，脉脉直播、微吼直播等直播平台属于常规商务直播平台，而京东直播、天猫直播等直播平台属于电子商务直播平台。

较典型的常规商务直播平台是脉脉直播，如图 10-4 所示。

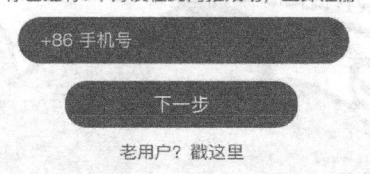

图 10-4　脉脉直播平台（截图）

脉脉直播在脉脉 App 内的"职播广场"内，专门针对职场人士和公司职员，主要目的是让直播观众了解到不同职业和行业从业者的想法，分享职场经验，给职场人提供一个可以交流的商务平台。较典型的电子商务直播平台是京东直播，如图10-5所示。

图 10-5　京东直播平台（截图）

作为京东旗下的直播平台，京东直播运营紧扣京东商城的整体活动策划，曾举办过人气较高的"京东吃货嘉年华""锤子2016新品发布会"等品牌专场直播。

5. 教育类直播平台

传统的在线教育平台以视频、语音、PPT等形式为主，虽然呈现形式足够丰富，但互动性不强，无法做到实时答疑与讲解。因此，教育类直播平台应运而生，其中网易云课堂、沪江cctalk等平台直接都是在原有在线教育平台的基础上增加了直播功能；而千聊、荔枝微课等平台则属于独立开发的教育直播平台。

较典型的教育类直播平台是网易云课堂。网易云课堂的直播课程目前属于邀请制，以确保直播课程的质量。2016年6月7日，在线教育领域的"知识型网红"秋叶大叔进行了"你的工作经验为什么不值钱"的直播，有上万人观看，引起全场好评，如图10-6所示。

图 10-6　秋叶大叔的直播（截图）

10.1.3 直播的分类

1. 秀场直播:"才艺味十足"

互联网业界和资本市场对"平台+主播"的模式情有独钟。直播模式发展迅速,形成了一种以秀场为主的直播领域,以及一些碎片化领域,充分完成了市场和资本的双重验证。

秀场直播就是通过主播来秀自己。过去,作为一个普通有梦想的年轻人,想要成名,或者获得粉丝的支持,通常会参与门槛较高的选秀活动:先是从万人海选中脱颖而出,然后进入区域晋级赛,最后决赛。

这样的成名方式对一般的年轻人来说是一件难事,但是在秀场直播中,却变得相对容易。只要开通一个直播号,就可以在计算机前、手机前表演自己的才艺,唱歌也好,跳舞也罢,都能获得直播用户的关注。例如,秀场直播中比较知名的有优酷的来疯,来疯主打标语是"人生没有彩排,每天都是直播"。

在来疯秀场直播的广场,有很多才艺分类,比如"好声音""舞蹈""脱口秀"等,如图 10-7 所示。在这里,只要你有才艺,甚至哪怕你没有才艺,只是想要展现自己独特的一面,就可以开通一个直播账号入驻平台开始自己的"秀"。

图 10-7 优酷的来疯秀场直播广场(截图)

同样是展现才艺,秀场直播的门槛较低,但灵活性很大。此外,只要有才艺,并且大胆或者多样化呈现，主播在秀场直播中就极可能获得较高人气，甚至赚钱，成为网络达人。

2. 游戏直播：针对电子竞技比赛

游戏直播就是针对一些电子竞技比赛的战况进行的直播。游戏玩家可以实时地观看其他玩家的游戏情况。游戏直播平台是游戏玩家的聚集地，其用户不仅可以在上面看到游戏比赛的赛况，还可以从其他玩家那里学习游戏战略，并且可以对那些玩得好的游戏玩家赠送礼物。

过去打游戏就是很单一地面对计算机里面的对手，或者与伙伴一起结盟，但是有了直播以后，可以与观看游戏的人实时互动，用户观看时也可以汲取更多的游戏技巧。

在游戏直播中，最具有代表性的平台就是斗鱼直播、虎牙直播等。比如，打开斗鱼直播，首先看到的是满屏的游戏直播信息，如图10-8所示。

图10-8　斗鱼游戏直播（截图）

斗鱼直播中进行着《英雄联盟》《炉石传说》《魔兽世界》等各种各样的游戏直播。在英雄联盟的主播频道，一位游戏主播被100多万用户关注，他在斗鱼中直播自己打英雄联盟的画面。无论在技术上，还是技巧上，这位游戏主播的水平都很高，期间，他还不断和用户互动，而用户给他送一些火药、鱼丸等武器。

有些游戏用户入驻平台进行直播后，每月能有上万元的收入，由此可以看出，游戏直播也是一种经济效益极高的直播形式。

3. 移动直播：注重个人灵活度

移动直播，主要是指智能手机移动端的个人直播。换句话说，用户在手机上下载一些专属的直播App平台，之后，无论走到哪里，只要有网络都能随时随地做直播。这样的直播有一个非常明显的优势：灵活度高。

映客直播是移动直播的典型代表。映客直播是目前最流行、最高端的手机视频直播平台之一，明星及大量的普通个人用户都可以成为"映客"。

这两年，快手、映客、抖音，各种移动直播纷纷上场，带货能力很强。

以映客直播为主的移动直播注重的不仅仅是灵活度，更是个人的自由性。例如，在映客直播平台上，一位女生在吃饭、化妆、美容、上学路上都在做直播，在这些直播中，不但积累了大量用户，而且不断收到礼物。

在抖音直播里，连睡觉都能直播。某主播一觉醒来，发现1850万观众看过他的直播睡觉，并且在这期间打赏、送礼物等，如图10-9所示。事实上，这样的直播不拘一格，也是大多数年轻人喜欢看的。随着移动直播技术的发展，越来越多的企业开始展开针对移动端的直播营销。

图10-9 某主播账号及直播（截图）

4. 体育直播：实时体育赛事

体育直播恐怕是大家最熟悉的一种直播类型，其主要是体育赛况的实时播报。这其中，比较被大众熟知的有直播吧和章鱼TV。

在体育直播中，用户不仅可以看到最新的直播赛事，而且还能与主播互动。用户可以在直播中发送自己的豪言壮语，还可以给主播送红包、礼物。

例如，在章鱼TV直播中，我们可以看到满屏都是关于体育赛事直播的信息。随便进入一个直播房间，都可以看到最新的比赛直播内容。

在直播中，主播不但要讲解赛事信息，而且还会在赛事过程中播放音乐、唱歌助兴，用户观看得高兴，会给主播送红包等礼物。

尤其是在奥运赛事、欧洲杯、世界杯等一些关注度较高的体育直播中，相关用户有时

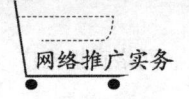

甚至高达几千万。

5. 活动直播：企业大型现场活动

活动直播针对的主要是企业。比如，企业要举办的大型现场活动、销售活动都可以做直播。很多在线教育、在线美容讲课等都在做直播，通过直播可以让更多用户不需要在现场就可以看到企业的活动。企业的发布会、路演等，最适合做活动直播。

例如，新电影出来的时候，会联合各大媒体各大平台举办发布会。通过直播，主持人根据用户的提问和其他信息，实时向主创传递信息。主创根据用户的需求与用户实时互动，回答直播观看用户的问题。如《十宗罪》超级网剧举行了发布会，让用户在直播中感受到了与明星的近距离接触。

无论是娱乐项目还是企业活动，通过直播都可以影响后续营销效果。比如2016年，巴黎欧莱雅携手直播美拍跟进代言人巩俐空降戛纳，开启"零时差追戛纳"系列直播活动。随后，欧莱雅旗下另几位出征戛纳的明星代言人依次到来，将直播全方位打开，并将活动关注度推至高潮。没有专业摄影师与全程打光，也没有静心编排的采访稿，仅通过手机及美拍直播，欧莱雅用轻松日常的对话，向观众们实时直播电影与时尚盛典的各个环节。

10.2 网络直播的应用

账号和人设打造
微课视频

网络直播推广最终目的是让更多人关注直播，成为粉丝。各行业、企业、个人在网络里都有自己的成长路径。

10.2.1 泛娱乐主播的转身

"泛娱乐"直播平台的主播们大都依靠自身先天的外貌条件和后天的才华吃饭，但是随着其他各种直播平台的冲击，与大量新人的涌入，这种状态难以持续。不少的泛娱乐类直播平台内容输出相对简单，一些主播只能吸引小部分的用户关注，转变已经成了主播不得不面临的问题。那么，面对如此现状，泛娱乐主播们如何华丽转身呢？

1. 美妆才艺也能做教学

很多的网络主播都开始了副业的打造之路，主播们不再局限于单一的平台，也不再局限于单词的内容输出，而是结合自身的优势和已经积累的粉丝流量开始尝试教学工作。

网络主播做教学，听起来也许有点梦想化，脱离实际。但是，国内外一些网络主播们早就开始了尝试，无论是化妆教学还是唱歌教学，这些网络主播们经营得有声有色，如图10-10所示。对于网络主播来说，进军第二职业没有什么太高的门槛，化妆、唱歌都能成为职业。

图 10-10　网络主播教学

优秀的美妆技术可以带动主播的职业转身，出色的歌唱技巧同样可以让主播在音乐领域里焕发出新生的活力。其实不少直播平台都会为旗下的主播提供自我展示的舞台，无论是好声音还是其他平台的排位赛，都是主播展现自我，积累人气好方式。

在这个过程中，也有不少的主播凭借其独特的嗓音开始从小小的直播间走上大舞台，甚至获得娱乐圈的邀约，以歌手身份进入音乐行业。美拍直播的某主播就凭借其清亮的嗓音吸粉无数，并得到了唱片公司的青睐，从一名网络主播华丽转身成了一名歌手。

其实，只要自身技术够硬，专业知识够牢，每位主播都能找到其他的发展之路，不论是在化妆、唱歌或者其他的领域。

2. 淘宝电商直播做营销

好主播往往拥有一般主播难以企及的粉丝流量，因此转行做生意成了很多主播流量变现的方式。无论是微商还是淘宝小店，主播们运作得很流畅。在直播中，粉丝都愿意花大价钱买虚拟礼物赠送给主播，为主播增加人气。因此，一些知名的主播都在进行直播本职的同时，经营着个人的淘宝店铺。

网络直播火了以后，开淘宝店做生意似乎已经成了主播们的标准"配置"，早几年某电竞最火解说开淘宝店做生意。如今，一群当红的游戏主播也转战各个平台，开启了生意之路。一些耳熟能详的电竞人气主播，如"电竞第一女主播"等都开了淘宝小店。零食店、男装店、外设店等种类繁多。

知名主播开的淘宝小店往往有着很高的人气，"电竞第一女主播"作为电竞行业的女解说，对于电竞粉丝的吸引力自然不必说。"买商品就送"主播的这一促销方式在粉丝经济大力发展的今天很受用，这在各大主播淘宝小店的买家留言中就可窥见一斑，将近 9 成的购买者坦言他们是粉丝或者慕名而来的。

主播开店是直播行业中最常见的现象，除了开淘宝店，不少的主播也把微商经营得有声有色。主播既然拥有超高的粉丝流量，为何不去尝试变现呢？

主播也为相关的行业打广告。在直播的影响下，不少企业品牌都选择与知名网络主播合作，而主播也乐于通过接广告的形式实现自身流量的变现。品牌做广告的最大目的就在

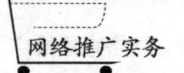

于品牌推广，而主播一人就能带有几万甚至几十万的粉丝流量。相比电视广告而言，与知名主播携手，往往更能在短时间内扩大品牌效应。无论是做化妆、唱歌教学，还是开淘宝店、做微商，或者接广告，只要有强大的粉丝做基础，泛娱乐主播都可以实现华丽转身。

10.2.2 电商类主播的突破

泛娱乐主播可以凭借才华，转战其他领域，同样，电商类主播也有自己发展的路径。主播+电商已经成了电商未来的发展趋势，主播自身带有强大的粉丝流量，而电商平台则为流量变现提供了广阔的渠道。对于电商平台而言，借助主播的能力可以实现更低的获客成本，提高转化率；对于主播而言，和电商平台合作，这是除了点赞、打赏、虚拟礼物之外的另一种粉丝经济变现的形式，两者的合作可谓是一拍即合。各电商类平台，阿里巴巴、聚美优品、蘑菇街、蜜芽、天猫等都为各大主播转战电商领域提供了宽松的入驻平台。

1. 把直播粉丝转为流量

主播携手电商，对于主播来说，最重要的一环是要学会把自身累计的粉丝流量变现，也就是说，主播要学会把通过直播节目获得的粉丝，转化为客户，进而借助电商平台实现粉丝流量的具体变现。只有把粉丝发展成为客户，主播才能完成直播的流量变现。

直播是一种非常直接高效的吸粉方法，在双方的互动交流中，主播凭借自身的才艺优势或者言语风格等内容吸引了众多粉丝。因此，一旦主播入驻电商，开设网店，这些粉丝就可能发展成为网店的主要客户，在粉丝经济时代，这些粉丝的带动力和购买力都是不可小觑的。因此，如果主播能够把其中一部分粉丝培养成店铺的固定用户的话，就能给主播带来稳定的收入。

粉丝为电商的流量渠道添砖加瓦。一般情况下，粉丝对主播的忠诚度越高，相应的产品购买力也就越旺盛，主播网店的前景也就越好。因此，如何把这些粉丝发展成能在网店固定消费的客户，就需要主播在平时的直播过程中打好基础，用人格魅力或者优质的直播内容吸引观众，扩大客户的规模。

在游戏解说直播领域有一位"大V"，她以其独特的人格魅力和优质的直播内容吸引了一大批的粉丝。"大V"高学历和高才华使得她不仅粉丝众多，而且大都发展成了铁杆粉，粉丝的黏度特别高。其实，这种高黏度粉丝对于电商类主播来说是非常重要的，因为他们能给主播自身带来超高的人气和稳固的变现。

相对于其他直播平台而言，直播+电商是目前较为成熟和稳定的一种商业模式，变现方式也更为简单高效。不过，在互联网时代，任何取得成功的商业模式，都会像香喷喷的蛋糕一样，引众人争抢，直播+电商的模式自然也不例外。

因此，电商类主播要加快粉丝向用户转化的速度，更快地把粉丝发展成为客户。

2. 结合特色开辟电商路

虽然开店对于绝大部分的主播来说，是最好的流量变现方式，但网上店铺并不是想开就能开的。考虑到日后的盈利和规划，主播在开店之前，一定要做好市场调查，了解用户真正需要的是什么，并结合自身的内容，选择、确定店铺的产品。不然，就算主播手中的粉丝流量再多，如果主播店铺的产品完全偏离大众口味或者超过大众一般消费能力的话，店铺也是很难盈利获得发展的，因为并不是每一位主播都有做电商的天赋。因此，对于开店，主播千万不能草率行事。

其实，主播开店有一个非常有利的优势，即主播本人就是自己店铺的免费代言人，而且由于有主播这块活招牌在，店铺总能吸引一些粉丝的关注。店铺的装修风格和店铺产品一定要与主播本人直播的内容或者主播自身的特点相符合，比如若风、小苍等电竞游戏类主播们的店铺就是主要进行电竞外设的售卖和零食的销售，而这些也是玩家所关心和愿意消费的。

如果店铺与主播风格差别太大，与主播无法挂钩，那开店就失去了原本的意义。网友在搜索店铺时就会产生疑问，以为这家店铺是旁人以主播的名义开设的。因此为了避免上当，很多粉丝也许不会进去消费，这无疑在很大的程度上会丧失流量的变现，因此在进行店铺取名或者店铺装修的时候，一定要突出主播本人的特色，结合主播自己的内容进行设计。

在开店结合主播内容这一点上，某主播就做得很好。在电竞解说界似乎有一个魔咒，那就是"游戏主播必开零食店"。该主播并没有打破这一魔咒，她很早就开了自己淘宝零食店，如今已是三皇冠高人气店铺。虽然是零食店，但她并没有放弃在店铺中融入自身的内容。她是解说单机小游戏走红的，她曾说："我解说的都是非常冷门的游戏，最后还能收获到那么多志同道合的粉丝，真的很难得，很幸运。"于是，她也把这一点运用到了店铺当中，店铺出售的零食种类也别具一格，店铺的设计风格也烙上了自己的印迹。

电商类主播，主播是店铺的核心标志。无论是在店铺装修还是产品内容上，主播都要紧密与自身内容相联系，做好店铺与主播之间的挂钩工作！

3. 分工合作且不忘初心

俗话说，一个篱笆三个桩，一个好汉三个帮。在市场竞争日益激烈的今天，一个人想要通过单打独斗的方式获得成功是很难实现的。相较于一个人硬战，团队合作更能发挥优势弥补个人不足，从而使团队成员获得更好的发展。这点同样适用于主播开店运营，主播在经营店铺的时候，一定要学会组建运营团队，千万不要为了证明自身的能力，事必躬亲，一个人硬扛。

店铺运营并不是一个简单的工作，尤其是对于主播们来说。说到底，主播们的主要工作还是在于各种直播，因为只有通过直播，主播才能继续保持超高的人气，才能给店铺带来源源不断的流量。然而，直播行业的竞争非常激烈，主播的新旧更迭速度很快。主播一旦没有好的内容输出，粉丝就会转而关注另一些主播，这说来残酷却也是不争的事实。尤其在店铺运营之初，如何分配好直播与店铺运营的精力，最大化地促成两方面的成功，就成了主播必须要解决的问题。主播毕竟精力有限，因此组建运营团队成了主播的绝佳选择。

在目前，游戏主播和淘宝店的合作方式有两种。一种是最普遍的，就是找一家供应商合作，主播负责制作宣传店铺和产品，其他并不参与。像售前、售后、发货和仓储都是由供应商负责的，主播和供应商之间会有一个协议，包括分成、利润都会谈好，相当于代销

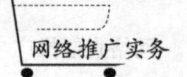

模式。而另一种模式则是自己做实业，淘宝上所有的东西都由自己全权管理。大多数主播对运营都不是很懂，大都倾向于选择代销。

主播开店并不是件简单的事情，组建运营团队才能获得更大的成功！

4. 做好服务才是硬道理

会做生意的人都深谙回头客的重要性，有时店铺广告打得天翻地覆，客户流量却寥寥无几，还不如一个老顾客带来的人数多。其实无论是做线下生意还是主播开店做线上电商，回头客都是不可多得的资源，纵然有些明星主播可能拥有数百万的粉丝，但这部分粉丝的购买力始终是有限的。

如果这其中的粉丝都没有发展成回头客，或者这些粉丝无法给店铺带来新的流量的话，那么，主播店铺的流量在某一段时间达到高峰以后，便会急速下滑。因此，主播想依靠原有的积累而不发展新的客户群，或者一心依赖粉丝的忠诚度，那么只会落得"坐吃山空"的下场。

那么，主播开店怎样才能留住顾客，把粉丝发展成为回头客呢？留住粉丝并不难，因为主播之所以能吸引这么多的粉丝，关键就在于主播的个人魅力。很多客户在进行购物的时候，也不乏是冲着主播的名气而去的。

产品质量是店铺的品质保障，但店铺经营并不是单个独立环节的机械串联。主播的经营也不是到商品出售这一环节就中止了的，从售前到售中再到售后，这是一个一连串的过程。纵然是主播自己经营，纵然主播拥有众多的粉丝力量，但只要其中任何环节出了差错，都会给用户带来不小的影响，从而影响店铺的正常运营。因此，主播要想留住顾客，就必须在每一个环节都严格把关，尤其是在售后服务方面，能留住粉丝的主播都深谙好的售后服务态度对于店铺经营的重要性。

但在实际的操作过程中，很多主播却仗着自身拥有庞大的粉丝基础而在产品的售后服务上表现得很一般。不少主播都因为产品质量不过关或者售后服务极差遭到了众多网友的声讨。因此对于主播开店，网上流传着一些诸如"游戏主播必开店，游戏主播必开黑心店"的说法。这其实也从侧面反映出了主播在店铺经营上的问题。

如果主播一心只想着赚粉丝的钱，把粉丝当作牟利的工具，全然不顾粉丝客户的诉求，主播的店铺是无论如何也坚持不下去的。淘宝开店有差评是很正常的事情，但是如果差评的原因是主播售后服务差，那就是不正常的事情了。

粉丝有热情，但并不表示粉丝没有理智。主播如果想招徕回头客，给店铺带来更多的二次消费，就得在售后服务上下足功夫，用好的服务态度留住顾客。

10.2.3 严肃向主播的推广

在全民主播时代，直播的内容不断丰富，从一开始的体育直播、秀场直播到后来的游戏直播，再到现如今的教育直播、慈善直播、政府直播，直播的形式不断扩大，规模不断激增。直播也越来越朝着严肃向和专业化的方向发展，教育行业不甘落后，开始发力抢占直播市场，政府也不忘与直播联手，促进政务的公开透明。

1. 名师效应，好老师人人都需要

教育是全民关心的焦点，要进行教育类主播的推广，最好是打造主播自身名人效应，因为好老师，人人都喜欢。随着 IP 概念的兴起，IP 已经在各行各业生根发芽。无论是在影视创作领域，还是在动漫游戏领域，超级 IP 的影响力已经越来越大。

同样，IP 也在教育直播等严肃向领域发挥着重要的作用。教育直播虽然起步比较晚，但凭借主播老师的高人气、直播内容的专业性及直播主题的严肃性，已经越来越受到人们的关注。一些直播平台，如斗鱼直播也开通了专门的教育直播平台。

教育类直播的推广，关键还在于打造名师效应。在教育类直播领域，名师就是一个 IP，因为人人都钟爱名师，有名气的主播老师不仅意味着有深厚学识积累，还意味着有充足的实战教学经验，而这正是用户所追求的。因此，作为一名教育类的主播，要想获得好的发展，就要向着专业化的方向努力，把自身塑造成为领域内的佼佼者。

在教育直播领域，名师的作用是非常大的，有时甚至会超过一般明星的影响。而且名师往往拥有特殊的人格魅力，使人们不由得产生崇拜之情。在直播领域，名师对用户的引导效果也是立竿见影的。

新东方在线举办的大型名师直播秀活动——99 网络学习就取得了很大的成功。在 9 天的活动时间里，新东方在线通过酷学网、斗鱼直播等平台共推出了近 70 场名师直播，阵容非常强大。不仅有俞敏洪等名师参与；还有不少高校的网络红人；一些青年作家，也都参与了直播。各位名师的加入，使得活动还未开始，就聚起了超高人气。

在直播的第一天，新东方某名师就凭借娴熟的讲课技巧和犀利的毒舌评论，征服了 80 余万网友观众的心。随着更多实力派名师的入驻，观看直播的人数也持续激增。俞敏洪的直播也引得网友们频频刷弹幕，直呼"俞老师太可爱了"。

全程 9 天的名师直播，在各平台的累计观看人次竟然突破了 1045 万，部分单个名师的最高观看人数也超过了 144 万，开创了各直播平台教育类直播的内容之最。截至 2016 年 9 月 10 日，微博、微信上有关新东方在线 99 网络学习节话题阅读已超 2700 万。99 网络学习节 MV《青春撩人》在各视频平台上的累计播放量也已接近 1500 万。

在教育直播上，自带光环的新东方名师，为直播平台带来了超高人气。而直播平台的强互动和随开随看的特性，又为名师聚集了更广泛的受众人群，使得名师的价值被充分释放，吸引着更多人参与到直播中来。此次活动充分彰显了名师效应在教育类直播推广上的价值！

2. 混合风格，打造自己独特个性

严肃向直播，严肃的是直播内容，多样的是直播风格。严肃向直播中，说到风格奇特、个性独特、印象深刻的主播，那就非"局座召忠"莫属了。凭借其幽默的直播风格，"局座召忠"揽获了一大群的年轻粉丝群体。不仅风格别具一格，而且"局座召忠"的直播内容也是满满的干货。

大家都很好奇，堂堂国防大学教授，海军少将，国内著名军事评论家，"局座召忠"的直播内容到底会是什么呢？难道是军事，或者是宣扬爱国精神？没错，正是如此。"局座召忠"曾坦言"想通过新媒体与年轻人交流，引导他们关心国家、国际大事"，无论是

运营社交、开拓直播,还是卖周边产品,"局座召忠"的最终目的只有一个:坚持向年轻一代输出爱国军事教育。

一个退役的军事评论员该如何向年轻的一代做爱国主义的价值输出呢?要知道,年轻一代都有自己强烈的个性和自我主张,性格鲜明且讨厌老一套的说教。"局座召忠"选择了一种他们所能接受的模式。

为了迎合年轻人收看节目的习惯,张召忠与凤凰网合作推出了网络脱口秀《张召忠说》,实践着用自己的知识教育社会大众,普及国防教育事业的理想。

在张召忠看来"现在的年轻人有天分,却都把时间用在了娱乐上"。既然如此,那么就用娱乐化的方式去接近他们。于是,在年轻人聚集的B站上,他开启了直播,教育年轻一代要理性爱国。年轻人喜欢玩游戏,"局座召忠"就在斗鱼直播做游戏直播,用网游的风格来解说军事,普及战舰和战役知识给《战舰世界》的玩家。在音频方面,"局座召忠"与蜻蜓FM合作《张召忠开讲》节目,围绕最近的新闻事件,向听众引申涉及各个国家的航母知识,与相关的战役分析。

观看短视频是年轻一代的潮流,于是张召忠便与《军武次位面》团队合作,一起发布了未来三年的战略合作计划,共同打造一栏全新的《军武大本营》节目。张召忠从军事角度出发,向广大群众普及国防知识、科学知识,尤其是最新的科技知识等。

10.3 各大行业直播典型案例

直播基础话术微课视频

10.3.1 直播案例——薇娅

要说淘宝,最热门的定属薇娅。她创下1小时2.6亿元的最高销售纪录。随着短视频直播的火爆,越来越多的人抓住了这一商机,鱼跃龙门,一举成为人们热议的网红。

近期,有关薇娅的话题也一直不断,薇娅直播年赚20亿元,看起来异常劲爆,但这确实是一个真正发生在民间的故事,让我们一起去寻找她的过往,看看薇娅如何异军突起,闯遍职场,最终走向成功的道理。

1. 薇娅的创业之路

很多人只看到了别人的成功,孰不知在这些成功的背后也透露出了许多辛酸。早些年间,在她25岁之前,与许多年轻少女们一样,憧憬着美好的未来,来到北京一心闯荡,希望在这个黄金地带闯出一番自己的事业。

住的是低价的出租房,跟很多北漂一样,每天辛苦而出,劳累而回,因为自身的条件不好,外出工作总感觉低人一等,与人交流缺乏自信,经常患得患失,出现了许多人都出现的问题。2003年,薇娅开了自己第一家服装店,位于北京动物园服装批发市场里,通过外贸尾单精挑细选,搭配成一套套新的样式,本着不撞衫、走个性化道理的思想,瞬间在周边异军突起，打造了一个个的爆款。正因为有了这个经历，让薇娅意识到自己应该能够走得更远。

2005 年，19 岁的薇娅因为梦想，转战娱乐圈，参加了《超级偶像》这个栏目，异军突起最终成功签约，进入娱乐圈，本想进入之后能够实现自己的梦想，但是因为各种原因，使得她最终心灰意冷，不愿意涉足过深的她最终退出了娱乐圈。2008 年，一心想重操旧业的她选择了在西安扎根，把北京的经验和理念带到了西安，很快站稳了脚跟。一年不到就开了 7 家分店。2009 年薇娅的目光就开始静悄悄地关注了电商，因为线下店铺生意还可以，那时的电商对于线下的冲击还不是很大，一直到 2012 年，明显地感觉到来往于店铺的客户流量虽然很多，但是成交量不大，通过细细的调查之后才发现，原来很多人感觉店下的商品比较贵，都前来拍照片，试衣服然后在网上购买，比较网上的同款要便宜得多。面对这一现象，薇娅果断出击，把当时正盈利的 7 家店全部盘了出去，在同年 9 月，开了一家天猫店铺，因为突兀的跨行，加上线上的经验不足，当年亏损 200 多万元。

2013 年，调整思路，重整旗鼓再次进入，为迎战 2014 年"双 11"做足准备，并得到了主会场的青睐，一下子销售了 1000 多万元，因生产量供货不足，为了赶工质量下滑，造成大量的退单，又亏损 600 万元。正是因为有了这次活动，让薇娅看到了希望的曙光，于是再次做精心的备战，终于在 2015 年来了一个大翻身，当年营业额突破 3000 万元。

2016 年，因天猫店铺获得很大的成功，在当地也小有名气了，正赶上当年第一批筛选主播，淘宝通过电话的方式，正式邀请了薇娅。抱着试试的态度，于同年 5 月 19 日开启了她人生的第一次直播，在当时直播并不普及的情况下，加上她姣好的容颜，也吸引了 5000 多人的围观，自此之后就稳稳地站在了直播的前列。2017 年 10 月 10 日薇娅给一家粉丝数为零的海宁皮草新店卖货，短短一小时卖了 7000 万元从此薇娅一战成名。

从此以后，人生一路开挂般崛起，2018 年 3 月 30 日，淘宝发布达人收入排行榜"淘布斯"，32 岁的薇娅以年收入 3000 万元居榜首。2018 年 9 月 27 日，薇娅直播 5 小时 38 分钟，销售额 1.02 亿元，再创造单场直播奇迹。2018 年"双 11"开始后，薇娅两个小时吸引 200 万人观看，销售额再创新高，达到 2.67 亿元。

2019 年 3 月 21 日在韩国单独做了一场活动，开播后一秒钟破 2 万单，最终直播观看量高达 458 万人次，销售 85 万单，装满了 12 个集装箱，总销售额 1.1 亿元人民币，瞬间在整个韩国引起了轰动，再一次开创了先河，这是谁也无法预料的狂暴。2019 年 5 月 14 日，薇娅来到泰国，直播前泰国王室亲王致欢迎词，泰国前商务部部长亲自为薇娅颁发"一带一路"泰国商品推荐大使的奖杯。当天不到 5 小时的直播，观看量高达 542 万人次，40 多个品牌共计销售 125.78 万件产品，销售总额 1.14 亿元人民币。2019 年 8 月 15 日，受新西兰政府邀请，薇娅来到新西兰，两天直播成交商品件数 144 万，销售额 1.34 亿元。

2. 薇娅这些成绩的取得，靠的是什么

1）一股无往不利的狠劲、一股碾压众人的气势、一股综合超强的硬实力

薇娅能取得今天的业绩，跟她多年从事服装行业有很大的关系，加上她具有独特的经营思维，善于挖掘行业的本质，不跟风，一旦看准时机果断出手，从不拖泥带水。

2）超强战队

她有着 200 人综合实力超强的团队，如图 10-11 所示，每个人的业务能力放在一个区域都是大佬级的存在，正因为有着独特的魅力才把这些人拢在了一起，他们熟知每一样商品最好的供货商、生产厂家，不求挣取高额利润，只为拿到优惠价，以低廉的价格优质的产品获取众人的青睐，以数量、薄利多销来带动业绩的发展。

图 10-11　薇娅团队

3）超强助理

薇娅有一个比李佳琦更牛的助理——琦儿，她充分做好助理应有的职能，引导客户关注，产品功能介绍，抽奖环节把控，配合着薇娅，使整个直播间看起来没有丝毫的迟滞感，一气呵成。

4）超强直播间

细心的朋友们可能都会有体会，薇娅的直播间的呈现跟其他人的直播间不一样，每到一处直播，她都会花费很多心思查看直播间的装修风格，根据产品的卖点，打造不一样的直播环境，特别是灯光，如何给大家展示一个高清的直播画面是薇娅关注的重点，如图 10-12 所示。

图 10-12　直播间（截图）

除了画面和灯光，独特的声音魅力也是她吸引众人的一大因素，很多人一听到她的声音感觉浑身舒爽，那种亲和力只有听过的人才能理解。

5）超强的毅力

很多人私底下说她的成功靠的是运气，其实运气也是实力的一种，没有前面大量的功课，没有独特的全局思维，没有一往无前的勇敢气魄，再好的运气也没有办法成功。有些人看到别人成功了，积极地去寻求成功的秘诀，往往忽略了自身的优势，哪怕再模仿也只能跟随别人的脚步。薇娅常说的一句话："她不怕辛苦，也不怕挣不到钱，就怕自己哪一天失去了勇气。"

10.3.2 直播案例——格力董明珠

对于董明珠来说，2020年注定是忙碌的一年。在直播带货的大风口之下，董明珠亲自上阵进行了13场直播，从直播"小白"成功化身"带货女王"，并带领格力在今年实现了新零售的快速布局。

12月12日，格力电器全国巡回直播第8场活动在珠海举行，当晚直播销售额达到25.1亿元。对于董明珠来说，这无疑是一份漂亮的成绩单。从曾经的销售女王到如今的带货女王，她"卖货"的能力似乎从来不用质疑。2020年4月下旬，董明珠在抖音开启了第一场直播带货。彼时的格力受到大环境的影响，营收腰斩，董明珠亲自下场似乎是"不得已而为之"。然而，4月24日的试水效果并不理想，因为技术原因，直播出现网络卡顿等问题，格力的销售额也并没有达到预期。不死心的董明珠转身在快手进行了第二场直播，销售额达到3.1亿元。随后，董明珠在直播中越战越勇，"618大促"当晚的直播销售额直接破百亿，如图10-13所示。

图10-13 "618大促"业绩

尝到甜头后，董明珠带领格力开启了全国巡回直播。从江西赣州开始，格力的全国巡回直播已经进行了8场。加上此前在各大平台的直播，董明珠2020年共进行了13场直播，累计销售额高达476.2亿元。

董明珠的野心显然并不满足于"带货女王"。她曾在直播中表示，带领经销商探路，将线上和线下渠道完美结合，创造属于格力的新零售模式，才是她入局直播带货的目的。

在过去的20多年间，格力通过与线下经销商的捆绑实现了飞速增长，也帮助经销商获得了巨大的利益。而当互联网风口来临，如何从线下偌大的经销商体系走到线上，并在线上占据上风，成为摆在格力面前的问题。而董明珠的直播无疑给了这个问题最好的答案。在2020年6月1日的直播中，董明珠带领全国3万多家格力门店，共同进行线上营销。正如她在直播中所说的，这是格力进行新零售的一次尝试，即线上和线下门店联动，线上和线下渠道结合。

按照董明珠的设想，未来，格力的3万个线下门店将变成体验店，变成3万个"仓库"。消费者可以在线上下单，这样便可以把货源最好地利用起来。回到董明珠的直播本身可以发现，她带领的格力电器，已经初步实现了从空调王者到多元化科技集团的转型。在2020年8月1日的家居场景直播中，董明珠带来的"格力零碳健康家"完成了102亿元的销售。在格力搭建的智能家居场景中，消费者不仅可以看到格力的智能家居单品，还可以体验到"万物互联，一呼百应"的智能家居体验。

从单一的空调产品，到全家电产业链的多元化发展，格力在智能家居市场打开了新的突破口。而格力的破圈远不止于此。在直播间，消毒液制造机、新能源移动核酸检测车、格力工业机器人等纷纷亮相。而直播也成为格力展示其多元化转型的直观窗口。董明珠曾表示，未来，格力将聚焦于空调、生活家电、高端装备、通信设备四大板块，继续朝着多元化、科技型的全球工业集团进军。

截至2020年9月，格力电器的营收达到1274.68亿元，仅比去年同期减少292亿元。这2020年一季度营收大幅下降的前提下，格力交出这样的成绩单实属不易，直播带货可谓"功不可没"。而格力的多元化之路也在继续，在董明珠的带领下，格力还会为业界带来哪些亮眼表现，我们且拭目以待。

10.3.3 直播案例——李子柒

李子柒是谁？相信大部分爱刷社交软件的小伙伴们一定都认识。一个美食博主，更确切地说，是一个专门拍摄中国古风短视频的美食记录网红博主。而她大概也是2019年最具有争议性的网络红人了。她所拍摄的短视频内容爆红海内外，还被央视点名表扬，被冠以中国文化输出。2019年，李子柒的微博粉丝关注数为2123万，抖音粉丝2019年为3079.4万，YouTube粉丝接近740万，加上B站、快手上的粉丝数量，总粉丝数接近6000多万。李子柒抖音账号界面，如图10-14所示。

图 10-14　李子柒抖音账号（截图）

　　如此庞大的粉丝数据背后，所彰显出来的正是李子染所输出短视频内容的巨大个人 IP 品牌价值。李子染 TouTube 粉丝 740 多万相当于半个 CNN、一大半个 BBC、一个 FOX、两个 CBS。CNN、BBC、CBS、FOX 都是国外的顶级媒体，也都是庞大的机构，成千上万的人在那里工作，而李子柒的影响力可以和他们媲美。她的视频的播放量常常是几百万、几千万，外国人也非常喜欢看她的视频，这些外国人包括美国人、俄罗斯人、澳洲人、越南人、意大利人、伊拉克人……他们因为看了李子染的中国传统古风美食＋文化传播的短视频而爱上中国，这也许就是网上很多人会说李子柒对中国传统文化输出的影响力起源。另外，也正是因为很多人说李子染的原创中国古风视频引来外国人对中国文化的喜欢，引起了央视对其进行了表扬！

　　央视新闻发布的评论文章《我也蛮自豪，因为我就是李子柒作品背景里的一个点》里这样评论李子柒：她就是"余光中"，她就是"料理鼠王"，拍得出"乡愁"，做得出"妈妈的味道"。李子柒的成功，在于热爱，爱生活、爱家乡、爱文化。央视新闻评论文章如图 10-15 所示。

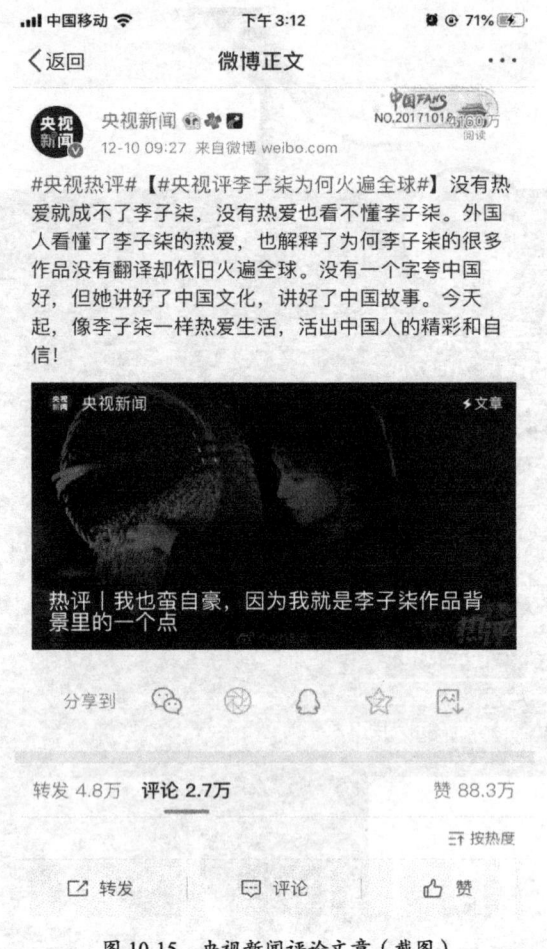

图10-15 央视新闻评论文章（截图）

　　不管李子柒在网络上的争议有多大，我们都不能否认，李子柒是成功的。特别是在众多的私域流量网红玩家中，李子柒用其特立独行的原创视频：中国传统古风美食＋文化推广的短视频个人IP品牌，在目前存量为王的时代下成功地建立了属于自己的庞大私域流量池，并实现了用户利益的最大转化。据网上相关数据显示，李子柒的收入来源主要有两方面，海外播放收益和国内电商变现。下面从私域流量的底层逻辑来分析一下，李子柒是如何通过打造自己的私域流量池实现用户利益最大化转化的。

　　简单地说，私域流量一般是指品牌、商家或者个人所拥有的，客户可以持续多次被使用的流量。而对网红来说，粉丝就是网红的私域流量，私域流量的思维是用户思维，拉近和用户之间的距离，建立信任和情感联系，深耕这部分存量用户，挖掘更深层次的价值，是私域流量的基本逻辑。在这之中最核心的是用户对于商家的信任，在私域流量中，商家和用户之间建立的是强联系和高用户黏性，网红带货，卖的不仅仅是货，更是情感和人心。而这正是李子柒搭建其个人品牌私域流量池的核心。

　　无论做什么事情，前提是一定要了解事情的底层逻辑，而底层逻辑更多时候也是一个事情能否做成的本质所在。做私域流量也一样，私域流量的底层逻辑运营主要体现在四个关键词上：人设，势能，信任，价值。

1. 人设：中国古风传统美食博主

运营私域流量，本质上就是在运营你的人设：从用户体验的角度，拆解你的人设。作为一个"美食博主"，李子染所有的视频都是以中国传统美食文化为主线，围绕中国农家的衣食住行展开的。比如：三月桃花熟了，采来酿桃花酒；四月枇杷成熟，酿枇杷酒；五月樱桃成熟季，李子柒就开始酿樱桃酒、煨樱桃酱、烘樱桃干、调制樱桃青柠饮；到了七月七巧节，用紫薯做七巧饼；八月中秋节，做苏式鲜肉月饼；九月酿桂花酒，十月红通通的柿子掉满墙；入冬便腌起了腊肉、香肠和鱼鲞，整个院子里挂了满满当当……

把生活的美好注入到美食当中，又从美食当中展现出自己的生活态度，即恬静、淡泊、舒适。

在着装上，李子染的服饰大多数都偏中国风，有中国旗袍，有汉代的裙袍，还有一些比较朴素又带有中国传统风的棉麻套装。简单、朴素，加上一张恬静淡雅的邻家脸蛋，让人一下子就被带进那个让人向往的田园生活中。

人设定位清晰，而且极具中国传统文化色彩，这样的人设是极具讨巧的，一下子就拉近了与粉丝之间的距离。

2. 势能：持续不断原创内容输出 + 多媒介矩阵传播

持续不断地输出高质量的原创内容是维持一个私域流量池留存用户的很好的方式。据统计，李子染在 YouTube 上面共发布了 104 个原创视频，虽然不像别的网红那样高产，但是李子染的每一个视频的质量都非常高，所发布的每一个视频的播放量都在 500 万以上，在 2017 年的时候，所发布的视频累计播放量就已经超过了 30 亿。

"李子柒"短视频中的食物原料都是时令性的蔬菜、水果等，根据季节的变化来制作适合人们食用的食物，遵循自然规律，例如，在三月份，桃花盛开的季节，制作桃花糕、桃花茶等，在秋风起的时候，熬制秋梨膏。根据二十四节气的变化，顺应时令做绿色健康的食物。在情感文化链接中无声地进行时效性的促销营销。

另外，"李子柒"品牌随着对用户的精细化需求，发布的内容不止有美食，也包括中国的传统技艺，例如，造纸术、活字印刷术等。精确而独特的内容定位，对其塑造品牌差异性具有促进作用。

当然，除了内容创作好之外，媒介的传播也是非常重要的营销环节。李子染的视频除了在 YouTube 上发布，还在抖音、快手、微博、B 站等其他社交平台上分享。多渠道的传播加速了李子染个人 IP 品牌的成长。

从李子染坚持输出极具个性和差异的原创视频内容来看，不论是个人还是企业，都通过产品和内容本身来吸引用户关注，因为这种用户，黏性最强，容易留存，也是最有价值的流量。

3. 信任：返璞归真的生活美学，真实而拉近距离

拥有高势能的人，才能够影响他人。李子染通过古风美食与传统文化的推广的角色定位下构建起一种拥抱自然与自然和谐相处的生活方式的高势能，在展现东方式返璞归真的生活美学的情况下，激发了粉丝的强情感链接，建立了彼此之间的信任感。

在李子柒的视频中，我们似乎觉得她看起来无所不能，不论制作食物，还是田园采摘，李子柒都亲力亲为。安安静静采撷自己种植的蔬菜，熟稔制作各色菜式的模样，总能让人在一瞬间感觉生活节奏被无限放慢，就仿佛置身在那宁静致远的精致田园生活里，如图10-16所示。

图10-16 李子柒视频截图（截图）

她的沉思和空灵的表现，引起了在中国大城市生活的年轻人的共鸣。再加上李子柒的性格大方，经常与粉丝聊天互动，拉近消费者与品牌之间的距离，增加对品牌的忠诚度。

一旦建立信任，所累积起来的信任忠诚度就会顺其自然地成为转化变现的载体。效果也是显而易见的，数据也最能凸显效果。2018年8月，李子柒开了同名天猫店"李子柒"，开业当天，店铺粉丝近65万，3天的销售额破千万元，如图10-17所示。

图10-17 李子柒天猫店铺

2018年"双11"期间,李子柒天猫店铺的美食产品——好拌牛肉酱在10月20日凌晨准时参与"双11"的预售活动,10分钟就被预订2万瓶,在"双11"活动中,累计售出16万瓶,创下了当时同类目品牌产品类目第一的好成绩。2019年"双11"期间,"李子柒"品牌天猫旗舰店5分钟即突破2018年"双11"全天销量,活动总销售额达8000万元!其中,"桂花坚果藕粉"成为天猫食品冲饮类目第一个破千万销售额的爆品。

4. 价值:个人品牌与中国传统文化的推广结合

一个企业最大的价值就是在实现企业盈利成长的同时,不断地提升自己的品牌认知,从而实现品牌的社会价值。李子柒的品牌在内容生产上,最终的目标就是要引导自己的用户关注中国传统文化,并且弘扬中国传统文化,主动承担品牌的社会责任,实现品牌的社会价值。

迄今为止,"李子柒"品牌已与故宫食品、国家宝藏、胡庆余堂、舌尖大厨等美食界同伴携手,给传统文化注入新活力,创造了与当代消费需求相契合的产品。产品一经推出,都受到市场和消费者的诸多好评。

在网红泛滥的时代,李子柒能够保持自己的初心,坚持输出高质量、高内涵的内容来进行价值文化的输出,建立了和粉丝群体间情感的共鸣,赋予了其品牌私域流量池源源不断的活力,因为"信任",所以"购买"。相信只要李子柒和她的团队保持初心,李子柒的田园牧歌还会悠扬婉转。

技能训练

1. 打开抖音或者快手,进入热门排行榜,浏览排行榜上的短视频,观察并分析:
- 哪些类型的视频内容更容易被大量传播?
- 这些视频被大量转发的原因是什么?
- 分别选择几个不同类型的视频,点击进入主页,观察短视频转发、评论、点赞数据,分析该账号运营好的原因有哪些。

2. 根据以下情景,结合目前的直播模式进行分析:如果运营一家乡村米粮企业,你认为最适合的直播人设定位是什么?直播团队该如何配置?

3. 从大学校园角度设计一个短视频账号,分析该账号的定位、选取的内容,并试着写出该账号如何做该直播。

4. 做一场直播,通过各种途径,邀请用户观看,用户可在本次直播下评论,然后互粉。比如做一场农产品的公益直播,尽可能地带货。

参 考 文 献

[1] 洪量,刘徽. 互联网文案创作与内容营销 [M]. 北京:电子工业出版社,2018.
[2] 江礼坤,网络营销推广实战宝典 [M].2版. 北京:电子工业出版社,2016.
[3] 叶杨翔,吴奇帆. 跨境电子商务多平台运营 [M]. 北京:电子工业出版社,2017.
[4] 金毓,陈旭华. 跨境电商实务 [M]. 北京:中国商务出版社,2017.
[5] 易传识网络科技,丁晖. 跨境电商多平台运营实战基础 [M]. 北京:电子工业出版社,2017.
[6] 康路晨. 一本书读懂互联网营销推广 [M]. 北京:民主与建设出版社,2015.
[7] 叶龙. 从零开始学网络营销和推广 [M]. 北京:清华大学出版社,2017.
[8] 苏高. 移动端网络营销推广实战从入门到精通 [M]. 北京:人民邮电出版社,2017.02
[9] 谭贤. 新网络营销推广实战从入门到精通（双色图解版）[M]. 北京:人民邮电出版社,2015.11
[10] 夏雪峰. 全网营销——网络营销推广布局、运营与实战 [M]. 北京:电子工业出版社2017.
[11] 陈祎民. 跨境电商运营实战:思路、方法、策略 [M]. 北京:中国铁道出版社,2016.
[12] 柯丽敏,王怀周. 跨境电商基础、策略与实战 [M]. 北京:电子工业出版社,2016.
[13] 秦勇,陈爽. 网络营销:理论、工具与方法 [M]. 北京:人民邮电出版社,2017.
[14] 芭芭拉.明托. 金字塔原理 [M]. 海口:南海出版公司,2019.

反侵权盗版声明

电子工业出版社依法对本作品享有专有出版权。任何未经权利人书面许可，复制、销售或通过信息网络传播本作品的行为，歪曲、篡改、剽窃本作品的行为，均违反《中华人民共和国著作权法》，其行为人应承担相应的民事责任和行政责任，构成犯罪的，将被依法追究刑事责任。

为了维护市场秩序，保护权利人的合法权益，我社将依法查处和打击侵权盗版的单位和个人。欢迎社会各界人士积极举报侵权盗版行为，本社将奖励举报有功人员，并保证举报人的信息不被泄露。

举报电话：（010）88254396；（010）88258888
传　　真：（010）88254397
E-mail：　dbqq@phei.com.cn
通信地址：　北京市海淀区万寿路173信箱
　　　　　　电子工业出版社总编办公室
邮　　编：100036